U0574925

禁毒教育读本

本书编写组

人民出版社

策　　划：房宪鹏

责任编辑：王世勇　陈晓燕　吴广庆

图书在版编目（CIP）数据

禁毒教育读本／本书编写组 编 . — 北京：人民出版社，2023.11
ISBN 978－7－01－025786－0

I. ①禁⋯　II. ①本⋯　III. ①禁毒－中国　IV. ① D669.8

中国国家版本馆 CIP 数据核字（2023）第 117640 号

禁毒教育读本
JINDU JIAOYU DUBEN

本书编写组

人民出版社 出版发行
（100706　北京市东城区隆福寺街 99 号）

北京旺都印务有限公司印刷　新华书店经销

2023 年 11 月第 1 版　2023 年 11 月北京第 1 次印刷
开本：710 毫米 ×1000 毫米 1/16　印张：17.75
字数：225 千字

ISBN 978－7－01－025786－0　定价：58.00 元

邮购地址 100706　北京市东城区隆福寺街 99 号
人民东方图书销售中心　电话（010）65250042　65289539

版权所有·侵权必究
凡购买本社图书，如有印制质量问题，我社负责调换。
服务电话：（010）65250042

目 录

前　言

近代以后中国一直饱受毒品之苦。正如清代思想家魏源所言："鸦片流毒，为中国三千年史未有之祸。"鸦片战争前夕，英国人利用东印度公司向中国大量倾销廉价鸦片，迅速助长了吸毒风气，吸食者猛增至200万人之众。鸦片战争的失败，则直接中止了由官方主导的轰轰烈烈的禁烟运动，鸦片之恶从此日甚一日。民国成立后，中央和地方的军阀为争夺地盘、开拓财源，竞相纵容、鼓励百姓种植罂粟，使得当时中国的罂粟种植面积、鸦片产量、吸毒人口都达到了历史上的顶峰。资料显示，20世纪20年代后期，中国大烟的产量达6万吨，为世界其他国家鸦片总产量的10倍，而吸食各类毒品者更是多达3000万人。毒品已经全面侵入中国社会的肌体，深刻影响着政治、经济、军事和人民生活。南京国民政府成立后，虽然高调宣传、开展禁烟运动，也取得了一些成果，但事实上在很多地区鸦片都可以堂而皇之地公开贩卖，烟土在全国可以作为硬通货。在国民党的黔军和川军中，就有很多人携带烟枪，被称为"双枪兵"，足见鸦片毒害之深。近代以来，不少有识之士也曾积极倡导禁烟禁毒，但由于极为严重的内忧外患，这些努力几乎都最终化为泡影。

1949年10月1日，中华人民共和国宣告成立。"这一伟大事件，彻底改变了近代以后 100 多年中国积贫积弱、受人欺凌的悲惨命运，中华民族走上了实现伟大复兴的壮阔道路。"这一伟大的历史事件，也成了中国禁毒斗争的转折点。党和政府以对国家、民族、人民和全人类高度负责的态度，将禁毒工作纳入经济社会发展规划，坚持严厉禁毒的立场，采取一切必要措施，尽最大努力禁绝毒品、造福人民。1950 年 2 月 24 日，中央人民政府颁布《关于严禁鸦片烟毒的通令》。各级人民政府立即行动起来，纷纷成立禁烟禁毒委员会，开展了一场声势浩大且卓有成效的禁毒运动。在这场禁毒运动中，党和政府坚持严厉惩办与改造教育相结合，收缴毒品，禁种罂粟，封闭烟馆，严厉惩治制贩毒品活动，与此同时，还结合农村土地改革根除了罂粟种植。短短数年内，危害我国 200 多年的鸦片几乎绝迹，中国也成了"无毒国"，创造了举世公认的伟大奇迹。

改革开放以来，随着国内国际形势的发展变化，特别是"金三角"地区毒品过境导致我国毒品问题死灰复燃。党中央、国务院于 1981 年、1982 年及时连续发布了《关于重申严禁鸦片烟毒的通知》《关于禁绝鸦片烟毒问题的紧急通知》，在西南地区开展了以堵源截流为主的区域性禁毒斗争。1991 年，国务院成立国家禁毒委员会，加强了对全国禁毒工作的统一领导。90 年代中后期，国际毒潮泛滥对我国影响加大，毒品问题出现了发展蔓延的势头。1997 年 3 月，国家禁毒委员会召开第二次全国禁毒工作会议，部署开展了 80 年代以来我国第一次全国范围的禁毒专项斗争。1998 年，公安部成立了禁毒局；1999 年，新一届国家禁毒委员会重新组建。2007 年 12 月，全国人大常委会通过《禁毒法》，为在新形势下全面加强禁毒工作提供了有力的法律保障，标志着我国禁毒工作由此进入到了依法全面推进的新的历史阶段。

中国的禁毒工作无疑取得了巨大成功，但仍然任重而道远。随着百年变局的发生和科技的发展，毒品纯度越来越高，且获取方式越来越容易。境内和境外毒品问题、传统和新型毒品危害、网上和网下毒品犯罪相互交织，对群众的生命安全和身体健康以及社会稳定都带来严重危害。因此，受国际毒潮持续泛滥和国内多种因素影响，近年来我国正处于毒品问题蔓延期、毒品犯罪高发期和毒品治理攻坚期，禁毒斗争形势严峻复杂，禁毒工作任务十分艰巨。

党的十八大以来，以习近平同志为核心的党中央高度重视禁毒工作。习近平总书记多次主持召开中央政治局常委会议听取禁毒工作汇报，提出了一系列加强禁毒工作的新理念新思想新战略，为做好新时代禁毒工作指明了前进方向，提供了根本遵循。

禁毒工作是公认的世界性难题，有些国家因此选择了听之任之，甚至是知难而退。比如，近年来，美国在推进毒品合法化与非刑罪化道路上越走越远。截至 2021 年 6 月，美国有 18 个州实现了非医用大麻合法化，另有 13 个州减轻了对使用非医用大麻的刑事处罚。与此同时，美国疾控中心公布的数据显示，美国因过量吸食毒品而死亡的人数正在迅速增长。2020 年 9 月至 2021 年 9 月，约有 10.4 万美国人死于吸毒，而 2015 年这一数字为 5.2 万人。与此相反，中国禁毒工作却迎难直上。禁绝毒品始终是我们的奋斗目标，厉行禁毒始终是我们的坚定立场。习近平总书记多次作出重要指示，"禁毒工作是事关人民幸福安康、社会和谐稳定的一项重要工作"。"禁绝毒品，功在当代、利在千秋。""各级党委和政府要坚持以人民为中心的发展思想，以对国家、对民族、对人民、对历史高度负责的态度，坚持厉行禁毒方针，打好禁毒人民战争，完善毒品治理体系，深化禁毒国际合作。""禁毒工作事关国家安危、民族兴衰、人民福祉，毒品一日不除，禁毒斗争就一日不能松懈。"

禁毒工作是一项系统工程。习近平总书记强调："坚持多策并举、综合治理，坚持部门协同、社会共治，需要各部门齐抓共管、通力协作、形成合力。""要坚持关口前移、预防为先，重点针对青少年等群体，深入开展毒品预防宣传教育，在全社会形成自觉抵制毒品的浓厚氛围。"古人云，"上医治未病"，深入开展毒品预防宣传教育是禁毒工作的核心任务之一，也是禁毒工作的治本之策。国家禁毒办有关负责人也表示："禁毒宣传教育在整个禁毒工作中具有基础性、战略性、根本性的重要地位，直接关系毒品形势转变、关系禁毒工作全局、关系毒品治理成效，必须置于禁毒工作优先发展的战略位置，以更大的决心和力度抓紧抓好抓实。"

为配合禁毒宣传教育工作，我们组织有关专家和学者编写了《禁毒教育读本》，旨在为全社会禁毒宣传教育工作提供一个有力"抓手"。本书坚持专业性和通俗性相结合，系统地介绍了什么是毒品、毒品的危害、毒品的戒断以及我国的禁毒历史和禁毒工作，并精选了一些典型案例，以增强读者对毒品及其危害的直观、具体认识。希望借此助力禁毒宣传教育工作，让全社会充分认识毒品的危害性，加强自我保护意识，拒绝毒品，远离毒品。

| 第 一 章 |

什么是毒品

毒品是指鸦片、海洛因、甲基苯丙胺（冰毒）、吗啡、大麻、可卡因以及国家规定管制的其他能够使人形成瘾癖的麻醉药品和精神药品。毒品会破坏人的大脑结构，导致思维混乱、记忆力减退、情绪不稳定等问题。吸食和滥用毒品不仅损害人的身心健康，而且严重威胁着社会的稳定发展。

第一节　毒品的起源

　　人类对酒精、烟草、鸦片、大麻等物质的使用都有十分悠久的历史。近代以来，人们逐渐认识到这些物质的滥用给生命健康和社会稳定造成的严重危害，开始呼吁控制毒品滥用，也产生了禁毒的需求。随着科学的进步，实验室已经取代自然界成为许多化学物质的主要来源，可供人们选择使用的化学物质大量增加，毒品的性质与种类也在不断变化、扩张。虽然人们在研究这些物质对大脑及行为的影响方面已经取得重大进展，但依旧无法完全破解物质成瘾之谜。

　　早在旧石器时代，人类的祖先就已经懂得靠摄入能够让人产生兴奋感的草药混合物来刺激大脑。5000 多年前，人类开始从仙人掌、龙舌兰等植物中提取致幻剂。新石器时代，人们在小亚细亚及地中海东部山区发现了野生罂粟，后来人们发现从罂粟中提取的汁液具有一定的麻醉作用，便将其视为一种治疗疾病的药品，并有意识地进行种植与生产。不止是罂粟，人们还从仙人掌、天仙子、柳木、大麻、蘑菇中提取汁液，作为麻醉剂或宗教祭祀用品。这些物质会使人产生陶醉感、兴奋感甚至幻觉，因而被奉为"快乐植物"。其中，鸦片类毒品和大麻类毒品对人类社会的影响最为显著。

一、鸦片类毒品的起源

在种类众多的毒品中，鸦片类毒品的危害最大，影响也最为深远。鸦片是从罂粟植物蒴果中提取的汁液制成的。最初，鸦片是作为药品使用的。公元前 1552 年的一张草纸显示，古埃及底比斯医生了解大约 700 种不同的鸦片配方的用途。公元前 400 年，希腊人已懂得将罂粟汁拌在其他食物里，人们食后即能"安神止痛，多眠忘忧"。被尊为"西方医学之父"的古希腊医师希波克拉底，最早将罂粟作为一种药材写入植物学著作。古罗马皇帝马可·奥勒留就有服用鸦片的习惯，通过服用经蜂蜜调制的鸦片糊来助眠，他也成为历史上最早因使用鸦片而成瘾的名人。公元 1 世纪，在拉尔古斯的药剂学著作中第一次明确记载了鸦片的制作方法。此后，人们不断发现鸦片的各种"用途"：一方面，它可以用来治疗胸部和肺部疾病，防止或减少出血、呕吐和腹泻；另一方面，它又是绞痛、胸膜炎及歇斯底里症的特效药。到 17 世纪，鸦片已不单单作为镇痛剂使用了，还能充当兴奋剂。

随着鸦片的规模化生产与使用，人们开始制作鸦片酊、鸦片酒、鸦片膏，并逐渐增加鸦片的使用剂量。在不断开发鸦片各种"用途"的过程中，服用鸦片的病人乃至正常人开始产生了依赖性。1806 年，德国化学家泽尔蒂纳首次从鸦片中分离出吗啡，这种物质具有极强的镇痛作用，可有效缓解创伤、烧伤和手术引起的剧痛。1853 年，苏格兰医生亚历山大·伍德发明了皮下注射器，使吗啡可以直接进入血液和肌肉组织，这项技术扩大了吗啡的临床应用，也使得吗啡更加容易成瘾。1874 年，英国化学家莱特通过在吗啡中加入醋酸酐等物质首次合成二乙酰吗啡，这是一种镇痛效果更佳的吗啡衍生物。1897 年，德国拜尔药厂将二乙酰吗啡制成止痛药物，命名为海洛因。乙酰化后的吗啡能更快地进入大脑，因而海洛因的镇痛效能比吗啡更强，也随之带来更为严重的依赖性。

二、大麻类毒品的起源

大麻类毒品是另一类影响广泛的毒品。关于大麻种植的文字记载最早出自中国的典籍，《诗经》《尚书》《管子》等先秦古籍中都有关于大麻等植物的记载，大麻纤维和大麻籽是早期人类重要的纤维与食物来源。据考古发现证实，早在新石器时代人类就使用大麻纤维来纺织和缝纫。人们在种植大麻的过程中，也开始逐步了解大麻的迷醉效果及药性。古代印度对大麻的使用最为著名，据说湿婆教信徒就极其崇拜这种植物。公元 1000 年前后，使用大麻以达到迷醉效果的做法已经流传到地中海东部地区。直到 16 世纪欧洲才开始广泛栽培大麻，18 世纪，随着欧洲列强的殖民扩张，又将大麻种子传到美洲，同一时期大麻也传入我国新疆地区。19 世纪 40 年代，大麻制品的娱乐用途已经蔚为风尚，成为当时艺术界和知识分子圈中的时髦之物，许多人在寻求提升创造力及审视世界的新途径时，都会借助大麻的药效。20 世纪 60 年代，吸食大麻烟成为鼓吹"嬉皮士运动"的反叛青年们的极端发泄方式之一，大麻也一举成为全球范围内滥用人数最多的毒品。

第二节　毒品的概念

一、毒品的界定

在不同的学科领域或语境中，毒品的定义是不同的：从药理学角度来看，毒品是指任何可以改变大脑或身体运作方式的精神活性物质，既可以从自然资源中提取，也可以人工合成。从医学或心理学角度来看，毒品是出于非医疗目的而反复连续使用、能够产生依赖性的药品。从法律视角来看，毒品是指法律规定管制、连续使用易产生身体和精神依赖性、能形成瘾癖的麻醉药品和精神药品。

我国对毒品的定义是按照《刑法》第357条和《禁毒法》第2条来确定的。"毒品是指鸦片、海洛因、甲基苯丙胺（冰毒）、吗啡、大麻、可卡因，以及国家规定管制的其他能够使人形成瘾癖的麻醉药品和精神药品。"同时，《禁毒法》第2条还规定："根据医疗、教学、科研的需要，依法可以生产、经营、使用、储存、运输麻醉药品和精神药品。"这便揭示了毒品的双重属性——如果以医疗为目的依法使用就是麻醉药品或精神药品，限定在麻醉药品和精神药品的范畴；如果出于非医疗目的非法滥用便是毒品。

二、毒品的特征

毒品具有三个基本特征，即依赖性、危害性和非法性。这三个特征是相互关联的。依赖性是毒品的物质特征，危害性是毒品的后果特征，非法性是毒品的法律特征。依赖性导致滥用，引起危害，因而受到法律的禁止。

毒品的依赖性表现为药物综合征，即由于长期反复使用毒品，毒品与机体相互作用引起的生理和心理状态。毒品依赖，也称药物依赖，可分为生理依赖和心理依赖。生理依赖又称身体依赖，是毒品成瘾的病理生理学特征。反复使用毒品会使人体产生适应性改变，形成在药物作用下的新的平衡状态，一旦停掉药物其生理功能就会发生紊乱，并产生一系列严重的躯体症状，也被称为戒断症状。心理依赖又称精神依赖，俗称"心瘾"，是毒品成瘾的病理心理学特征。心理依赖是由于药品产生的强烈心理刺激而导致的吸毒者在精神或心理上对药物的主观渴求，是一种控制不住想要用药的体验。

毒品的危害性主要表现在个人危害、家庭危害、社会危害三个方面，可以概括为"毁灭自己、祸及家庭、危害社会"。毒品对个人的危害具体表现为身体危害和心理危害。长期或大剂量使用毒品会引起机体的功能失调和组织病理变化，即对机体产生毒性，对人的神经、呼吸、消化、心血管系统和免疫功能产生损害，若滥用过量还会发生急性中毒反应甚至导致死亡。注射毒品还会因共用针具造成感染性合并症，最常见的有化脓性感染、乙型肝炎和艾滋病。此外，吸毒可使成瘾者的人格发生变化，注意力、记忆力、耐受力等遭受明显破坏，导致丧失效率、兴趣、责任感、羞耻感等，逐渐摒弃道德底线，甚至做出贩毒卖淫、行凶杀人等违法犯罪行为以及自残自杀严重摧残自己身体的行为。吸毒者在自我毁灭的同时，也在祸害自己的家庭，导致家庭陷入经济危机、家庭成员间亲情疏远、子女教育受到影响，甚至导致家破人亡。毒品的社会危害是多元化的：首先，吸毒容易诱发各类违法犯罪问题，严重威胁社会治安秩序；其次，迫使政府不断投入资金和力量开展缉毒、戒毒和药物滥用防治等工作；最后，吸毒行为的不断蔓延，还会挑战法律制度尊严，破坏公序良俗，败坏社会风气，对社会造成严重的不良影响。

非法性是毒品的法律特征。毒品及涉毒行为均受法律管制。毒品的非法性表现在它是受国家法律管制的、禁止滥用的特殊药品，其种植、生产、运输、销售、使用等各个环节均受到国家相关法律法规的管制。我国禁毒法律法规主要包括《刑法》《禁毒法》《治安管理处罚法》等法律，《麻醉药品和精神药品管理条例》《易制毒化学品管理条例》《戒毒条例》等行政法规，《非药用类麻醉药品和精神药品列管办法》等部门规范性文件，《北京市禁毒条例》《浙江省禁毒条例》等地方性法规。此外，我国已加入的《麻醉品单一公约》、《精神药物公约》和《联合国禁止非法贩运麻醉药品和精神药物公约》等国际公约。

第三节 毒品的种类

一、毒品的分类

毒品的种类很多，分类方法也有多种。根据《麻醉品单一公约》《精神药物公约》等国际公约规定，将毒品分为麻醉药品和精神药品两大类，这是一种达成国际共识的分类方法。根据来源分类，可将毒品分为天然毒品（鸦片、大麻、古柯等）和合成毒品（冰毒、氯胺酮等）。根据药理学作用分类，可将毒品分为麻醉剂、兴奋剂、致幻剂和抑制剂。根据世界卫生组织分类，可将毒品分为酒精—镇静剂类、阿片类、苯丙胺类、可卡因类、大麻类、致幻剂类、挥发性化合物类和烟碱类。根据对人体毒性危害分类，可分为对中枢神经系统具有高度毒性的"硬性毒品"（海洛因、冰毒等）和对中枢神经系统毒性作用相对较缓和的"软性毒品"（咖啡因等）。

我国法律规定管制的毒品种类，是指列入《麻醉药品品种目录》《精神药品品种目录》《非药用类麻醉药品和精神药品管制品种增补目录》的药品或物质。截至 2021 年 7 月，我国已管制麻醉药品 121 种，精神药品 154 种，非药用类麻醉药品和精神药品 174 种以及芬太尼类、合成大麻素类两大类物质。

二、常见的毒品种类

（一）常见的麻醉药品

1. 罂粟

外观特征 ┃ 罂粟是罂粟科植物，一年生草本植物，株高 60—100 厘米，其花朵大而艳丽，花瓣 4 枚，颜色有红、白、紫、粉红等。基部常具深紫色斑，宽倒卵形或近圆形，花药黄色；雌蕊倒卵球形，柱头辐射状。花果期 3—11 月。

化学成分 ┃ 罂粟中所含的化学成分主要以生物碱为主，如吗啡、可待因、罂粟碱、那可汀、蒂巴因、那碎因等。罂粟的有效成分主要存在于果实中，罂粟籽中几乎不含毒品有效成分。

药理作用 ┃ 罂粟是制取鸦片的主要原料。从罂粟果中提取的鸦片、吗啡、可待因、蒂巴因、那可汀、罂粟碱等生物碱，具有很高的药用价值，可当作合法药品使用。罂粟壳可以直接用作中药。罂粟籽具有食用和药用价值，有些国家将罂粟籽作为食品和保健品，但我国是有严格管制的。

滥用危害 | 罂粟本身并不是一种常见的毒品形态，一般不会直接把它当作毒品来滥用，罂粟的浓缩物包括罂粟果提取物是我国《麻醉药品品种目录》管制的麻醉药品。罂粟的非法滥用主要有两种：一是作为原植物提炼加工鸦片类毒品；二是不法商人将罂粟壳加入火锅汤料等。另外，未经灭活的罂粟籽可以用于种植罂粟，所以罂粟籽在我国也是受法律管制的。

2. 鸦片

外观特征 | 鸦片又叫阿片，俗称大烟、烟土，未成熟的罂粟蒴果经割伤果皮后渗出的白色乳汁，经干燥凝固即得到鸦片。鸦片因产地不同，呈黑色或褐色；有氨味或陈旧尿味，味苦，气味强烈。生鸦片经烧煮和发酵，可制成精制鸦片，呈棕色或金黄色，吸食时散发香甜气味。

化学成分 | 鸦片是罂粟的初级产品，含有水分、树脂和矿物质等

基本成分，以及 10%—20% 的鸦片类生物碱，如吗啡、可待因等。鸦片所含的主要生物碱是吗啡。

药理作用 | 鸦片最初是作为药用，目前在药物中仍有应用，如阿片粉、阿片片、复方桔梗散、托氏散、阿桔片等，主要用于镇咳、止泻等。

滥用危害 | 鸦片是我国从明末清初至新中国成立初期被长期滥用、毒害人民数百年的传统毒品，官方称为鸦片烟毒。将鸦片作为原料，可非法提取吗啡，并进一步加工成海洛因。在"金三角""金新月"等毒源地种植的罂粟，一般都被加工成鸦片或海洛因。过去这类毒品的最终产品主要是鸦片，而现在的终端产品主要是海洛因。

3. 吗啡

外观特征 | 纯吗啡为白色针状结晶或结晶性粉末，有苦味，溶于水，略溶于乙醇，不溶于有机溶剂。遇光易变质，故一般用赛璐珞或聚乙烯纸包装。

化学成分 | 吗啡是存在于鸦片中的一种主要生物碱，是鸦片最主要的药效成分。一般在得到吗啡原体产品后还要进一步将其与盐酸、硫

酸等反应生成吗啡盐，制成吗啡盐的产品才算是吗啡的成品。

药理作用 ｜吗啡的主要药效有镇痛、镇咳、止泻、镇静、缩小瞳孔、产生欣快感等，其主要毒副作用有抑制呼吸、影响心血管系统、影响泌尿系统、引起尿潴留、生理依赖、心理依赖、耐受性等，它的生理依赖、心理依赖作用是导致其滥用的最主要原因。吗啡在临床上常用于创伤、烧伤、手术和癌症晚期等剧烈疼痛的止痛治疗。常见的吗啡药品一般是盐酸吗啡或硫酸吗啡，剂型有口服片剂和注射针剂等。

滥用危害 ｜吗啡具有强大的止痛作用，长期滥用会造成药物成瘾，一旦停用，会出现戒断反应。同时，滥用吗啡会引起精神失常、幻想，过量会导致死亡。

4. 可待因

外观特征 ｜可待因外观为白色结晶性粉末，不溶于水，易溶于有机溶剂。通常以可待因盐的形式为主，包括磷酸可待因、盐酸可待因、硫酸可待因等。常见的可待因药品剂型有口服片、注射液和可待因止咳糖浆。

化学成分 ｜ 可待因是鸦片中所含的天然生物碱之一，含量约为1%—3%。可待因与吗啡的化学结构相似，只是在吗啡的结构上多了一个甲基，所以可待因又叫作甲基吗啡。

药理作用 ｜ 可待因常用于各种原因引起的干咳和刺激性咳嗽，还可用于中等程度的疼痛治疗。可待因是常见止咳药，最为常见的是含有可待因成分的止咳药水。其药理和毒理性能与吗啡相似，但药效强度和毒副作用比吗啡低很多，具有比吗啡更低的成瘾性。

滥用危害 ｜ 虽然可待因的药效和成瘾性比吗啡低，而且在咳嗽药水中的含量也有限，但可待因毕竟是有成瘾性的，长期大量使用含可待因的咳嗽药水也会上瘾。目前国内已出现青少年滥用止咳药水的现象，这对青少年的成长是极为不利的。

5. 海洛因

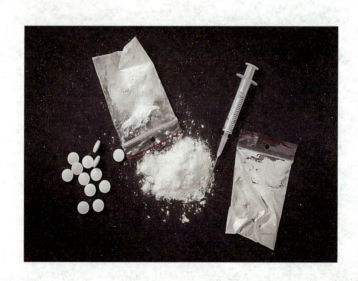

外观特征 ｜ 海洛因俗称白面、白粉，其原体显碱性，故原体又叫作海洛因碱。海洛因碱为白色柱状晶体或结晶性粉末，外观像洗衣粉或碱面，熔点为171—173摄氏度，微溶于水，溶于乙醇、乙醚和氯仿。

海洛因因制造方法和纯度不同，可呈乳白色、浅黄色、浅红色、浅棕色及浅黑色的块状或粉末，颜色和外观多样。海洛因毒品的成品常做成盐的形式，如盐酸海洛因。盐酸海洛因为白色结晶粉末，易溶于水和乙醇，不溶于有机溶剂。

化学成分 | 海洛因和吗啡的基本化学结构相似，区别在于它比吗啡多了两个乙酰基。由于结构相似，海洛因和吗啡的药理作用相同，只是它比吗啡具有更强的大脑血脑屏障穿透能力，因此海洛因能够比吗啡更好地被身体吸收利用，在机体内发挥更强大的药效。在同等剂量的情况下，海洛因的作用要比吗啡大很多，其镇痛和镇咳作用都比吗啡强得多，比吗啡更易上瘾。因此，海洛因来源于吗啡，但比吗啡的毒性更甚、成瘾性更强，危害也更大。

药理作用 | 海洛因有镇痛、镇静的作用，且有异常欣快作用，效力犹如"闪电"。同时海洛因有缩瞳的作用，正常人的瞳孔为2.9—6.5毫米，而成瘾者的瞳孔为3毫米以下。此外，海洛因还有止泻和致便秘作用，会使血压下降、心率变缓、尿量减少。

滥用危害 | 海洛因没有任何合法用途，而只有非法滥用的用途，海洛因是成瘾性极强的烈性毒品，是滥用人数较多、滥用历史较长、毒害极大的传统毒品。

6. 大麻

外观特征 | 大麻属于大麻科、大麻属、大麻种，雌雄异株，雌麻称籽麻，雄株称花麻。大麻的植株高1—4米。具体高度与品种及种植条件等因素有关。大麻耐寒、耐旱，生长迅速，抗虫害能力较强，具有顽强的生命力。

化学成分 | 大麻中的化学成分很复杂，目前已发现有400多种化学物质，其中对人体起主要作用的是大麻酚类物质。目前已发现的大

麻酚类物质有几十种，其中较重要的有大麻酚、大麻二酚、四氢大麻酚等，其中发挥大麻毒性致幻作用的物质是四氢大麻酚。

不同品种的大麻中，四氢大麻酚的含量不一样。因此，不是所有大麻植物都能当作毒品，四氢大麻酚含量超过一定值才算作毒品。按照国际惯例，大麻植物中四氢大麻酚的含量高于0.3%是毒品大麻，低于0.3%则是经济大麻。日常生活中，我们接触到的大多是四氢大麻酚含量比较低的经济大麻。知名度最高的毒品大麻是印度大麻。

大麻类毒品 ｜ 大麻草、大麻脂、大麻油。

——大麻草。干燥后的大麻可以当成毒品直接燃吸，一般是将干燥后的大麻植物做成烟卷或烟丝等便于燃吸的形式。大麻植物的有效成分四氢大麻酚主要集中在植物顶部的叶子和花中。大麻的种子中一般不含四氢大麻酚，而且大麻籽中还含有较好的营养成分，所以大麻籽是可以放心食用的。

——大麻脂。大麻脂是用植物的雌花和植物顶端部分获取的分泌物与植物细小的纤维混合而成的。加工方法是将植物进行拍打、粉碎过筛，除去种子和少量纤维，留下拍打后的颗粒和粉末压成片状即成。大麻脂中四氢大麻酚的含量比直接用大麻植物做成的大麻烟含量高。

——大麻油。大麻油是从大麻植物或大麻脂中提取的液态大麻物质，是大麻几种常见毒品形态中四氢大麻酚含量最高的一种。其制作方式一般是用有机溶剂对大麻植物或大麻脂进行萃取。大麻油是略带红色、棕色或绿色焦油状的黏性液体。

药理作用 Ｉ 大麻植物也具有一定的药用功效，可以减轻化疗病人的恶心症状，增进食欲、减轻疼痛，对于癌症、艾滋病具有辅助治疗作用。大麻还具有降低眼压的作用，可缓解青光眼症状。大麻也具有一定的止痛作用。大麻虽然具有一定的医药功效，但在大多数国家，大麻是没有合法医药身份的。医用大麻是否合法在一些国家长期存在争议，近年来北美地区推行的"大麻合法化"对国际禁毒公约形成严重挑战。

滥用危害 Ｉ 大麻虽然具有一定的医药价值，但若大量或长期滥用对身体是有损害的。例如，会造成心率增快，但程度与使用剂量大小有关；也会造成眼结膜血管充血扩张，出现红眼睛症状；可引起气管炎、咽炎、气喘发作、喉头水肿等疾病；吸食过量可影响运动的协调功能，造成运动平衡失调，导致操作能力如驾驶机动车的能力受影响。大麻对人体的损害也表现在精神方面，长期、大剂量的滥用会对滥用者造成精神损害。吸食大麻过量可发生意识不清、焦虑恐慌、幻觉、抑郁等短期精神症状；长期吸食大麻也可诱发精神错乱、偏执和妄想。大麻对人体的精神损害是显著的，英国有研究报告显示，经常吸食大麻的年轻人得精神病的机率是不吸大麻年轻人的两倍。

7. 杜冷丁

外观特征 Ｉ 杜冷丁原体为油状液体，显碱性，不溶于水。杜冷丁

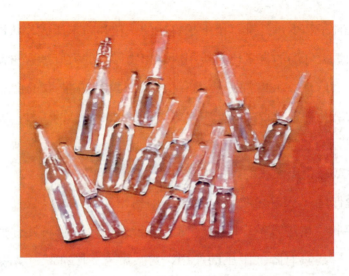

药品一般被制成盐的形式，常见的有盐酸杜冷丁。盐酸杜冷丁为白色结晶性粉末，味微苦，无臭，溶于水。杜冷丁的常见药品剂型有口服片剂和注射针剂。

化学成分 | 杜冷丁的主要成分为盐酸哌替啶，为人工合成的阿片受体激动剂，属于苯基哌啶衍生物。

药理作用 | 杜冷丁是一种广泛应用的临床镇痛药，其作用和机理与吗啡相似，药理作用、临床应用与吗啡也相同。但杜冷丁的镇静、麻醉作用较小，仅相当于吗啡的 1/10—1/8，作用时间维持 2—4 小时左右。杜冷丁主要作用于中枢神经系统，对心血管、平滑肌抑有一定影响。它的毒副作用也相对较小，恶心、呕吐、便秘等症状均较轻微，对呼吸系统的抑制作用较弱，一般不会出现呼吸困难及过量使用等问题。杜冷丁常用作创伤性疼痛、内脏绞痛、晚期癌症等剧痛的镇痛剂。

滥用危害 | 杜冷丁的滥用是我国当前面临的主要毒品问题之一。一些滥用者是因治疗疾病而逐渐上瘾的，即所谓医源性导致的滥用；还有的情况是作为合法药品的杜冷丁流入非法场合成为滥用毒品。

8. 美沙酮

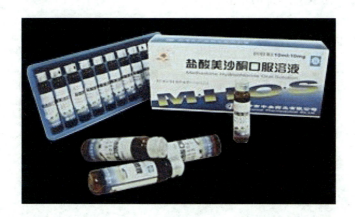

外观特征 ｜ 美沙酮的盐酸盐为无色或白色的结晶粉末，易溶于水，剂型为胶囊、口服液，作为常用的鸦片类毒品成瘾治疗药，其最为常见的形态是口服液。

化学成分 ｜ 美沙酮是人工合成的长效阿片受体的激动剂，其化学结构与吗啡有显著不同，但在药理作用上却与吗啡相似。美沙酮已成为世界上主要戒毒药物，即用合法的"小毒"替代非法的"大毒"，用作海洛因吸毒者的戒毒替代药。

药理作用 ｜ 美沙酮药效与吗啡类似，其欣快感、耐受性、成瘾性等都较吗啡轻，但药效时间较吗啡长，一般为 12 小时至 24 小时。由于美沙酮具有毒性相对较低、作用时间较长、不易产生耐受性的特点，1963 年美国医生多尔发明了美沙酮维持治疗法，将其作为一种常用的鸦片类毒品成瘾治疗药。美沙酮具体可用于镇痛治疗、阿片类依赖的脱毒治疗、阿片类依赖的替代维持治疗等。

滥用危害 ｜ 如果在合法用途中监管不严，美沙酮流入非法渠道，同样可被当作毒品滥用。

（二）常见的精神药品

1. 苯丙胺

外观特征 ｜ 苯丙胺又叫安非他明，是一种化学物质的名称。苯丙胺原体为无色、流动缓慢的挥发性液体，微溶于水，苯丙胺盐为白色结晶粉末，易溶于水。

化学成分 ｜ 苯丙胺类物质是指以苯丙胺为母体衍生出来、人工合成的一类化合物。常见形态为苯丙胺盐，如硫酸苯丙胺、磷酸苯丙胺等。

药理作用 ｜ 苯丙胺类毒品具有相似的药理、毒理作用，苯丙胺是其中最基本的化学物质。苯丙胺曾经作为减肥药、抗疲劳药等风靡一时，20世纪三四十年代，苯丙胺在美国被广泛用于减肥、卡车司机长途运输、夜班工作、学生提高学习效率等；苯丙胺也曾经被作为战争军需品被用于战场。临床上利用苯丙胺的中枢神经系统兴奋和抑制食欲的作用，治疗嗜睡症、肥胖症、帕金森病、儿童注意缺陷障碍、抑郁症等。

滥用危害 ｜ 苯丙胺类物质常被当作滥用毒品，更为常见的是作为毒品成分与其他毒品做成混合制剂。

2. 甲基苯丙胺

外观特征 ┃ 甲基苯丙胺原体为无色油状液体，具氨臭味，沸点214摄氏度，微溶于水，溶于乙醇、乙醚和氯仿等有机溶剂，甲基苯丙胺显碱性，与酸作用可生成盐。甲基苯丙胺常见形式之一为冰毒晶体，即高纯度盐酸甲基苯丙胺，外观为冰样结晶，故俗称"冰毒"。另一种常见形式为冰毒片剂（俗称"麻古""麻果"）。"麻古"系泰语的音译，是近年常见的以甲基苯丙胺为主要成分的片剂毒品，"麻古"中甲基苯丙胺含量比冰毒晶体低，外观为彩色小药片，以红色居多。

化学成分 ┃ 甲基苯丙胺是化学合成的中枢神经兴奋剂，用多种不同的化学原料和方法均能合成。地下毒品加工厂较常用的易制毒化学品有麻黄素、伪麻黄素、1-苯基-2-丙酮、苯乙酸、苯甲醛、溴代苯丙酮、氯代苯丙酮、溴素等。由麻黄素加工生产"冰毒"的常用方法有两种：红磷和碘法、催化加氢法。其中催化加氢法最为常用，分为脱水和催化加氢（催化剂常选用氯化钯）两个主要步骤。

药理作用 ┃ 甲基苯丙胺对中枢和交感神经系统具有强烈兴奋作用，产生强烈欣快感、抑制食欲作用、心脏毒性作用、精神损害作用，产生心理依赖等。甲基苯丙胺曾经在20世纪有过和苯丙胺相同的作用，即用于抗疲劳、减肥和军需等，其后演变成滥用毒品。

滥用危害 ｜ 以甲基苯丙胺为首的合成毒品滥用问题在我国日益严重，是目前滥用最多、流行面最广、名气最大、危害最严重的合成毒品，在苯丙胺类毒品家族中最为突出。长期滥用可造成慢性中毒，体重下降、溃疡、脓肿、指甲脆化、夜间磨牙，思维方面多疑、敏感、偏执、妄想，甚至精神分裂。

3. 氯胺酮

外观特征 ｜ 氯胺酮又称"K粉"，纯品为白色粉末，不溶于水，易溶于有机溶剂。常见的是外消旋氯胺酮盐酸盐，为白色结晶粉末，无臭。

化学成分 ｜ 氯胺酮是苯环己哌啶衍生物，原体显碱性，是目前唯一仍在使用的苯环己哌啶类药，属于广泛使用中的静脉局部麻药。

药理作用 ｜ 氯胺酮具有麻醉作用，能有选择地阻断痛觉传导，镇痛效果好；还具有致幻作用，能产生感觉和意识分离效果，被叫作分离麻醉剂，且具有一定的精神依赖性，作用于中枢神经系统可导致幻觉、认识障碍、运动功能损伤，还会引发记忆力减退。

滥用危害 ｜ 氯胺酮的滥用主要在歌舞厅等娱乐场所，滥用者多以青少年群体为主，也有一些白领人士。氯胺酮滥用引发的社会问题在我国日显突出，近年来出现的很多"毒驾"案件中滥用的毒品类型就包括氯胺酮。氯胺酮最常见的滥用方式是鼻吸，吸食者先将K粉在平板上弄成条状，然后用吸管将条状粉末吸食进鼻腔。这种通过鼻黏膜吸收的方式可避免胃部消化液对药物的破坏，这种方式会导致鼻黏膜受损，出现鼻黏膜红肿、溃烂等现象，以及小便频密及刺痛，甚至尿道严重发炎，直至完全戒除及持续治疗才能康复。

4. 咖啡因

外观特征 ｜ 纯品咖啡因是质轻、柔韧、有光泽的针状结晶或粉末，无臭、味苦。

化学成分 ｜ 咖啡因，俗称咖啡精，是从茶叶、咖啡果中提炼出来的一种生物碱，咖啡因溶于氯仿、水和乙醇，极易溶于稀酸，略溶于乙醚，遇强碱分解。

药理作用 ｜ 咖啡因属于中枢神经兴奋剂，虽然其化学结构与苯丙胺不同，但与苯丙胺类似，可以改善由于劳累、厌倦或缺乏睡眠所导致的行为缺陷并提高警觉度。低剂量可延迟睡眠，兴奋作用强度较苯丙胺弱。高剂量可引起神经过敏、焦虑、震颤、失眠、兴奋、多尿和肠胃不适。咖啡因的兴奋程度虽然较苯丙胺类低，但长期使用也会产生一定的药物依赖性和毒副作用，并产生药物耐受性。

滥用危害 ｜ 作为弱兴奋剂的咖啡因具有一定的弱成瘾性，也会形成滥用。咖啡因的常见毒品是安钠咖，即苯甲酸钠咖啡因，由苯甲酸钠和咖啡因以近似1∶1的比例配制而成。长期使用安钠咖，除了因产生药物耐受性需要不断加大用药剂量外，也有与咖啡因相似的药物依赖性和毒副作用。

5. 麦角酰二乙胺

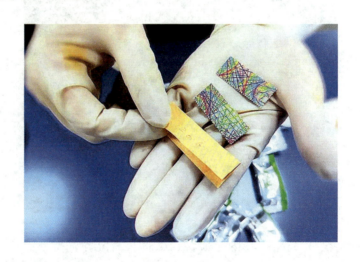

外观特征 ｜ 麦角酰二乙胺原体为白色晶体，无味，难溶于水，毒品形式一般为酒石酸盐，其盐为白色粉末，无味，易溶于水。麦角酰二乙胺通常被做成小药片，或溶于水后滴在纸上制成邮票形式，或用糖果包装。

化学成分 ｜ 麦角酰二乙胺是半合成有机碱类物质，属于致幻效果比较强的致幻类毒品，是麦角酸的衍生物，可用麦角酸合成。

药理作用 ｜ 麦角酰二乙胺是一种强致幻剂，滥用会产生致幻效果。

短期使用会对时间快慢、物体的大小产生错觉，对静止的物体感觉在运动，感觉色彩瑰丽，声音和触觉感增强；由于对知觉和情绪的影响，会增加意外伤害的风险，特别是在驾驶或从事复杂的工作时；也可能会产生一系列不愉快的反应，包括忧虑、沮丧、头昏眼花、方向知觉感丧失和妄想狂；还会造成瞳孔放大、血压降低、恶心呕吐、大量出汗、心率加快，偶尔会发生抽搐。长期服用可造成身体伤害。麦角酰二乙胺会很快产生耐受性，但停药后自行消失，不会产生身体依赖；持续用药会产生回闪症状，即停止用药一段时间后，突然出现用药时的类似症状，有时可持续数日甚至数月；使用后偶尔会延长焦虑和沮丧。

滥用危害 | 麦角酰二乙胺的滥用与欧美"药物滥用文化"及随之而来的心灵拓展、追求精神解脱与神秘体验等有密不可分的关系。麦角酰二乙胺的滥用问题目前主要在欧美。

（三）新精神活性物质

国家禁毒办在《2015 年中国毒品形势报告》中这样描述：新精神活性物质，又称"策划药"或实验室毒品，是不法分子为逃避打击而对列管毒品进行化学结构修饰所得到的毒品类似物，具有与管制毒品相似或更强的兴奋、致幻、麻醉等效果已成为继传统毒品、合成毒品后全球流行的第三代毒品。这一描述未见于我国的正式法律文件。值得注意的是，为应对新精神活性物质的威胁，我国 2015 年发布《非药用类麻醉药品和精神药品列管办法》，并将列管的新精神活性物质收入其所附的《非药用类麻醉药品和精神药品管制品种增补目录》。但非药用类麻醉药品和精神药品并非等同于新精神活性物质，该办法第二条将非药用类麻醉药品和精神药品解释为"未作为药品生产和使用，具有成瘾性或者成瘾潜力且易被滥用的物质"。新精神活性物质主要包括合成大麻素类、苯乙胺类、合成卡西酮类、哌嗪类、色胺类、芬太尼类、苯环己哌啶类、植物源类等物质。

1. 合成大麻素类物质

目前，全球使用最广泛的新精神活性物质是合成大麻素类物质，它们经常混合着各种药草合剂，以"香料""K2""月亮石""尤卡坦之火""臭鼬"等品牌出售。合成大麻素能够与大脑中的内源性大麻素激动剂受体结合，从而模仿四氢大麻酚的精神作用。最初，使用最广泛的合成大麻素是 JWH-018。2010 年部分国家禁止销售这种药物后，它立即被其他类似的化合物（诸如 JWH-073）所取代。各种合成大麻素虽结构有差异，但药效往往比天然大麻植株中的四氢大麻酚更强，危害后果更为严重和复杂。这些物质往往能够使人精神振奋、心情放松和改变感知，同时也造成心率加快、呕吐、焦虑不安、意识恍惚，产生幻觉直至心理障碍。合成大麻素还能造成血压升高、心肌缺血的情况，少数情形下会诱使心脏病发作。值得警惕的是，部分合成大麻素产品也可能会致癌。

2. 苯乙胺类物质

苯乙胺是一种单胺类神经递质，可以提升细胞外液中多巴胺的水平，对抑郁症有治疗作用。苯乙胺可通过化学合成方法衍生出大量在精神活性作用方面具有相似性的物质，即苯乙胺类物质。非法毒品市场上流行的苯乙胺类物质多数已受到国际管制，苯丙胺、甲基苯丙胺、摇头丸和哌醋甲酯和麦司卡林等常见毒品都属于苯丙胺类物质。各种苯乙胺类物质往往都是兴奋剂或致幻剂。苯乙胺类物质主要会影响大脑的多巴胺和血清素系统，小剂量苯乙胺能够提高机敏性，具有抗疲劳、耐力增加、食欲减退等性能。大剂量则会使人产生陶醉感和更强烈的自尊感，包括降低恐惧感、焦虑感和不安全感，但也会导致血压升高、体温上升和心率加快，并会诱发幻觉，甚至导致因中风、心跳停止和脑损伤而引发死亡。现实中，滥用具有致幻作用的苯乙胺往往会造成听觉、触觉、嗅觉、视觉、味觉的增强和扭曲，因而导致多种形式的精神错乱和偏执狂。未受国际管制的苯乙胺类物质数量已超过受管制的数量，其中一些物质已经引发一系列意外死亡事件。

3. 合成卡西酮类物质

外观特征 ｜卡西酮类物质种类较多，最为主要的是卡西酮、甲卡西酮和甲基甲卡西酮。甲卡西酮一般为粉末状态或与水混合的液体，因其外形似浴盐，所以在美国通常被叫作"浴盐"。

化学成分 ｜卡西酮是在阿拉伯茶中发现的生物碱，但多数卡西酮类物质都是人工合成的。甲卡西酮于 1928 年首次合成，其结构与甲基苯丙胺接近，21 世纪初开始被当作毒品滥用。

药理作用 ｜卡西酮类物质与苯丙胺类物质效果类似，具有提神、兴奋、致幻等作用。这类物质能导致急性健康问题和产生依赖性，使用过量会造成食欲不振、焦虑、易怒、失眠、幻觉和惊恐发作。甲卡西酮可引起幻觉、鼻出血、鼻灼伤、恶心、呕吐和血液循环问题，出现皮疹、焦虑、偏执狂、痉挛和妄想。其他副作用还包括注意力差、短期记忆不足、心率增加、心跳异常、抑郁、出汗增多、瞳孔散大、无法正常张嘴、磨牙。英国国家成瘾中心调查资料显示，在甲卡西酮使用者中，有51%自述头疼，43%出现心悸，27%出现恶心，15%有寒冷或手指发绀症状。

滥用危害 I 长期或过量使用甲卡西酮会出现妄想、幻觉等精神障碍，从而失去控制，且具有暴力攻击性。近年来，世界多地出现滥用甲卡西酮的伤人事件，嫌疑人因极度兴奋出现幻听、幻视和妄想，导致发生攻击和撕咬行为，并开始呈现泛滥之势。在英国流行的"喵喵"毒品中含有甲氧麻黄酮、亚甲基二氧吡咯戊酮等卡西酮类物质，滥用者往往行为怪异，已出现多例因精神错乱导致的自杀和暴力杀人行为。

4. 哌嗪类物质

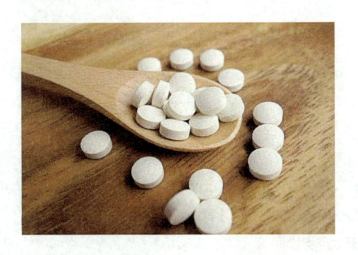

哌嗪是一类涵盖范围较广的新精神活性物质。哌嗪作为这一类物质中的基本物质，因具有驱虫性质于1953年被首次引入医学领域。哌嗪类物质的作用机理很复杂，既对血清素系统又对多巴胺受体系统产生作用，部分物质可作为一种潜在抗抑郁药物。滥用哌嗪类物质会产生反复性思维模式、心率加快、血压升高、瞳孔扩张、恶心、脸红、轻微尿失禁、胸痛、幻觉、意识恍惚等副作用，甚至引发急性精神错乱、呼吸衰竭、肾毒性和癫痫发作等更为严重的后果。

5. 色胺类物质

色胺类物质存在于植物、真菌和动物体内，也可以合成获得，因普遍具有致幻性质而被大量滥用，代表性物质包括"迷幻蘑菇"中被发现的裸盖菇素或二甲基色胺，近年来非法毒品市场中流行的"零号胶囊""犀牛液"中就含有色胺类物质。滥用色胺类物质会产生幻觉以及听觉、视觉等暂时性的现实扭曲，会造成暂时性的精神错乱、解离（在记忆、自我意识或认知的功能上的崩解）性神游和恐慌症，并可因判断危险能力受影响而遭遇意外事故。

6. 芬太尼类物质

芬太尼本身是一种医用强效镇痛药，药效远远强于吗啡，同时也是有名的因滥用而成瘾的药物。早在 20 世纪七八十年代，非法毒品市场上就出现了含有芬太尼或芬太尼类似物的海洛因，或者用来代替海洛

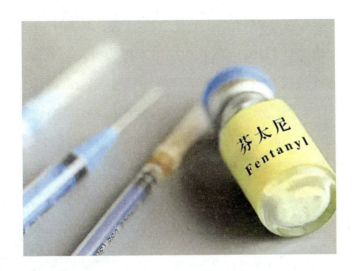

因的芬太尼或芬太尼类物质。2014 年前后，在市场上发现的芬太尼类物质主要源自秘密加工。最近几年，多种新出现的芬太尼类物质引发了越来越多的严重副作用事件，甚至死亡。事实证明，如果将芬太尼类物质作为海洛因等毒品的掺假物或者替代品出售，对毫不知情的吸毒者而言尤为危险。

7. 苯环己哌啶类物质

苯环己哌啶于 20 世纪 50 年代首次合成，60 年代中期，苯环己哌啶被用作消遣性药物，直到 1967 年才作为可注射麻醉剂在美国销售，后因造成烦躁、混乱、谵妄和精神错乱等严重副作用而撤出市场。2010 年，苯环己哌啶类物质首次在欧洲作为"研究化学品"出现。2011 年，出现了目前最常见的苯环己哌啶类物质。苯环己哌啶类物质经常以"研究化学品"名义出售，多为粉末形式。苯环己哌啶类物质急性中毒会导致广泛的行为及心理影响，从轻微的神经和生理异常、麻木或轻度昏迷到深度昏迷，会出现类似于精神病综合征的行为甚至暴力行为。

8. 植物源类物质

——卡痛叶。在传统泰国医学中，卡痛叶一直被用作一种止泻药，而且一直被研究用于治疗阿片类依赖症，但也广泛用于娱乐。卡痛叶的种植和使用大多在东南亚，已被泰国、马来西亚、缅甸和澳大利亚等国家禁止销售。小剂量卡痛叶会增加体能和机敏性，可作为兴奋剂使用；大剂量则能够帮助减轻身体和情感痛苦，能够使人产生幸福感，使人处于清醒和做梦的混合状态，可作为镇静剂使用。长期滥用卡痛叶者，会产生肌肉酸痛、兴奋、啼哭、流鼻涕、腹泻和肌肉抽搐等戒断症状。

——迷幻鼠尾草。迷幻鼠尾草能够诱导产生解离效果，是一种能够产生视觉和其他幻觉体验的强效药草。迷幻鼠尾草原产于墨西哥的云雾林，当地的巫师一直使用这种药草，以增强自己在精神治疗仪式中的幻想意识状态。传统医学也将小剂量的迷幻鼠尾草用作利尿剂，以治疗腹泻、贫血、头痛和风湿病等疾病。迷幻鼠尾草的使用效果包括各种幻觉体验，如重临过去的记忆、合并对象和重叠现实。与其他药物相比，使用这种物质常常会使人烦躁不安，即产生悲伤、抑郁和恐惧的感觉。此外，它会造成心率减慢、口齿不清和协调性降低，甚至可能还会造成意识丧失。

——恰特草。恰特草也称阿拉伯茶，是一种在非洲之角和阿拉伯半岛生长的开花植物，当地人咀嚼新鲜恰特草已有数百年历史。咀嚼恰特草之所以会产生精神效果是由于它含有大量卡西酮类生物碱。咀嚼恰特草通常只会诱发轻度的陶醉感和兴奋感，同时会导致健谈。偶尔使用后的脱瘾症状往往包括轻度抑郁和兴奋增盛，使用较长时间后的脱瘾症

状有嗜睡和轻度颤抖。使用恰特草会影响睡眠，产生回弹效应，诸如晚醒、白天瞌睡和工作业绩差。长期使用恰特草对健康有副作用，造成龋齿、肠胃功能失调和心血管障碍。

第四节　毒品的双重属性

在吸毒人员中，因对毒品缺乏正确的认识而染毒的不在少数。只有全面理解毒品的性质与危害，才能确立起正确的毒品观，进而从思想和行为上远离毒品。理解毒品的双重属性就是这个问题的关键。

一、毒品的药用价值及其异化

从药理学的角度来看，许多毒品都是具有医疗用途的药物。例如：具有麻醉、镇痛等作用的麻醉剂，包括吗啡、可待因、杜冷丁、美沙酮、芬太尼、丁丙诺啡等；对中枢神经系统产生兴奋作用的兴奋剂，包括哌醋甲酯、莫达非尼、芬特明等；对中枢神经系统产生抑制效应的抑制剂，包括地西泮、艾司唑仑、三唑仑等；影响人的中枢神经系统并可引起感觉和情绪变化的致幻剂，包括苯环己哌啶、麦司卡林、裸盖菇素等。如果这些药物在医疗用途范围内得到适量使用，可以充分发挥其药用价值，帮助人们减轻和去除病痛，但如果超过正常限度滥用药物，甚至将其作为娱乐消遣的工具，便会对身心健康造成损害，并对家庭和社会产生一系列次生危害。此时，这些药物就异化成了毒品。

随着医学发展和新药开发，部分毒品的双重属性也发生了变化。有些毒品的药用价值已被副作用更低的其他药物所取代，例如海洛因、可卡因、甲基苯丙胺等。近年来不断涌现的新精神活性物质，绝大多数是作为毒品的替代物而开发合成的，因而基本上都不具有医疗用途。

二、毒品的法律定义

毒品具有双重属性，这从毒品的法律定义便能看出。《禁毒法》第2条第1款规定，毒品是指鸦片、海洛因、甲基苯丙胺（冰毒）、吗啡、大麻、可卡因，以及国家规定管制的其他能够使人形成瘾癖的麻醉药品和精神药品。这句话可以从三个方面来理解：首先，毒品属于麻醉药品和精神药品的范畴，但并非所有的麻醉药品和精神药品都是毒品。其次，毒品必须是由法律明确加以规定的，除了毒品定义中列举的6种物质以外，其他被列入毒品管制目录的物质也是毒品。我国的毒品管制目录包括《麻醉药品品种目录》《精神药品品种目录》《非药用类麻醉药品和精神药品管制品种增补目录》，没有出现在上述3个目录中的物质就不属于毒品。最后，只有那些成瘾性强、滥用潜力大、危害影响严重的物质才可被列管为毒品，而且必须通过严格的列管程序方可列入毒品目录之中。

　　同时，《禁毒法》第 2 条第 2 款还规定，根据医疗、教学、科研的需要，依法可以生产、经营、使用、储存、运输麻醉药品和精神药品。这句话便揭示了毒品的双重属性：一方面，只要是用于医疗、教学、科研等需要，就可以依法生产、经营、使用、储存和运输这些受到管制的麻醉药品和精神药品。例如，医生实施手术时使用的麻醉剂、精神科医生为患者开具的精神药品等。另一方面，禁止这些被管制的麻醉药品和精神药品用于非医疗、教学、科研用途，否则属于非法生产、经营、使用、储存、运输麻醉药品和精神药品的行为，也就是涉毒违法犯罪行为。

第 二 章

毒品的危害

　　毒品的危害是多方面的，不仅对人体健康造成严重损害，而且还会给家庭、社会带来沉重负担。长期吸食毒品会产生瘾癖，导致吸毒者全身多系统损害，还会引发艾滋病、肝炎等传染病，甚至诱发抢劫、杀人等违法犯罪行为。特别值得注意的是，毒品的流行与蔓延对青少年的影响和毒害尤其严重。因此，应对毒品的危害性后果及毒品犯罪问题有一个比较科学的认识和全面的了解，增强对毒品的警觉性，珍爱生命，远离毒品。

第一节　毒品对人体健康的危害

毒品对于人体健康的危害形式多种多样，每一种危害都可能给人体正常的生理功能造成严重影响。那么毒品对于人体健康的危害具体有哪些呢？下面将对各种危害进行详细阐述。

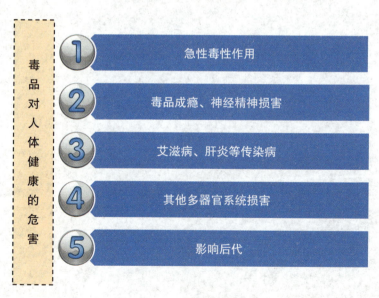

毒品对人体健康的危害

一、急性毒性作用

急性毒性作用是指用药剂量超过个体所能承受的能力而立即引起的对机体的一种有害作用，通常伴有机体的功能失调和组织病理变化。由于毒品种类的不同、摄入剂量、摄入方式及个体承受能力等多方面的差异，毒品吸食者在吸毒后的一段时间内，机体会出现不同程度的急性毒性反应，轻则反应迟钝、嗜睡，重则呼吸、循环衰竭，甚至因过量而致死。有些吸毒者随着耐受程度的增加，摄入毒品的剂量会越来越大，从而更容易导致急性中毒；还有些吸毒者在被强行戒毒一段时间后又可能按原剂量进行吸食，从而导致急性中毒。

吸食毒品在我国属于违法行为，有些吸毒者在购买毒品后私下吸食，一次性大剂量摄入毒品导致急性中毒，如果得不到紧急救援，其致死的可能性极大。据世界卫生组织报告，在 2015 年一年内大约就有 45 万人因吸毒死亡，其中因过量吸毒致死的人数就高达近 17 万例。因此，认识吸毒所带来的急性毒性作用显得尤为重要。我国常见的引起急性毒性作用的毒品主要是阿片类和苯丙胺类。

阿片类物质包括天然类如鸦片、从鸦片中提取的生物碱及其人工半合成或合成的衍生物等，常见的阿片类物质有吗啡、海洛因、美沙酮、丁丙诺啡、哌替啶和芬太尼等。阿片类物质单次过量使用，往往会引起机体的急性毒性作用，主要表现有反应迟钝、意识丧失、呼吸抑制，严重的可导致死亡。典型的临床"三联征"表现为昏迷、针尖样瞳孔和呼吸抑制（呼吸节律变慢、深度变浅，严重时可降至每分钟 2—4 次）。其他表现有皮肤湿冷、体温降低、紫绀、肺水肿、心律减慢、休克、下颌松弛及舌后坠等。

吗啡是鸦片中含量最多的一种生物碱，吗啡滥用者常用针剂皮下或静脉注射，它能使人的注意力、思维力和记忆力严重衰退，剂量过大会引起中毒，甚至使人窒息死亡。海洛因的效价为吗啡的2—3倍，是一种纯度高、毒性更强烈的毒品，当前在我国的滥用规模仅次于冰毒。过量使用海洛因造成的急性中毒症状包括昏睡、呼吸抑制、低血压、瞳孔变小等。芬太尼是一种强效的阿片类镇痛剂，适用于各种疼痛及外科、妇科等手术后和手术过程中，也用于防止或减轻手术后出现的谵妄，还可与麻醉药合用，作为麻醉辅助用药，与氟哌利多配伍制成"安定镇痛剂"，用于大面积换药及进行小手术的镇痛。公安部、国家卫生健康委、国家药监局曾联合发布公告，宣布从2019年5月1日起将芬太尼类物质列入《非药用类麻醉药品和精神药品管制品种增补目录》。当芬太尼使用过量时，首先会让人嗜睡、困顿和恶心，此后是上瘾、低血压，最后可能会因为呼吸抑制而死亡。为此，全球对芬太尼类新精神活性物质的管制也在加强。为更多获利，贩毒者往往在阿片类毒品中掺入大量杂质，常见的杂质有盐酸奎宁、普鲁卡因、滑石粉、石灰粉、洗衣粉等，这些掺入杂质的毒品更加剧了对吸毒者的危害，使识别与急救更加困难。

苯丙胺类物质是苯丙胺及其衍生物的统称，属于中枢神经兴奋剂，常见的有甲基苯丙胺、3-亚甲二氧甲基苯丙胺、4-亚甲二氧甲基苯丙胺等。低剂量苯丙胺类兴奋剂引起的症状和体征包括呼吸增强、心率加快、外周血管阻力增加、舒张压和收缩压升高，而其滥用常常导致用药过量，出现严重的中毒症状：幻觉或昏迷、高热休克、酸中毒、循环衰竭，进而危及生命。最常见的苯丙胺类兴奋剂是甲基苯丙胺，俗称"冰毒"。据《2021年中国毒情形势报告》，登记在册的现有吸毒人群中甲基苯丙胺的滥用规模最大，已有近80万人。甲基苯丙胺能强有力地作用于交感和中枢神经系统，促发一系列交感神经兴奋的反应，滥用常引起急性中毒，常见症状之一为恶性高热，常可致死。

二、神经精神损害

绝大部分的毒品都会引起神经系统病变。毒品通过长期对中枢和外周神经系统的直接毒性作用和恶性刺激，从而导致神经细胞或组织不可逆的病理性改变，进而导致药物成瘾。药物成瘾是一种慢性复发性脑疾病，世界卫生组织新发布的《国际疾病分类》第十一次修订本和美国精神病学会的第五版《精神障碍诊断与统计手册》等疾病分类诊断都将其列入精神活性物质所致精神障碍。

另外，冰毒、麻古、K 粉、摇头丸等合成毒品及近年来出现的新精神活性物质使用后，可直接作用于中枢神经系统，产生一系列神经精神损害，导致精神病性症状。吸毒相关的常见精神损害包括精神病性症状、认知损害、抑郁、焦虑等。

（一）精神病性症状

吸毒与精神病性症状的发生密切相关。精神病的临床表现为精神活动异常，具体表现为感知觉、思维、注意、记忆、情感、行为和意志、智能以及意识等方面不同程度的障碍。早在 20 世纪 70 年代就有研究表明，长期服用可卡因或苯丙胺类物质可产生类似偏执型精神分裂症的精神病。虽然精神病状态在停止滥用后会消失，但是，在几次甚至一次注射比过去使用剂量低的甲基苯丙胺后，与最初发作几乎相同的精神病可能立即复发，即使在戒断数年或数十年后，这种复发也可能发生。据吸食者描述，吸食冰毒后，整个人兴奋不已，可以几天几夜不睡觉，喜欢重复刻板地做同一件事情，大脑始终处于亢奋状态。

绝大部分的致幻剂都能使人产生幻觉，致幻剂是指影响人的中枢神经系统，可引起感觉和情绪上的变化，对时间和空间产生错觉、幻觉直至导致自我歪曲、妄想和思维分裂的天然或人工合成的一类精神药品。常见的致幻剂包括：天然致幻剂，如仙人球毒碱（麦司卡林）、致幻蘑菇菌等。人工合成的致幻剂，如二甲基色胺、麦角酸二乙酰胺和苯环己哌啶等。麦角酸二乙酰胺是致幻剂的代表，是人工合成的麦角酸的一种衍生物，从感知增强到出现一种心醉神迷的离奇幻觉。氯胺酮，俗称 K 仔或 K 粉，为非巴比妥类静脉麻醉药，其在我国的滥用规模仅次于甲基苯丙胺与海洛因。氯胺酮常和苯丙胺类毒品制成各种药丸一起使用，也就是人们通常所说的"摇头丸"。目前，国内的"摇头丸"90%以上均含有氯胺酮成分，而且氯胺酮本身具有致幻作用，多数制毒者在药丸中大量掺入氯胺酮，导致氯胺酮泛滥。苯丙胺类兴奋剂也具有导致用药者产生幻觉的作用。

最近的一项研究表明，使用大麻也会增加精神病风险，使用高效力大麻的人患首发精神病的可能性是从未使用过大麻的人的 3 倍。当将大麻的效力和使用频率综合考虑时，每日使用较高效力大麻的人被诊断为精神病的可能性是从未使用过大麻的人的 5 倍。合成大麻素类毒品吸食后会出现头晕、呕吐、精神恍惚、致幻等反应，过量吸食会出现休克、窒息等情况。值得注意的是，该类毒品因具有比天然大麻更容易上瘾、隐蔽性强、不易被检测等特点，常被吸毒者作为传统毒品的替代品吸食。因此，要认清合成大麻素等新精神活性物质属于毒品的本质，不要被这些毒品的外衣所迷惑。

（二）认知损害

吸毒后的另一精神损害是认知损害。认知损害是指与学习记忆以及思维判断有关的大脑高级智能加工过程出现异常，从而引起学习、记忆损害，严重时甚至伴有失语、失用、失认或失行等改变的病理过程。有研究发现，频繁和长期使用大麻者有中度认知损害，在大麻重度使用者中发现了言语学习、记忆和注意力损害。脑部影像学的研究发现，甲基苯丙胺滥用会导致脑细胞死亡，长期滥用甲基苯丙胺会导致滥用者认知功能损害。另一项研究表明，接触可卡因的儿童认知发育明显滞后。

（三）焦虑与抑郁

吸毒与广泛性焦虑障碍以及抑郁症的发生也存在一定的相关性。在美国的一项社区调查中发现，苯丙胺类兴奋剂、可卡因、海洛因和致幻剂的使用与焦虑症诊断之间存在显著关联。另外，一项基于20个国家进行的大样本调查发现，与效力较低的大麻相比，使用效力较高的大麻浓缩物和效力较高的大麻，会增加抑郁症诊断的风险。近年的一项研究也表明，重度抑郁症患者的毒品滥用率明显高于一般人群。

吸毒也是导致自杀的重要因素。有研究发现，由苯丙胺类兴奋剂、阿片类药物和可卡因依赖导致的自杀占有相当的比例。有研究者利用瑞典全国登记系统的数据进行相关研究也发现，使用阿片类药物、镇静催眠药和多种物质滥用都能够增加自杀的风险。有些吸毒自杀行为是长期滥用毒品所导致的精神障碍的结果，也有些是瘾君子在无钱购毒吸毒、穷困潦倒、走投无路、痛苦难忍的情况下最终选择了自杀。

毒品对人的精神、意志的麻醉和瓦解作用是吸毒者普遍存在的严重问题。由于吸毒可使人产生一种强烈的欣快感，一些吸食者为了追求这种非正常刺激而反复吸食，以致无法靠主观意志控制自己。无论是为了缓解一时的焦虑、紧张、压抑等心理失衡，还是出于好奇开始尝试吸毒，一旦成瘾都会导致机体产生精神、行为与人格的一系列改变。长期吸毒会使吸毒者同以前相比判若两人，如对社会、家庭失去责任感，道德沦丧，生活颓废，甚至为获得毒品进行各种违法犯罪行为。由此可见，充分认识毒品对于精神状态乃至精神疾病的影响也是至关重要的。

三、传染病

药物滥用者常常由于采用注射方式吸毒及不安全性行为导致传染病的流行，甚至一个人可以同时感染数种传染病，主要包括艾滋病、各型肝炎、结核病等。

（一）艾滋病

艾滋病，全称是"获得性免疫缺陷综合征"，它是由人类免疫缺陷病毒（又称为艾滋病病毒，HIV）引起的一种病死率极高的恶性传染病。艾滋病病毒侵入人体后，能破坏人体的免疫系统，令感染者逐渐丧失对各种疾病的抵抗能力，最后导致死亡。目前还没有疫苗可以预防，也没有治愈这种疾病的有效药物或方法。艾滋病于1982年定名，1983年发现其病原体，是当前最棘手的医学难题之一。根据中国疾病预防控制中心性病艾滋病预防控制中心信息，截至2020年底，全国现有105.3万报告存活的艾滋病病毒感染者。目前，艾滋病的传播途径已经明确，主要有性接触传播、血源性传播和母婴传播三种。从其传播途径来看，吸毒是造成艾滋病的一个重要因素，有人做过一个形象的比喻：吸毒和艾滋病就像一对孪生兄弟。吸毒者可能通过以下两种途径感染艾滋病病毒：一是共用不洁注射器；二是不安全性行为。

阿片类毒品主要通过静脉注射吸毒，其中在我国被大量滥用的便是海洛因。海洛因成瘾性极强，长期使用后会表现出显著的药物渴求，对海洛因诱导的病理性欣快产生非常顽固的记忆，因此患者一旦成瘾就很难戒治。由于对毒品的耐受性增加，吸毒者需要吸食更大剂量的海洛因，甚至是采用静脉注射的方式吸食海洛因。在该人群中甚至出现共用注射器的现象，这容易导致海洛因滥用人群具有较高的艾滋病病毒感染风险。吸毒者在毒瘾发作时，往往来不及也根本没有条件进行消毒，一根针管在不同吸毒者之间传来传去或互相注射，艾滋病病毒便通过残存在针头、针管中的血液而传播、感染。在我国艾滋病病毒感染者中，由注射吸毒传播的比例在2009年高达25.2%，至2020年该比例已大幅下降至2.5%以下。但据世界毒品报告显示，2020年全球有1120万的注射吸毒者，其中140万人感染艾滋病病毒，平均每8名注射吸毒者中便有1名感染艾滋病病毒。结合相关数据估计，我国平均每7名注射吸毒者中便有1名感染艾滋病病毒。除海洛因等阿片类毒品外，在我国滥用规模最大的冰毒，也同样具有通过静脉注射吸食而增加感染艾滋病病毒的风险。

目前，我国合成毒品滥用者在毒品滥用人群中所占的比例已超过海洛因滥用者所占的比例，主要滥用的合成毒品为甲基苯丙胺、麻古、K粉（氯胺酮）、"摇头丸"等。甲基苯丙胺、K粉等合成毒品能够引起人体中枢神经兴奋。使用合成毒品后，滥用者性欲增强，发生性行为的可能性大大增加，复杂的性伴网络以及无保护的不安全性行为，加之群体性滥用及性交易和性暴力的发生，极易造成艾滋病等疾病在毒品使用人群中的传播蔓延。女性性工作者，特别是吸毒妇女，更是传播和感染艾滋病病毒的高危人群。吸毒导致的经济问题使她们常常靠卖淫赚钱购买毒品，一方面，在性乱交中有可能导致自身感染艾滋病病毒；另一方面，感染艾滋病病毒的女性性工作者又对其他性淫乱者构成极大威胁。

苯丙胺类兴奋剂对性行为有强烈的刺激作用，合成毒品滥用者在毒品的作用下，极易发生不使用安全套、性淫乱等不安全性行为，从而导致艾滋病病毒的感染和传播。据报告，在我国艾滋病病毒感染者中，异性恋和同性恋传播艾滋病的比例分别从 2009 年的 48.3% 和 9.1%，上升到 2020 年的 74.2% 和 23.3%。最值得关注的是两类人群——男男同性性行为者和女性性工作者。其中男男同性性行为者是感染艾滋病病毒的最高风险群体。一项基于约 60 万名男男同性性行为者的研究显示，2001—2018 年，我国该人群中艾滋病病毒感染率为 5.7%。

（二）病毒性肝炎

病毒性肝炎是由多种肝炎病毒引起的以肝脏病变为主的一种传染病。临床上以食欲减退、恶心、上腹部不适、肝区痛、乏力为主要表现。部分病人可有黄疸、发热和肝大，伴有肝功能损害。有些病人可慢性化，甚至发展成肝硬化，少数可发展为肝癌。病毒性肝炎的病原学分型，目前已被公认的有甲、乙、丙、丁、戊 5 种肝炎病毒。乙型、丙型肝炎病毒的传播途径类似于艾滋病病毒，也可以通过血液传播和体液传播，因此，在吸毒人群中也较容易因共用不洁注射器和淫乱性行为而传播。有研究显示，2008—2017 年，我国注射吸毒者中丙型肝炎病毒感染率为 71.6%，乙型肝炎病毒感染率为 19.6%，艾滋病病毒感染率为 10.5%。因此，无论是艾滋病还是病毒性肝炎（乙型、丙型），都可因吸毒的泛滥而严重危害人体健康。

（三）结核病

吸毒与结核病的发生也有着密不可分的关系。结核病是由结核分枝杆菌引起的慢性传染病，可侵及许多脏器，以肺部结核感染最为常见，起病可急可缓，常见症状多为低热（午后为著）、盗汗、乏力、纳差、消瘦、女性月经失调等；呼吸道症状有咳嗽、咳痰、咯血、胸痛、不同程度的胸闷或呼吸困难。肺结核主要通过呼吸道传播，当前流行的合成毒品一般以烫吸的方式进行，这容易导致肺结核的传播；同时，吸毒者如采用静脉注射毒品也容易合并其他感染，并由于长期营养不良、嗜酒，其健康状况较差，因此易出现结核杆菌新感染或潜在结核杆菌感染的再燃。此外，毒品可以破坏机体的免疫系统，使机体更易受结核杆菌侵袭；而且毒品可以通过损害免疫系统而使机体防御与清除微生物的能力低下，组织修复能力减弱，更容易导致结核杆菌感染在体内播散。由于吸毒者的隐性结核感染率较高，吸毒人群监测难度较大、治疗依从性较差等，往往会导致吸毒者病情的加重或恶化以致危及生命。

四、其他系统损害

由于毒品吸食方式的多样性（烫吸、鼻嗅、烟吸、注射等），必然会对呼吸系统与循环系统产生影响，毒品吸食入血，对全身器官都会造成严重危害，例如神经系统、消化系统等。

（一）呼吸系统

吸毒可通过三种主要途径对呼吸系统造成严重破坏：经呼吸道滥用毒品对呼吸道有直接刺激；通过不同途径进入体内的毒品对呼吸道有特异性毒性作用；由吸毒引起的营养不良和感染也可能波及呼吸系统。在正常情况下，人体呼吸系统自身的保护机制能够保护呼吸道免受外来有害因素的影响，但吸毒者的毒品吸食量都不可控制，且往往过量，呼吸系统的自我保护机制往往极容易被毒品攻破，而长期吸毒者大都患有咳嗽、慢性咽炎、支气管炎和其他严重感染。例如，可卡因具有局部麻醉作用，还可作用于延髓呼吸中枢、支气管平滑肌和肺血管。长期鼻吸可卡因可引起嗅觉丧失、鼻黏膜萎缩、黏膜溃疡、出血、鼻中隔穿孔、鼻鞍畸形、骨质溶解性鼻窦炎、吞咽困难和声音嘶哑。胸痛也是可卡因滥用者求治的疾病之一。可卡因的吸入还可引起气胸、皮下气肿、纵膈积气、肺炎、肺水肿、哮喘和肺泡出血，甚至引起病人突然呼吸抑制而死亡。海洛因由于成瘾性极强，常发生过量或中毒，海洛因过量或中毒时可发生海洛因性肺水肿，此病起病较急，一般在吸食海洛因过量后立即出现，如抢救不及时往往导致死亡。患者被送入医院后，常表现为昏迷、呼吸抑制、瞳孔缩小、口唇紫绀，有些患者还有房颤表现。

（二）循环系统

很多毒品可以对循环系统产生直接影响。吸毒可引起心律失常和缺血性改变，其表现与不同毒品的药理作用有关。苯丙胺类物质往往能够引起循环系统损害，表现为血压升高、心率加快，严重时可导致爆发性高热，恶性高热反应可致弥散性血管内凝血、横纹肌溶解、急性肾衰、低钠血症、脑水肿、中毒性肝炎，进而引起猝死。可卡因滥用也可导致多种类型的心血管损害。由于可卡因引起的心律失常非常常见，注射可卡因短期内即可出现心动过速，此外，还可出现心动过缓、室性期前收缩、室性心动过速、室颤及心肌收缩不全。可卡因还可引起血管痉挛，冠状动脉痉挛可引起心肌梗塞。注射使用海洛因与感染性心内膜炎密切相关。

（三）神经系统

长期吸毒还可导致神经系统损害，较为常见的有缺血性卒中、出血性卒中和白质脑病等。苯丙胺类物质的使用与缺血性卒中和出血性卒中相关，包括脑实质内血肿和蛛网膜下腔出血。相关研究表明，使用苯丙胺类物质的人发生卒中的几率几乎是不使用苯丙胺类物质的人的 4 倍。苯丙胺类物质相关的卒中可归因于急性高血压和脑血管炎，短期使用苯丙胺类兴奋剂可出现发热和急性高血压，脑血管炎是甲基苯丙胺滥用者伴有出血性卒中或缺血性脑卒中的一种常见的组织学和影像学表现。而长期使用苯丙胺类物质可以导致血管损伤，进而引起脑出血。"摇头丸"也与脑卒中的发生有关，由"摇头丸"引起的梗死常见于枕叶皮质和苍白球。海洛因成瘾者最常见的卒中机制是感染性心内膜炎导致的多发性心源性栓塞。

（四）消化系统

绝大多数毒品均有抑制食欲作用，部分吸毒成瘾者就是误认为毒品可以用来减肥而开始吸毒的。毒品的抑制食欲作用可导致身体消瘦，还可引起使用者出现必需的维生素和矿物质缺乏，从而引起一系列营养不良综合征。维生素 B 族缺乏会损伤中枢神经系统，从而引起记忆力、注意力、学习能力显著下降，甚至引起意识障碍。维生素 B 族缺乏还会引起末梢神经炎和各种皮炎。铁元素缺乏可引起缺铁性贫血，因此在吸毒者中缺铁性贫血也较为常见。吸毒常引起胃肠蠕动减慢进而引起便秘。这种便秘非常顽固，成为令吸毒者苦恼的痼疾，有时吸毒者每隔一周或十余天才大便一次，排便时出血非常常见。此外，胃肠蠕动减慢还可引起肠梗阻。阿片类毒品成瘾者在突然停用毒品后会出现胃肠道蠕动异常加快，表现为严重腹痛和腹泻，腹泻严重者可出现脱水现象。可卡因对全身血管均有强烈收缩作用，对肠道血管的持续高度收缩可引起肠道缺血和坏死。

五、对胎儿和新生儿的影响

毒品不仅对吸食者本人造成多器官系统损害，而且还会对下一代造成影响。一些女性在妊娠期吸食毒品，致使毒品通过胎盘进入胎体内，从而导致胎儿中毒，进而发生畸形、发育障碍、流产、早产和死胎。新生儿在出生后由于脱离母体提供的毒品环境，会出现一系列毒品戒断综合征，临床上比较常见的是阿片类物质引发的新生儿戒断综合征。

例如，甲基苯丙胺就可以很容易地通过胎盘屏障，能引起血管收缩，直接导致子宫内血流量减少、胎儿缺氧。甲基苯丙胺还能使母体厌食，间接导致胎儿营养缺乏，以致生长迟缓，大脑发育受损。另外，母体使用甲基苯丙胺会缩短妊娠期，增加新生儿死亡率或使得新生儿的体重偏低；一旦甲基苯丙胺进入胎儿体内，出生后胎儿患有先天性疾病和畸形的几率会大大增加，如患有心脏缺陷、唇裂、胆道闭锁的几率明显增加；新生儿出生后，甲基苯丙胺还会聚集在母乳中，新生儿通过母乳吸收甲基苯丙胺，使得母体甲基苯丙胺对后代的影响不可避免。甚至在子代成年后也会对其产生影响，如生长发育过程中会出现智力发育迟缓、认知功能障碍以及癫痫敏感性增加等症状。

妊娠妇女滥用可卡因后对胎儿的整个生长发育过程和新生儿也会产生严重影响。低浓度可卡因即可对胎儿造成损害，可卡因可减少子宫血流量，增加子宫血管阻力，降低胎盘血氧浓度，加之母体血管收缩、心率和血压升高等均可造成子宫缺氧、胎盘受损和早产。可卡因还可引起胎儿大脑梗死、发育迟滞和死亡。出生前受母体内可卡因影响的新生儿中，低出生体重、身材短小、头围小、先天畸形和行为障碍等的发生率明显较高。同时，可卡因也可经母乳进入新生儿体内，新生儿可能因吸吮母乳而出现可卡因中毒症状，主要表现为血压增高、心率加快、出汗、瞳孔增大和窒息等。可卡因对新生儿的影响还会在其出生后长时间内持续存在，易出现视力低下、精神发育迟滞、卒中和学习障碍。

总之，吸毒对于人体健康的危害形式多种多样，可能是短期的，也可能是长期的；可能是直接的，也可能是间接的；有时仅仅只是在单方面显现出来，但更常见的是多方面多系统的损害；吸毒者不但让自己痛苦不堪，而且还殃及家庭……吸毒危害之大，如同"无底洞"，毒品尝试者不知其深浅，一旦陷入便会贻害无穷。

第二节　毒品对家庭及社会的危害

药物滥用不仅损害患者个人的身心健康，而且还会危害家庭、扰乱治安，严重危及社会的稳定与发展。首先，它会破坏家庭的正常生活，使吸毒者丧失对家庭的责任感，为购买毒品而大肆挥霍钱财，且时有家庭暴力发生，甚至酿成家破人亡、妻离子散的悲剧。其次，当吸毒者家庭经济状况不能满足其购买毒品的欲望时，他们有可能会使用诈骗、抢劫、卖淫等违法犯罪手段来获取钱财，甚至非法贩运、走私毒品，严重危害社会治安。再次，注射方式吸毒及不安全性行为极容易导致传染病的流行，甚至一个人身上可以同时被感染数种传染病，特别是艾滋病、各型肝炎、结核病等。最后，药物滥用消耗大量的社会资源，影响社会安定，甚至威胁国家安全。对于整个社会经济而言，其危害表现为直接劳动力的丧失、间接的劳动力丧失、毒品交易造成的直接经济损失以及国家投入的防治药物滥用的资金等经济损失，不仅造成社会财富的大量浪费，而且严重影响社会安定和经济社会发展。

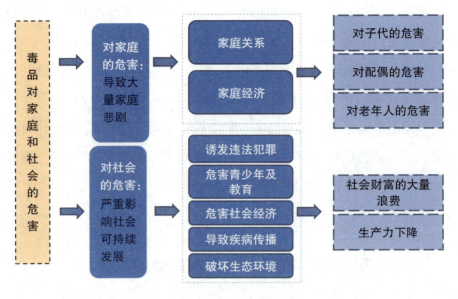

毒品对家庭和社会的危害

一、家庭危害

吸毒导致了大量的家庭悲剧，一旦家庭中出现一个吸毒者，就意味着这个家庭会失去往日的宁静、和谐、幸福和快乐，贫困和矛盾就会从此困扰着这个家庭，最后的结局往往是倾家荡产、妻离子散，甚至家破人亡。毒品对于家庭的危害主要体现在两个方面：家庭关系和家庭经济。毒品对于家庭关系的影响包括三个方面：一是对吸毒者子代的危害；二是对吸毒者配偶的危害；三是对家庭中老年人的危害。

（一）对家庭关系的危害

1. 对子代的危害

儿童是家庭的希望，是国家和民族的未来。据 2021 年第七次人口普查结果，我国 14 亿多人口中，0—14 岁儿童的数量约为 2.5 亿人，占全国总人口的 17.95%，可见对未成年人保护的重要性。而滥用毒品往往容易对子代造成不可挽回的严重危害。毒品对于吸毒者子代的危害主要体现在两方面：其一是生育、遗传以及哺乳方面，主要涉及妊娠期吸食毒品导致胎儿中毒进而发生畸形、发育障碍、流产、早产和死胎；其二是亲子关系方面，吸毒对于亲子关系的危害也不亚于对胎儿或新生儿的影响。一般情况下，涉毒家庭更有可能出现父母教养行为缺失，如缺乏对子女的监督和看护，父母因毒品滥用问题倾向于在与子女的互动中退缩，子女缺乏必要的社会情感支撑和良性成长所必需的家庭环境。同时，涉毒家庭更有可能出现多种违法犯罪活动，且大多涉及使用暴力。有些吸毒的父母不仅不会照顾子女，随着涉毒程度的加重，反而可能出现虐待儿童的现象，尤其是当父母使用毒品产生幻觉后，后果更是不堪设想。显然，涉毒人员有较高的被逮捕和监禁的风险，随着我国吸毒人数的增加和大量涉毒犯罪人员被抓获，涉毒人员在社区戒毒、服刑或被强制隔离戒毒期间，其未成年子女往往处于监护缺失或监护无力的状态。此外，吸毒父母容易将儿童置于危险境地，涉毒家庭的孩子通常在孤立的社会环境中成长，既同亲缘社会隔绝，也远离了那些能让他们免受不良影响、发展社会技能的机会。有研究表明，同滥用毒品父母居住的儿童患有心理焦虑、抑郁、躁动或情绪失控等精神疾病的风险更大，滥用毒品的风险也更大。一旦吸毒父母的子代开始吸毒，那毒品的危害又将延续，可谓"后患无穷"。

2. 对配偶的危害

同一家庭中配偶一方吸毒也必定对配偶关系带来影响，直接的影响可能包括配偶暴力、引发配偶吸毒、离婚分居等。世界卫生组织将配偶暴力定义为曾经或者现在处于亲密关系中的异性伴侣之间发生的躯体暴力、心理暴力和性暴力。躯体暴力包括抓、咬、打、朝伴侣扔东西和拿刀或其他武器威胁或伤害伴侣等。心理暴力包括长时间忽略、咒骂、控制经济、控制社交等。性暴力包括威胁发生性关系、使用武力强制发生性关系。配偶暴力的危害还不仅限于此，很多人在饱受暴力之后甚至可能选择自杀。

有研究表明，可卡因比其他任何物质与配偶暴力的联系都要强，使用大剂量可卡因后，滥用者的行为完全失控，可表现出无意义的刻板行为、暴力行为甚至精神病样表现，情感变化迅速，易出现类似于轻躁狂的冲动行为，伴有思维速度加快、语量过多、谈话内容不适当等。我国目前常见的毒品如甲基苯丙胺具有中枢神经兴奋作用，吸食后往往也更容易导致配偶暴力。此外，若配偶一方吸毒，也有可能引起另一方吸毒，这种尝试所带来的后果往往是难以挽回的。

除了虐待配偶以及引起配偶吸毒外，吸食毒品也可能直接引发离婚分居，家庭的破裂可能是在暴力虐待后，也可能只是在一方发现了另一方吸毒后。婚姻往往是一个家庭最根本的保障，一旦夫妻关系破裂，家庭的完整性也就难以继续维持。

3. 对老年人的危害

老年人是家庭及社会中的脆弱群体，据 2021 年，第七次人口普查结果显示，我国 60 岁及以上人口为 2.64 亿，占全国总人口的 18.70%（其中，65 岁及以上人口为 1.9 亿，占 13.50%），这一数据已经超过了0—14 岁儿童的数量，而且中年人口基数庞大，我国正面临人口老龄化的问题。一些生活不能自理的老人往往需要子女的照顾，然而吸毒者每天都在想着如何获取毒品，自然会忽视家中的老人，从而间接影响老年人的身体健康和精神健康。吸毒者家庭中这些被忽视的老人，有可能因身心缺乏照料与因家人吸毒而遭受的精神打击而产生自杀念头。此外，一方面，由于吸毒子女服刑而使得吸毒家庭中的老年人不得不照顾其子女，从而增加了老年人的经济及心理负担；另一方面，由于老年人的各种身体机能都在萎缩变差，间接接触毒品，会加重原有的基础疾病，更可能导致机体损害而增加死亡风险。

（二）对家庭经济的危害

当涉毒家庭面临经济上的巨大压力时，对于子女最基本的营养供给、配偶之间的和睦以及对于老年人的护理都会产生较大影响，家庭经济的崩溃也是导致一个完整家庭分崩离析的重要因素。一个家庭中最可能成为吸毒者的一般都是家庭中的主要劳动力，因为他们承受着所有来自家庭以及社会的压力，他们相对于家庭中的其他成员需要付出更多，而且他们把握着整个家庭收入的支配，又经常需要与外界打交道，所以他们更有可能为了缓解压力或感受"欣快感"而抱着侥幸心理去尝试毒品。一旦他们接触毒品、染上毒瘾，不仅可能会放弃或失去原有维持家庭收入的工作，甚至会花光家中所有积蓄去购买毒品，使得家庭收入陷入负增长，最终导致家庭经济崩溃。

二、社会危害

自 20 世纪 80 年代以来，药物滥用逐渐呈现出国际化的流行趋势，目前已成为全球性公害。药物滥用对人类健康的极大损害及其非法生产、贩运等国际犯罪活动引发的社会、经济甚至政治问题受到越来越多国家的关注。国际社会为打击毒品犯罪进行了不懈的努力，联合国将每年的 6 月 26 日定为"国际禁毒日"。尽管世界各国政府以及一些非政府组织对于禁毒工作给予极大的重视，并投入大量的人力财力，致力于"降低毒品非法供应"和"减少毒品非法需求"，但毒品蔓延的势头并未得到有效扼制，药物滥用导致的社会问题仍然非常严重。

（一）诱发违法犯罪

在任何一个社会、国家或地区，毒品问题都会诱发违法犯罪，影响社会生产力健康发展，导致疾病传播、破坏生态环境、影响社会稳定等一系列问题，对社会可持续性发展造成严重影响。

犯罪问题是社会发展和变革的晴雨表，是辨别社会病灶的测试剂，主要犯罪趋势的变化、新型犯罪问题的出现，都直接和间接地反映了国家治理和社会控制的基本状况。在和平年代，犯罪风险是社会发展中最为突出、危害性极大的典型风险。据《2021年中国毒情形势报告》，2021年全年共破获毒品犯罪案件5.4万起，抓获犯罪嫌疑人7.7万名，缴获毒品27吨，查处吸毒人员32.6万人次，吸毒与毒品犯罪问题已经是当今社会的一个严重社会问题。吸毒在我国不仅属于违法行为，而且往往会诱发各种犯罪，使社会治安恶化、社会丑恶现象增加。一般来说，一个吸毒者利用其合法收入维持毒品消费几乎是不可能的。在穷困潦倒、倾家荡产、走投无路的情况下，吸毒者大多会选择偷盗、诈骗、抢劫、贩毒、卖淫等违法犯罪活动。在国际社会，为了打击与毒品相关的违法犯罪活动、解决全球毒品问题，1997年联合国药物管制规划署和国际预防犯罪中心合并，建立了联合国毒品和犯罪问题办公室，可见，毒品与犯罪问题关系密不可分，也深受国际社会的关注。

吸毒者往往会因为经济上的问题涉足诈骗。由于吸毒者往往面临巨大的经济负担，他们需要足够的资金用以购买满足他们需要的大量毒品，而且还需要长期维持，因此，大部分吸毒者走上了诈骗的违法犯罪之路。据国家统计局统计年鉴报告，2020年，诈骗是我国公安机关立案的最泛滥的刑事案件，在立案的刑事案件中占比高达40.07%。"法网恢恢，疏而不漏。"这些犯罪分子的犯罪行径，不仅使得他们自身最终难逃法律的制裁，而且可能使得一些受害者经济上、精神上受到损害乃至被迫选择自杀的绝路。当然，吸毒者为了快速获取足够的毒品，也可能成为诈骗分子最容易诈骗得手的人群之一。例如，有些不法分子就笃定吸毒者不敢报警，于是用面粉充当毒品通过非法渠道贩卖，进行多次诈骗，有些吸毒者觉得价格低廉便纷纷购买。

吸毒者既可能通过诈骗手段获取足够数量的毒品，也可能直接涉及制毒、运毒、贩毒。根据我国《刑法》第 347 条规定，走私、贩卖、运输、制造毒品，无论数量多少，都应当追究刑事责任，予以刑事处罚。因此，只要是贩卖毒品，即构成贩卖毒品罪。很多青少年就是因为在这方面存在认识上的误区，最终为毒品犯罪分子所利用，有的参与购买原料，有的参与制毒，有的参与运送……

随着毒品市场的扩大与毒品贸易的"兴盛"，大量资金投入毒品市场，洗钱也成了毒品贩子常见的一种犯罪行为。洗钱罪，是指明知是毒品犯罪、黑社会性质的组织犯罪、贪污贿赂犯罪、恐怖活动犯罪、走私犯罪、破坏金融管理秩序犯罪、金融诈骗犯罪等的违法所得及其收益，为掩饰、隐瞒其来源和性质，通过存入金融机构、投资或者上市流通等手段使非法所得收入合法化的行为。首先，这种行为会造成资金流动的无规律性，影响金融市场的稳定，增加金融机构的运营风险。其次，洗钱会助长和滋生腐败，败坏社会风气，腐蚀国家肌体，导致社会不公平，败坏国家声誉。此外，洗钱活动还损害合法经济体的正当权益，破坏市场微观竞争环境，损害市场机制的有效运作和公平竞争，而且洗钱活动削弱国家的宏观经济调控效果，严重危害经济的健康发展。

吸毒者往往还容易因为毒品对身体健康的损害而发生情绪以及精神上的改变，有时甚至产生幻觉，对周围人的生命安全构成极大威胁。

在吸毒者身边的往往是其最为亲近的人，很多吸毒者在"精神错乱"时伤害亲人，在情绪稳定后往往又追悔莫及，甚至产生自残、自杀的想法。同样，毒品问题也容易导致一系列扰乱社会治安的案件，如毒驾、卖淫、嫖娼、非法携带枪支弹药、寻衅滋事、故意伤害等。就拿毒驾来说，它和醉酒驾车本质相同，都是行为人在毒品或酒精等化学物质的作用下，精神意识变模糊、认知事物的能力变差、控制行为的能力变弱。吸食冰毒、K粉等常见毒品后产生的极端亢奋、妄想、幻觉等症状，会导致驾驶人脱离现实场景，驾驶反应能力、辨识能力以及判断力降低，甚至完全丧失，且具有一定的攻击性，一旦驾驶机动车，极易发生飙车超速甚至主动撞人撞车等肇事行为，发生恶性交通事故的几率倍增。

（二）危害青少年及教育

在受到毒品危害的人群中，青少年是最值得关注的群体之一，很多人就是在青春懵懂之时，可能因交友不慎，也可能由于自身文化素质较低、分辨是非能力较差，同时又盲目模仿，对毒品充满好奇但又缺乏对毒品危害的认识，怀着只尝试一次的心理，最终染上毒瘾，难以解脱。而绝大部分青少年更是负担不起吸毒的昂贵费用，更容易逐渐走上违法犯罪的道路。此外，青少年时期是最喜欢结交"志同道合"朋友的时期，这也往往更容易导致团伙犯罪。一些青少年刑满释放后，在受到外部不良刺激时，很容易产生感情冲动，极易再次走上犯罪道路。由于有犯罪的"劣迹"，他们重新走向社会后，社会普遍存在排斥心理，将他们视为"另类"，在日常生活中人们不愿与其接触，并且不愿雇用他们，怕带来麻烦，在迫不得已的接触中也是处处设防。这种社会不认同的生活氛围使他们在就业、工作、婚姻等方面会遇到比平常人更多的困难，承受的社会压力增大。社会的歧视，在一定程度上会导致青少年心理发育的不健全，使其产生"破罐子破摔"的想法，加重再次犯罪的思想基础。吸毒与犯罪紧密联系在一起，青少年应尽早认识到这一点，远离毒品，远离犯罪。

毒品对于教育的危害主要体现在毒品对于青少年的危害上。青少年是接受教育的主体，更是一个国家和民族的未来。教育是提高人的综合素质、促进人的全面发展的重要途径，是民族振兴、社会进步的重要基石，是对中华民族伟大复兴具有决定性意义的事业，如果教育受到毒品的侵蚀，不仅处在教育中的个体会受到极大影响，而且对于一个国家、一个民族来说都是最为严重的打击。

一般来说，青少年受到的教育可以分为三类：一是家庭教育；二是学校教育；三是社会教育。家庭教育是社会教育和学校教育的基础，是家长有意识地通过自己的言传身教和家庭生活实践，对子女施以一定教育影响的活动。家庭教育伴随孩子的一生，影响人的一生，对一个人的成长成才至关重要。从社会结构来看，家庭是社会的细胞，营造良好的家风、弘扬家庭美德是推进社会和谐的重要基础，更是社会文明程度的重要标志。从人的发展序列而言，家庭是个体生命成长最初始的场所。在前文，我们已经阐述了毒品对于一个家庭的危害，而这种危害往往严重地波及家庭教育甚至导致家庭教育的缺失。这种缺失是学校教育和社会教育难以弥补的，严重者还可能误入歧途。学校教育是专指受教育者在各类学校内所接受的教育活动。学校教育是从家庭到社会过渡必不可少的阶段，也是青少年获取知识、树立正确世界观、人生观以及价值观的重要阶段。受到毒品影响的同学，往往在学校表现不佳，最终导致早早辍学。另外，在学校里，老师不可能关注到每一个学生的方方面面。他们中间关系最好的便是周围的同学，一旦交友不慎，也容易受到毒品的影响。虽然我国近年来，新发生药物滥用人群为在校学生的很少，但其中近 80%的毒品都是来自同伴。社会教育贯穿于我们的日常生活中，广告牌上的一句标语、路人的一种行为、网络上的一条评论……这些都属于社会教育。而毒品正是在社会中泛滥的，如果我们没有足够的辨别能力，在家庭教育和学校教育都相对缺失的情况下，毒品的危害便能够通过社会教育波及个体，导致多方面的损害。

（三）危害社会经济

1. 造成社会财富的大量浪费

毒品对于社会经济的危害主要体现在两个方面：一方面是毒品的泛滥造成社会财富的大量浪费；另一方面是毒品的滥用导致生产力水平下降。首先是吸毒会造成社会财富的大量浪费，直接的浪费体现在由于吸毒人数的不断增加和毒品价格的高昂，使得吸毒者所消耗的毒资十分庞大。据联合国相关调查，在 20 世纪 80 年代，全世界一年的毒品交易额就高达 5000 亿美元，其规模已经超过石油贸易，仅次于军火贸易，相当于国际贸易总额的 13%。当前，全球毒品问题加速扩散，形势不断恶化，毒品贩运已涉及世界大多数国家和地区，每年毒品交易额达8000 亿美元以上。

毒品导致的间接的社会财富浪费，则主要集中在卫生保健以及执法方面的财政投入上。在加拿大 2017 年非法药物消费的经济成本中，其医疗成本为 131 亿美元（28%），刑事司法是药物使用相关总成本的另一贡献者，成本为 92 亿美元（20%），二者合计占近 50%。虽然在我国还缺乏相关数据的报告，但是从毒品滥用的形势来看，医疗和司法方面的损耗必定也是一个庞大的数字。为了预防和遏制毒品的蔓延与危害，各国投入大量人力和钱财，加强警力，打击贩毒等违法犯罪活动。各国还建立了各种戒毒所，使吸毒者摆脱毒魔的纠缠，医治因此带来的病痛。用于戒毒的费用是比较昂贵的，也消耗了国家和个人的大量财富。此外，各国还投入大量人力、物力开展禁毒预防教育和宣传，以期防患于未然。无论是直接的经济损失还是间接的财政投入，无疑都是毒品泛滥之后对于社会的负面影响，如果对毒品泛滥情况控制不佳，无疑会对整个国家产生巨大且深远的影响。

2. 导致生产力下降

毒品滥用导致的生产力下降主要体现在对就业和生产效率的影响上。2021年我国新发生的毒品滥用主要集中在21—40岁年龄组的年轻人中，特别是在26—35岁年龄组，而这一年龄段的人正是社会劳动的主力军。虽然新发生药物滥用人群涉及多个职业和社会群体，但其中无业人员就高达63.0%。毒品的消费限制了留在劳动力市场的机会，因失去原有工作且无法找到适当的就业机会而造成的负面情绪更加大了毒品消费，从而造成恶性循环。无论是发达国家还是发展中国家，失业与吸毒习惯之间往往也有很强的相关性。例如，国外的一项研究表明，与就业人群相比，失业人群的药物滥用率更高，即吸毒与失业的关系更为密切。低生产率和吸毒行为之间的联系也是存在的。无论目前的经济发展水平如何，如果社会必须依赖因大规模滥用毒品而受到损害的劳动力，那么要想使社会生产取得实质性的进展一定相当困难。与体力劳动相比，智力劳动需要的更高水平的判断、持续的注意力、即时记忆和精细运动技能显然更容易受到毒品的干扰。一个社会越发达，技术性的工作越多，它就越容易受到毒品滥用的影响，社会的成本也就越高。此外，相对于不吸毒的员工来说，吸毒员工缺勤的可能性会更大，伤害自己或同事的几率也更高，工作中发生的事故也往往更多，而且吸毒员工往往也会要求更多的相关赔偿以满足他们吸毒的经济需求，所有这些都给同事、企业经营者和整个社会带来了潜在的沉重负担，这无疑会降低社会生产效率。

毒品市场的发展与运行也在一定程度上消耗社会的人力、物力、财力，延缓了生产发展。

（四）导致疾病传播

传染病的传播与毒品的滥用息息相关，所带来的社会负担也十分严重。我国早期的艾滋病主要通过共用注射器吸毒进行传播，我国较为常见的滥用毒品——海洛因，就是以这种吸食方式为主，由于吸毒者常常共用针头，且没有什么消毒措施，很容易互相传染。近年来，随着合成毒品滥用的逐渐增加，性传播成为重要的艾滋病传播途径，滥用合成毒品极易产生性冲动并发生无保护性行为，甚至引发聚众淫乱。因此毒品的泛滥将使更多无辜者面临严重的艾滋病的威胁。与艾滋病传播方式类似的乙肝和丙肝以及其他的一些传染性疾病如梅毒、肺结核等，也会因为吸毒行为的发生而严重危害社会。这些传染性疾病不仅传染性强，而且对人体健康的影响极大，这就导致国家不仅需要在打击吸毒行为或防控传染性疾病上投入大量人力、物力、财力，还需要在医疗卫生领域有相当大的投入。

（五）破坏生态环境

毒品的危害还会波及自然环境。与非法药物有关的环境损害主要是砍伐森林、种植单一作物、将收获的植物加工成药物，以及在没有采取必要预防措施的情况下使用对环境有害的化学品。在东南亚，大多数罂粟种植在雨林中，近年来，山地部落采用传统的刀耕火种方式清除了大量森林，其中大部分开垦出来的土地被用于种植罂粟。可卡因是从种植在南美洲的古柯树叶中提取来的。在南美洲，古柯种植者大量使用的杀虫剂则容易对地下水产生严重污染。获取可卡因对环境的另一种损害是由在将植物材料加工成消耗性药物的过程中产生的有毒废物处置不当造成的。在玻利维亚，每年约有 3 万吨用于非法药物加工的有毒化学品流入水道，而没有进行任何适当的废水处理。这些化学物质包括石灰、碳酸钠、硫酸、煤油、丙酮和盐酸，对环境的毒性从中等到极具破坏性不等。如不及时花大力气治理，全球的自然环境必将遭受毒品带来的持续损害及威胁。

总之，毒品对于家庭和社会的危害都是多方面的，而无论是家庭还是社会，它们的每一方面或多或少都有着联系，正是这种联系的存在，使得我们更应该重视毒品的危害性，确保从个人、家庭至社会的每一个环节都不沦陷。

第三节　毒品犯罪概论

一、毒品犯罪概述

毒品犯罪可以理解为一切与毒品有关的犯罪活动。我国《刑法》第 347 条至 355 条规定了 11 种毒品犯罪行为，并配以较为严厉的处罚措施，反映了我国厉行禁毒的一贯立场和主张。

（一）毒品犯罪的概念

广义上的毒品犯罪是指一切与毒品有关的犯罪，既包括与毒品供应有关的犯罪行为，如走私毒品、贩卖毒品、运输毒品、制造毒品等；也包括与毒品消费有关的犯罪行为，如引诱他人吸毒、强迫他人吸毒、容留他人吸毒等；还包括为毒品犯罪行为提供庇护、便利条件的犯罪行为，如涉毒洗钱、包庇毒品犯罪分子、窝藏毒赃等。有些国家将吸毒行为规定为犯罪，如英国、德国、美国、日本、韩国、新加坡等，但通常处以较轻的刑罚或采取强制戒毒措施。吸毒行为在我国不属于法定犯罪行为，而是作为一种严重违法行为接受治安违法处罚。

从狭义上讲，毒品犯罪是指违反国家禁毒法律法规，破坏国家毒品管制活动，应受刑罚处罚的行为。

（二）毒品犯罪的种类

我国《刑法》中规定了 11 种毒品犯罪行为，包括：(1) 走私、贩卖、运输、制造毒品罪；(2) 非法持有毒品罪；(3) 包庇毒品犯罪分子罪；(4) 窝藏、转移、隐瞒毒品、毒赃罪；(5) 非法生产、买卖、运输制毒物品、走私制毒物品罪；(6) 非法种植毒品原植物罪；(7) 非法买卖、运输、携带、持有毒品原植物种子、幼苗罪；(8) 引诱、教唆、欺骗他人吸毒罪；(9) 强迫他人吸毒罪；(10) 容留他人吸毒罪；(11) 非法提供麻醉药品、精神药品罪。

上述 11 种毒品犯罪行为可以分为 4 类：一是经营牟利型毒品犯罪行为，包括走私、贩卖、运输、制造毒品的行为，非法种植毒品原植物的行为，非法买卖、运输、携带、持有毒品原植物种子、幼苗的行为；二是持有型毒品犯罪行为，包括非法持有毒品的行为，非法持有毒品原植物种子、幼苗的行为；三是妨害司法机关禁毒活动罪，包括包庇毒品犯罪分子的行为，窝藏、转移、隐瞒毒品、毒赃的行为；四是帮助、促使毒品消费的行为，包括引诱、教唆、欺骗他人吸毒的行为，强迫他人吸毒的行为，容留他人吸毒的行为，非法提供麻醉药品、精神药品的行为。

二、毒品犯罪的认定与处罚

（一）毒品犯罪的构成特征

从刑法学意义上看，毒品犯罪的构成特征包括犯罪客体、犯罪客观方面、犯罪主体和犯罪主观方面4项内容。这四大构成特征是我们从整体上认识和把握毒品犯罪的重要依据，只有行为人满足了毒品犯罪具体罪名在构成特征上的要求才构成该种犯罪。

毒品犯罪的客体包括两个层面：一是所有毒品犯罪行为所共同侵犯的为我国刑法所保护的社会管理秩序；二是各种毒品犯罪行为所侵犯的直接客体，有的是国家毒品管制制度，有的是司法机关的禁毒活动，有的是公民的身心健康。

毒品犯罪的客观方面是指行为人实施触犯具体毒品犯罪的罪名所必须具备的条件。例如贩卖毒品罪，要求行为人实施了非法销售毒品或者以贩卖为目的而非法收买毒品的行为，也包括居间介绍毒品交易的行为。又如走私毒品罪，要求行为人实施非法运输、携带、寄递毒品进出国（边）境的行为，直接向走私人非法收购走私进口的毒品，在内海、领海、界河、界湖运输、收购、贩卖毒品也视为走私毒品的行为。再如制造毒品罪，要求行为人实施非法利用毒品原植物直接提炼毒品，或者用化学方法加工、配制毒品，或者以改变毒品成分和效用为目的而混合加工、配制毒品的行为，为增加毒品重量而掺杂使假的行为不属于制造毒品。

毒品犯罪的主体包括自然人和单位两种情形。自然人方面的要求包括：首先，凡是达到刑事责任年龄具有刑事责任能力的人，无论是中国公民还是外国公民或者是无国籍人，都可以成为毒品犯罪主体；其次，贩卖毒品罪主体为自然人时最低刑事责任年龄为 14 周岁，其他毒品犯罪的最低刑事责任年龄均为 16 周岁。所有毒品犯罪的主体都能由自然人构成，单位作为毒品犯罪主体的罪名包括走私、贩卖、运输、制造毒品罪，非法生产、买卖、运输制毒物品、走私制毒物品罪，非法提供麻醉药品和精神药品罪。

毒品犯罪的主观方面，是指毒品犯罪主体对自己的毒品犯罪行为及其危害后果所持有的心理态度。毒品犯罪只能由故意构成，即行为人明知涉毒行为会发生危害社会的结果，仍希望或者放任这一结果发生的心理态度。例如走私、贩卖、运输、制造毒品罪，要求行为人必须认识到行为对象是毒品，至于毒品的种类、成分、作用和危害则不要求必须明知。

（二）毒品犯罪的处罚原则

根据我国《刑法》中的相关规定，毒品犯罪的处罚原则包括从严处罚原则、注重经济处罚原则和区别对待原则。

从严处罚原则主要体现在以下几个方面：首先，对走私、贩卖、运输、制造毒品罪规定了最为严厉的处罚内容。这是毒品犯罪中最主要、最普遍同时也是危害性最为严重的一类犯罪。根据《刑法》第 347 条的相关规定，走私、贩卖、运输、制造毒品罪情节严重的，可以判处死刑。同时，该条还规定，走私、贩卖、运输、制造毒品，无论数量多少，都应当追究刑事责任，予以刑事处罚。其次，毒品的数量不以纯度折算。《刑法》第 357 条规定，毒品的数量以查证属实的走私、贩卖、运输、制造、非法持有毒品的数量计算，不以纯度折算。最后，规定了毒品犯罪的从重处罚情节。《刑法》第 347 条规定，利用、教唆未成年人走私、贩卖、运输、制造毒品，或者向未成年人出售毒品的，从重处罚；第356条规定，因走私、贩卖、运输、制造、非法持有毒品罪被判过刑，又犯本节规定之罪的，从重处罚。

注重经济处罚原则体现对毒品犯罪普遍适用附加财产刑，以从经济上剥夺毒品犯罪分子再犯毒品犯罪的能力。除包庇毒品犯罪分子罪和窝藏、转移、隐瞒、毒品、毒赃罪以外，其余毒品犯罪均规定了附加财产刑，即必须并处罚金或者没收财产、或者单处罚金。

区别对待原则体现在以下几个方面：首先，根据各种毒品犯罪涉及的毒品，制毒物品，毒品原植物及其种子、幼苗的数量，犯罪情节的严重程度，规定了不同的刑罚种类和幅度，以实现罚当其罪。其次，除规定了从重处罚的情节以外，还规定了从宽处罚的情节。例如《刑法》第351条规定，非法种植罂粟或者其他毒品原植物，在收获前自动铲除的，可以免除处罚。

三、几种主要毒品犯罪的认定与处罚

（一）走私、贩卖、运输、制造毒品罪

走私、贩卖、运输、制造毒品罪是选择性罪名，凡实施了走私、贩卖、运输、制造毒品行为之一的，即以具体实施的犯罪行为来确定罪名。

走私毒品罪，是指违反国家毒品管理法规和海关法规，逃避海关监管，非法运输、携带、邮寄毒品进出国（边）境的行为，在司法实践中包括下列情形：境外购买毒品后非法入境，或者与境内外贩毒分子相勾结，将毒品偷运入境的；将非法入境的毒品偷运出境，或者把在境内购买的毒品偷运出境的；为走私毒品的犯罪分子或集团购买、运输毒

品，或者在边境地区与境外走私毒品分子相勾结，买卖、运输毒品的；与走私毒品的犯罪分子相勾结，在内地直接向走私毒品分子购买毒品的；依法从事生产、运输、管理、使用国家管制的麻醉药品、精神药品的单位或个人，向走私毒品犯罪分子提供国家管制的麻醉药品或精神药品的。

贩卖毒品罪，是指违反国家毒品管制法规，明知是毒品而故意实施贩卖毒品的行为，常见的情形包括：以牟利为目的，将毒品买入后又转手卖出的；将家中祖存下来的鸦片等毒品卖出牟利的；本人制造毒品后有销售的；以毒品交换商品或其他货物的；以毒品支付劳务费或偿还债务的；赊销毒品的；居间介绍买卖毒品的；依法从事生产、运输、管理、使用国家管制的麻醉药品、精神药品的单位或个人，以牟利为目的向吸毒者提供国家管制的麻醉药品或精神药品的，或者明知对方是贩卖毒品的犯罪分子而向其提供国家管制的麻醉药品或精神药品的。

运输毒品罪，是指违反国家毒品管制法规，明知是毒品而故意实施运输毒品的行为，通常包括携带、邮寄、利用他人或者使用交通工具等具体方式。近年来，利用、教唆未成年人、老年人或者怀孕、哺乳的妇女运输毒品，以招工、旅游、还债为名引诱、绑架、逼迫他人运输毒品，通过物流寄递渠道代送、寄送毒品等运输方式最为常见。

制造毒品罪，是指违反国家毒品管制法规，明知是毒品而故意实施制造毒品的行为，通常包括下列情形：从毒品原植物中提取有效成分制作成毒品，如将罂粟生物碱制成鸦片等；采用化学方法将毒品或制毒物品合成另一种毒品，如用吗啡制成海洛因、用麻黄碱制造毒品等；将不同毒品混合制成另一种毒品，如用多种毒品成分制成"开心水""毒咖啡""毒奶茶"等。

按照《刑法》第347条的相关规定，走私、贩卖、运输、制造毒品罪的处罚包括三个量刑幅度：（1）有下列情形之一的，处 15 年有期徒刑、无期徒刑或者死刑，并处没收财产：走私、贩卖、运输、制造鸦片 1000 克以上、海洛因或者甲基苯丙胺 50 克以上或者其他毒品数量大的；走私、贩卖、运输、制造毒品集团的首要分子；武装掩护走私、贩卖、运输、制造毒品的；以暴力抗拒检查、拘留、逮捕，情节严重的；参与有组织的国际贩毒活动的。（2）走私、贩卖、运输、制造鸦片 200 克以上不满 1000 克、海洛因或者甲基苯丙胺 10 克以上不满 50 克或者其他毒品数量较大的，处 7 年以上有期徒刑，并处罚金。（3）走私、贩卖、运输、制造鸦片不满 200 克、海洛因或者甲基苯丙胺不满 10 克或者其他少量毒品的，处 3 年以下有期徒刑、拘役或者管制，并处罚金；情节严重的，处 3 年以上 7 年以下有期徒刑，并处罚金。

单位作为主体的，对单位判处罚金，并对其直接负责的主管人员和其他直接责任人员，依照各该款的规定处罚。

利用、教唆未成年人走私、贩卖、运输、制造毒品，或者向未成年人出售毒品的，从重处罚。对多次走私、贩卖、运输、制造毒品，未经处理的，毒品数量累计计算。

（二）非法持有毒品罪

非法持有毒品罪，是指违反国家毒品管制法规，故意持有数量较大的毒品的行为。非法持有毒品是否构成犯罪，区分的标准是持有毒品的数量，如果行为人非法持有毒品的数量已经达到了刑法所规定的标准，即非法持有鸦片 200 克以上、海洛因或者甲基苯丙胺 10 克以上，就构成非法持有毒品罪。

根据《刑法》第 348 条规定，非法持有鸦片 1000 克以上、海洛因或者甲基苯丙胺 50 克以上或者其他毒品数量大的，处 7 年以上有期徒刑或者无期徒刑，并处罚金；非法持有鸦片 200 克以上不满 1000 克、海洛因或者甲基苯丙胺 10 克以上不满 50 克或者其他毒品数量较大的，处 3 年以下有期徒刑、拘役或者管制，并处罚金；情节严重的，处 3 年以上 7 年以下有期徒刑，并处罚金。应当认定为情节严重的情形包括：在戒毒场所、监管场所非法持有毒品的；利用、教唆未成年人非法持有毒品的；国家工作人员非法持有毒品的；其他情节严重的情形。

（三）非法生产、买卖、运输制毒物品、走私制毒物品罪

非法生产、买卖、运输制毒物品、走私制毒物品罪，是指违反国家毒品管制法规，非法生产、买卖、运输制毒物品且情节较重的行为，或者违反国家毒品管制法规和海关法相关规定，非法运输、携带、邮寄制度物品进出国（边）境且情节较重的行为。非法生产、买卖、运输制毒物品、走私制毒物品罪是《刑法》第350条规定的选择性罪名，凡实施了上述行为并构成犯罪的，即以具体实施的犯罪行为来确定罪名。

非法生产、买卖、运输制毒物品、走私制毒物品罪的犯罪情节包括"情节较重""情节严重""情节特别严重" 3 种。"情节较重"是指制毒物品数量达到规定的数量标准（例如醋酸酐，10 千克以上不满 50 千克），或者达到该数量标准最低值的 50% 且具有下列情形之一的：（1）曾因非法生产、买卖、运输制毒物品、走私制毒物品受过刑事处罚的；（2）2 年内曾因非法生产、买卖、运输制毒物品、走私制毒物品受过行政处罚的；（3）一次组织 5 人以上或者多次非法生产、买卖、运输制毒物品、走私制毒物品，或者在多个地点非法生产制毒物品的；（4）利用、教唆未成年人非法生产、买卖、运输制毒物品、走私制毒物品的；（5）国家工作人员非法生产、买卖、运输制毒物品、走私制毒物品的；（6）严重影响群众正常生产、生活秩序的；（7）其他情节较重的情形。

"情节严重"是指具有下列情形之一的：（1）制毒物品数量达到"情节较重"的最高数量标准以上，不满最高数量标准 5 倍的；（2）达到"情节较重"的数量标准，且具有"情节较重"中（3）至（6）项情形之一的；（3）其他情节严重的情形。"情节特别严重"是指具有下列情形之一的：（1）制毒物品数量达到"情节较重"的最高数量标准 5 倍以上的；（2）达到"情节严重"的数量标准，具有"情节较重"中（3）至（6）项情形之一的；（3）其他情节特别严重的情形。

根据《刑法》第 350 条规定，违反国家规定，非法生产、买卖、运输醋酸酐、乙醚、三氯甲烷或者其他用于制造毒品的原料、配剂，或者携带上述物品进出境，情节较重的，处 3 年以下有期徒刑、拘役或者管制，并处罚金；情节严重的，处 3 年以上 7 年以下有期徒刑，并处罚金；情节特别严重的，处 7 年以上有期徒刑，并处罚金或者没收财产。单位犯本罪的，对单位判处罚金，并对直接负责的主管人员和其他直接责任人员依本罪规定处罚。需要注意的是，明知他人制造毒品而为其生产、买卖、运输制毒物品的，以制造毒品罪的共犯论处。

（四）非法种植毒品原植物罪

非法种植毒品原植物罪，是指明知是罂粟、大麻等毒品原植物而非法种植且情节严重的行为。毒品原植物是指罂粟、大麻、古柯树等可以加工、提炼、制成鸦片、吗啡、海洛因、可卡因等毒品的植物。所谓非法种植，是指未经国家有关部门批准，擅自种植或者虽经批准但超量种植的包括播种、插栽、施肥、灌溉的行为。

非法种植毒品原植物行为需要达到"情节严重"才构成本罪。"情节严重"包括下列三种情形：（1）种植毒品原植物数量较大，即罂粟500 株以上，大麻 5000 株以上或其他毒品原植物数量较大的；或者非法种植罂粟 200 平方米以上不满 1200 平方米、大麻 2000 平方米以上不满 12000 平方米，尚未出苗的。(2)经公安机关处理后又种植的，即行为人曾因非法种植毒品原植物被公安机关发现，予以强制铲除或者治安处罚。(3)抗拒铲除的，即行为人采取各种方法阻挠公安机关或者有关执法部门依法强制铲除毒品原植物。

根据《刑法》第 351 条规定，非法种植罂粟、大麻等毒品原植物的，一律强制铲除。有下列情形之一的，处 5 年以下有期徒刑、拘役或者管制，并处罚金：(1)种植罂粟 500 株以上不满 3000 株或者其他毒品原植物数量较大的；(2)经公安机关处理后又种植的；(3)抗拒铲除的。非法种植罂粟 3000 株以上或者其他毒品原植物数量大的，处 5 年以上有期徒刑，并处罚金或者没收财产。此外，非法种植罂粟或者其他毒品原植物，在收获前自动铲除的，可以免除处罚。

第 三 章

毒品滥用与戒断

毒品成瘾是由于生理、心理、社会和药物等因素共同作用的结果，其治疗需要医学、心理学、社会学、管理学、教育学等多学科的协同与合作。下面将系统介绍毒品滥用和药物依赖性的概念与基本原理，常见的毒品滥用治疗方法、戒毒康复、禁毒教育与惩治以及美沙酮维持治疗。

第一节　毒品滥用

一、药物、药品与毒品

"药物"是用于预防、治疗及诊断疾病的物质。在理论上，凡能影响机体器官生理功能及细胞代谢活动的化学物质，都属于药物的范畴，例如我们吸入的空气、摄入的食物和水都可以纳入这一范畴。

"药品"是指能够通过改变人体的生理、生化机能和病理状态，用于治疗、预防和诊断疾病，并规定有适应症或主治功能、用法和用量的物质。根据药品的品种、规格、适应症、剂量及给药途径不同可分为两类：处方药和非处方药。处方药指那些考虑到医疗安全只能在医疗监护下使用的药物，必须由执业医师出具书面处方（例如精神科医生、内科医生或外科医生）才可调配、购买和使用。非处方药指那些不用医疗监护即具有相当安全性的药物，可在无处方情况下自行判断、购买和使用。

依据我国《刑法》第357条规定，"毒品"是指鸦片、海洛因、甲基苯丙胺（冰毒）、吗啡、大麻、可卡因以及国家规定管制的其他能够使人形成瘾癖的麻醉药品和精神药品。我国《麻醉药品品种目录（2013年版）》和《精神药品品种目录（2013年版）》中列明了121种麻醉药品和 81 种精神药品。依据生产方式存在的差异和出现时间的先后，毒品也可以分为传统毒品、合成毒品以及新精神活性物质（新型毒品）。

"毒品"和"药品"的区别在于，药品的使用是出于医疗目的、用于解除病痛、依照医疗规范的，而毒品的使用是为了寻求快感，并不是出于医疗目的。"毒品"和"药品"之间也存在一定的联系，"药品"是指在国家相关管理部门注册、获得许可的"药物"，而从广义上说，"毒品"也属于"药物"的范畴，但有些药品如果不是出于医疗目的而使用，则成了毒品，例如麻醉剂。

二、毒品滥用、药物滥用与药物依赖性

"毒品滥用"在广义上属于"药物滥用"的范畴。"药物滥用"是指并非出于医疗目的反复、大量使用具有依赖性特性或依赖性潜力的药物，其目的是体验该药物产生的特殊精神效应，并由此导致药物依赖性。"药物依赖性"是指药物与机体相互作用所造成的一种精神行为状态，同时也包括身体状态，表现出一种强迫性的需要继续或定期使用该种药物的行为和其他反应，目的是为了感受它的精神效应，或是为了避免由于停药造成的不舒适感。药物依赖性又可进一步分为躯体依赖性和精神依赖性，还有同类药物之间的交叉依赖现象。

躯体依赖性有时亦称生理依赖性，是由于反复用药所造成的一种适应状态，中断用药后产生一种强烈的躯体方面的损害，即戒断综合征，表现为精神和躯体出现一系列特有的症状，它使人非常痛苦，甚至威胁生命。可导致躯体依赖性的药物主要是阿片类，也有人认为可卡因和苯丙胺类中枢兴奋剂也可产生躯体依赖性。有人认为戒断症状是由于长期用药后突然停药引起的对神经适应性的一种反跳性反应。这种反应

往往是一种药物本身效应的对立效应。中枢抑制剂出现的戒断症状往往是兴奋性症候群，例如酒精依赖戒断后出现的兴奋反应可以造成幻觉或惊厥，苯丙胺类兴奋剂戒断后则可出现嗜睡、抑郁和失望感，同样，海洛因和其他阿片类药物的戒断状态也可以被理解为是这类药物对系统作用的相反表现，即出现精神痛苦以及腹泻、流涕、起鸡皮疙瘩等躯体症状。"躯体依赖性"是用于取代"成瘾性"的术语，但是有时人们仍然习惯使用"成瘾性"一词。

精神依赖性又称心理依赖性，它使人产生一种愉快满足或欣快的感觉，并且在精神上驱使使用该药者周期性地或连续地用药，即产生强迫性用药行为，以便获得满足或避免不适感。精神依赖性的产生往往先于躯体依赖性，并且能够形成病理记忆，难以消除。药物的精神依赖性是构成药物滥用倾向的必要药理特性。另一种与精神依赖性有关的是环境依赖性或条件依赖性，从生理学角度讲，它是一种有关学习记忆的操作性条件反射的继发后果。例如，一个采用注射方式滥用药物的人，在戒断的最初几个月里，如果向他出示针头或注射器，也会诱发戒断症状。

一种药物可以抑制另一种药物戒断后出现的戒断症状，并有替代或维持后者所产生的躯体依赖性状态的能力，被认为二者之间有交叉依赖性。这种相互替代可以是全部的，也可以是部分的。药物的交叉依赖性常见于阿片类药物。动物实验显示，中枢神经抑制剂相互间具有高度交叉依赖现象；在人体研究中观察到，酒精、巴比妥类和苯二氮卓类之间有部分交叉依赖性。对海洛因成瘾者进行美沙酮维持治疗就是基于这种原理。

药物依赖性和药物滥用关系密切。药物所致的精神依赖性和躯体依赖性是药物滥用的生物学基础，药物依赖性能引起强迫性觅药和反复地或无节制地用药；反之，由于滥用药物又会导致药物依赖性以及因此出现的混乱和其他异常行为，二者之间可因具体条件而互为因果，形成恶性循环。

药物依赖性的特征随滥用药品的不同而不同，因此，在每一种具体情况下都应注明药物依赖性的类型名称，借以明确特征，例如是吗啡型的还是巴比妥型的，等等。

三、药物耐受性

药物耐受性也与药物滥用关系密切。药物耐受性是机体对药物反应的一种状态，可以从两个方面来解释耐受性的含意：其一是同一剂量的药物反复应用后，机体对该药的反应减弱，以药效降低为其特征；其二是为了达到与原来相等的反应或药效，必须加大药物的剂量。例如，多数成年人肌肉注射吗啡 10 毫克就可以缓解疼痛并产生催眠作用，而反复用药并对吗啡产生依赖性的人则需要注射相当于 10 倍（100 毫克）甚至 500 倍（5000 毫克）的临床剂量才能达到相同药效，而如此大的剂量足以使正常人致死。

产生耐受性的药物常见于阿片类、酒类、巴比妥类和苯二氮䓬类，而可卡因类几乎不产生耐受性。此外，机体也并不是对某种药物所有的作用都产生耐受性，而且机体对药物各种作用产生耐受性的速度和程度也不尽相同。仍以吗啡为例，反复用药后，机体对该药的镇静、欣快、镇痛和呼吸抑制等作用可产生明显的耐受性，其速度可达到惊人的程度，但是对其兴奋性作用则不产生耐受性或产生得相当缓慢。药物耐受性是可逆的，停止用药后，耐受性将逐步消失，机体对药物的反应又恢复到原来的敏感程度。这一特点对那些长期滥用药物且对该药产生耐受的人来说相当重要，一旦这些人断药一段时间后又重新滥用，而且用的是与断药前相同的高剂量，则会产生过量用药的危险，甚至可导致急性中毒或死亡。

交叉耐受性与交叉依赖性相似，是指机体对某种药物产生耐受性后，对其他同类药的敏感性也降低。例如阿片类，海洛因、吗啡、杜冷丁和美沙酮等之间都存在交叉耐受现象。还有一种更广泛的交叉耐受，即药理学作用相同的一组药物（如抑制剂或兴奋剂）相互之间也可产生程度不同的交叉耐受性。

四、药物滥用方式

药物摄入体内的方式对药物的作用有着重要影响。因为滥用药物的方式不同，药物进入脑内的速度、达到的血液或脑内药物浓度、产生依赖性的程度以及过量用药和造成身体损伤的危险都会不同。一些药物可能有几种摄入途径，而另一些则只有一种。下面介绍几种主要的药物滥用方式。

第一，口服用药。许多药物都可以通过口服经胃肠进入体内，例如喝酒、饮服阿片酊或大麻油以及吞服各种药片或胶囊等。与其他方式比较，口服药物进入体内的速度较慢，而且产生依赖性的危险相对较低。

第二，吮吸和咀嚼。美洲安第斯山土著居民传统摄取可卡因的方法是咀嚼古柯叶，同样的例子还有咀嚼烟草，或者将烟草装入袋茶那样的包装袋内以供吮吸。吮吸和咀嚼等摄取方式是通过口腔黏膜将药物有效成分吸收，从而避免了胃肠道对药物的破坏性吸收。

第三，吸入。吸入是使药物经肺迅速入血的摄取方式。例如吸入一口香烟后，尼古丁经肺循环入脑的时间只需9—10秒钟。一些药物是通过吸点燃原材料（烟草或大麻）的方法摄入，另一些则可以被直接吸入（如挥发性溶剂）。还有一种传统方式是对固体药物加热使之升华为气体，然后吸入，谓之"吸烫烟"，这在我国西北某些地区的吸毒者中较为多见。这一方式的典型例子是将海洛因放在一片锡箔上加热，吸食者紧追升腾欲起的缕缕烟雾迅速吸入，谓之"追龙"。同样的例子是还有人烫吸可卡因"游离碱"。

第四，鼻吸。鼻吸指药物经鼻黏膜吸收。诸如吸鼻烟、鼻吸可卡因或海洛因等。这种方式对鼻黏膜损伤极大，甚至可以造成鼻中隔穿孔。

第五，静脉注射。这是一种吸收最完整、药物起效仅次于经肺吸入而且危险性最大的给药方式。采取此种方式不但常常造成过量用药和由于不洁注射导致各种感染合并症，使用药者处于危险境地，而且产生依赖性的速度也最快。在药物滥用人群中，常用于静脉注射的药物有海洛因及其他阿片类制剂、可卡因、巴比妥类和苯丙胺类。另外，还有人将一些不适宜静脉注射的片剂和粉剂混入水中供静脉注射，其危险性不仅在于易过量中毒和感染，还可能由于注入不溶解颗粒（如赋形剂等）造成血管栓塞，后果不堪设想。

第六，其他注射方式。一些滥用者在其用药生涯的早期阶段，往往采取肌肉或皮下注射。这种用药方式也见于反复静脉注射导致表浅静脉硬结或炎症阻塞而不能使用者。

此外，滥用者往往同时或先后在较短时间内使用多种药物，被称为多种药物滥用。比较常见的类型有：兴奋剂与抑制剂或阿片类药物联合使用，巴比妥酸盐与苯丙胺合剂，以及将可卡因溶于海洛因溶液中共同静脉注射。这种药理学上的相互作用产生的愉快型主观效应似乎强于单一药物，例如起兴奋作用的药物与抑制剂合用可能会抵消后者产生的嗜睡样作用。

除上述比较固定的类型外，常可见到一些滥用者就地取材，随心所欲地将所获得的多种药物一并使用。多种药物滥用者多为青年，而且这种滥用形式一旦形成，不仅给治疗、预防和管制带来极大困难，而且常常潜在着过量中毒以及生命危险，这种危险性特别常见于酒精与巴比妥类合用型。

五、药物滥用因素

药物对人的影响，除了它本身的作用外，常常还有其他因素在起作用。一种药的作用在很大程度上都会受到用药者的个性、精神状态、他所处的环境、他对药效的期望以及他人对药效的体验诸因素的影响，不同个人对同一药物的反应也不尽相同。

基于药物对人影响的复杂性，可以将影响药物滥用的因素归为三大类：生物学因素、精神心理因素、社会环境因素。

（一）生物学因素

人类在原始社会时期就认识到某些野生植物具有可以缓解疼痛、改变精神状况和情绪反应的作用，但也不可避免地带来了滥用药物的行为。因此，药物滥用并非现代社会的产物，而是人类的一种原始的和固有的特性。这种特性在高等动物机体内是普遍存在的。对于这种现象产生的生物学机制的研究主要集中在大脑的"奖赏"系统，简单来说，就是毒品的兴奋和抑制作用。早年便有研究发现，人类所滥用的物质，如阿片类、酒精、尼古丁、苯丙胺和可卡因等可增加鼠脑边缘系统细胞外液中多巴胺的浓度。药物对大脑"奖赏"系统的作用可能由于大脑中枢有关区域多巴胺的重新摄取被阻断。多巴胺是一种与愉快情绪有关的神经介质，在人高兴时，有关"奖赏"通路上的神经细胞就发出较多的兴奋性冲动，并释放出一定量的多巴胺。在正常情况下，通过神经冲动释放的多巴胺又被很快重新摄取。但是某些药物（如可卡因）可阻断多巴胺被重新摄取回神经细胞的通路，由此产生了较正常时相对多的多巴胺，过多的多巴胺连续刺激下一个神经元受体，便产生了一连串强烈而短暂的刺激"高峰"，于是大脑"奖赏"中枢发出愉悦信号，使吸食者在主观上产生某种陶醉感和欣快感。

近年来，多巴胺在兴奋剂（苯丙胺类兴奋剂和可卡因）"奖赏"效应中的作用已被明确。服用苯丙胺类兴奋剂或可卡因会使多巴胺水平升高4倍以上。海洛因的服用也明显依赖多巴胺，服用海洛因后多巴胺水平是平时多巴胺水平的3倍多。

还有研究表明，可卡因、苯丙胺等中枢兴奋药物是通过增加脑内某些区域去甲肾上腺素水平而起到致依赖性潜力作用的。其机制同多巴胺类似，一方面药物直接兴奋去甲肾上腺素神经元，使去甲肾上腺素释放增多；另一方面是阻碍去甲肾上腺素被重新摄取回神经细胞或抑制中枢单胺氧化酶的活动，导致去甲肾上腺素水平增加，从而提高情绪，引发欣快感。

由此可见，大脑的"奖赏"系统的作用是产生精神依赖性及其觅药行为的根本动因。"奖赏"反应是人类（包括某些高等动物）所固有的一种情感反应机制，这种机制的发生是很原始的，却有巨大的潜力。人类所滥用的精神活性药物，正是通过对这种潜力的刺激和不断的激发而产生作用的。

药物对机体产生的药物依赖性是药物滥用的基本生物学因素。这是由两方面的因素决定的：一方面是药物本身的性质，即必须具备神经系统的作用和可致依赖性潜力；另一方面是机体本身的反应。前者（药物）是条件，后者（机体）是基础。药物的特殊精神效应会使一个人上瘾，表现在长期持续利用某一种药物并不断加大用量（产生耐受性）。这意味着：（1）利用者已产生精神依赖性（精神或心理上对药物的渴求）；（2）机体内部生理生化过程的平衡被打乱，必须在新的（用药的）基础上达到一种新的平衡，机体对新的平衡适应的结果，导致只有不断增加用药量才能达到原有效果和作用持续时间。这时利用者用药除了要避免由于减少或中止用药而产生的精神、心理不快以外，还要不断用药补偿或避免因此而带来的身体不适。因此，心理或精神依赖性是用药的基本心理动因，而由此导致的躯体依赖性则是由于身体生理、生化机制的变化而造成的一种被动用药原因；也可以理解为用药所产生的精神依赖性是可致依赖性药物的一个特殊的毒副作用。这是许多戒毒者出现反复的基本原因；这种行为的反复，不是躯体依赖性造成的，而是精神依赖性的结果。

人类所滥用的具有成瘾潜力的药物，一般可分为两大类：一类仅有精神依赖性，一类兼具精神、躯体依赖性。但是从药理学、人体的生理活动过程和最近的一些研究资料分析来看，药物的精神依赖性和躯体依赖性特性并不是绝对的，它只是根据临床表现而提出的一个相对的概念。例如，以往认为仅存在精神依赖性的烟草（尼古丁）、大麻的某些作用也发现了耐受性和躯体依赖性特性，仅仅是在程度上没有酒类、阿片类的耐受性和躯体依赖性明显和强烈而已。实际上，酒类、阿片类和巴比妥等镇静催眠药的躯体依赖性程度也具有一定差异，并受很多因素（如个体素质、用药时间、用药量）的影响。此外，即使是一种物质的不同作用，耐受程度和产生耐受的时间也不尽相同。如吗啡类药物的镇痛作用极易产生耐受性，但对瞳孔的缩小反应并不产生耐受性。除了药物依赖性这一基本因素以及以上提及的药物耐受性以外，神经内分泌系统的作用、遗传因素等也是重要的生物学因素。

（二）精神心理因素

药物滥用的心理因素是复杂和多方面的，不同年龄、性别、社会阶层和文化背景的人可能对吸毒有着完全不同的认识和心理动因。一般来讲，初始吸毒主要通过这样几种心理过程：第一，接受暗示，往往是无意识、不知不觉和潜移默化的过程。第二，顺从，通常是一种被动的接受过程。第三，模仿，是一种通过相互影响接受的过程。第四，逆反心理。在以上过程中，都有好奇心驱使的因素，这种因素在青少年时期表现得尤为突出。如果说好奇心驱使是一种主动的心理过程，那么还有一种受到某种心理压力影响而造成的吸毒，这种压力可能来自同学、同伴或朋友，也可来自社会或某种文化背景。心理学研究表明，十几岁的青少年最主要的心理特点之一，是需要在同龄的朋友那里得到某种接受和满足。一个十几岁的孩子如果没有属于他的团体、朋友和伙伴可能是一件非常痛苦的事。他们可以不被家人、亲人接受，但必须被伙伴接受。这也是青少年"自我形成"期心理上具有欲走向自立和社会的特点，因此他们往往寻找兴趣、感情相投的伙伴。

对于青少年来说，初始吸毒往往是出于某种心理压力或顺从的被迫行为。这种心理压力往往带有逃避心理或精神上的孤独、抑郁、失败。在这种心理压力的影响下，经过一段时间的"药物强化"过程，最终便走上吸毒之路。这是毒品在青少年中流行、泛滥的重要因素之一。药物滥用也受精神因素的显著影响。在多种疾病分类中，也有将药物滥用行为归为精神障碍范畴。那些受精神因素影响的人，往往更容易成为药物滥用人群。我国一项在广州市中小学生中进行的健康调查发现，焦虑情绪、自觉孤独在健康对照组以及药物滥用组之间存在显著差异，其中，自觉孤独更可能是药物滥用的一个重要因素。

（三）社会环境因素

社会文化和生活方式、家庭关系以及经济因素等可能是影响药物滥用的重要社会环境因素。在相对开放的社会文化影响下，欲望和情感得到无限制的激发，一些青年拼命地追求新事物，追求未知的感受、未知的快乐，但是起制约作用的社会道德、价值观的规范却受到削弱。失去了这种制约力的青少年可能会不由自主地卷入欲望的旋涡，并陷入一种失范状态。吸毒者一旦出现，便有可能会通过社会交往进一步引发药物滥用行为的泛滥，从而危害社会。此外，大部分吸毒人员的家庭环境存在明显缺陷，具体表现为：吸毒者家庭大多忽视家庭教育，家庭关系混乱，规则僵化，情感沟通存在障碍，情感联系松散。虽然近年来我国扶贫和乡村振兴力度在不断加大，但在农村中仍然有一些留守儿童，尽管他们接触毒品的几率不大，但往往会因为他们在孩童时期缺乏父母的教养，在步入社会后更可能受到毒品的影响。

另外，经济因素也是造成我国毒品活动日益猖獗的重要原因之一。商业化的电视和各种广告，每时每刻都在诱发着人们特别是那些不谙世事的青少年去追求物质享受的欲望。少数青少年追求金钱和高消费，互相攀比，一味追求一些所谓的"时尚"行为，往往经受不住诱惑而在不知情的情况下接触毒品。

六、药物滥用原因

在药物滥用因素的影响下，一些人由于以下原因开始接触毒品，进而对毒品产生滥用。

第一，一些人吸毒是为了被同龄人认可。吸毒是一种社会活动，很少有人独自使用毒品，只有当看到有人在吸毒或者朋友提供了毒品时才开始吸毒。而这类人往往也是被社会所"放弃"或"淘汰"的一批人，如青少年阶段的辍学、中年阶段的失业等。

第二，有些人吸食毒品是因为它能使人产生"快感"。毒品使人产生的这种"快感"只是用药后一时的感觉，他们可能会在吸毒后感到更冷静、平静，或者精力更充沛。然而，随着时间的推移，这种感觉会逐渐减弱，但对于这种"快感"的渴求会愈发强烈，达到自己无法控制的地步，最终吸毒者只能想方设法获取毒品。这类人更可能走上违法犯罪道路。

第三，部分人经常使用药物来缓解压力或消除疼痛。一些成瘾者最初使用药物是因为医生为他们开具了止痛的处方。他们很享受服药带来的感觉，当医生不再继续开处方时他们就开始通过非法渠道获得这些药物。最终，这些人就需要无休止地获取毒品来缓解压力或消除疼痛，否则这些压力或疼痛又会袭来，这种"痛感"甚至会比之前更强烈。这类人最终不仅不能解决原来的问题，更可能因为毒品的滥用产生其他一系列问题，如中毒、呼吸抑制、神经损伤等。

第四，部分人依赖某些药物来改善业绩。最常见的是，有些人在竞技体育中服用兴奋剂来提高成绩。因此，大型的体育赛事在赛前都会对参赛者进行药物检测，体内含有被禁物质时会被禁止参赛，甚至被终身禁赛。

第五，一些人通过吸毒来彰显自己的"与众不同"或叛逆的个性。当一种药物被禁止时，服用它显示了一个人的"与众不同"以及不受规则约束。但在正常人眼中，这些所谓的"与众不同"都是"异类"，这些人通常会被社会所排斥，即使戒毒之后他们想要融入正常人的生活中，无论是对他们自己还是对周围的人来说，多多少少都会遇到一些困难。

第六，好奇心导致一些人尝试毒品。这种情况最容易发生在涉世未深的年轻人或者未步入社会的青少年当中，他们通常缺乏对毒品危害的认识，但他们对于毒品的"功能"充满好奇，这种好奇会促使他们尝试毒品。这些人的自控能力更弱，产生依赖性后，要完全戒除所面临的困难也更多，造成的社会负担也会更重。

七、药物滥用监测

药物滥用监测是通过长期、连续、系统地对药物滥用者中滥用药物情况的监测，对人群中使用麻醉药品、精神药品情况的调查，了解药物滥用的动态变化，判断发展趋势，通过监测网络对严重药物滥用事件及时报告，为主管部门及时采取有效控制措施、减少药物滥用的流行、降低和消除事态的发展及其影响提供有效的技术支撑和决策依据。

药物滥用监测可分为主动监测和被动监测两种形式。前者是根据某特定问题，由上级部门部署或计划定期不定期地开展调查或系统收集资料；后者指各级监测网站按上级单位的要求和规定收集资料，定期汇总上报。主动监测在降低漏报率方面明显优于被动监测，所掌握的调查数据也更接近药物滥用的实际情况。药物滥用监测对于了解毒品滥用的流行特征、原因、高危因素、流行趋势具有重要作用，也对药物滥用预防起到重要的指导作用。

第二节　戒毒康复

毒品成瘾是多种因素共同作用的结果。戒毒康复是一项专业性和技术性都非常强的工作，需要临床医学、生理学、心理学、社会学、管理学、教育学等多学科的配合。2007 年颁布的《禁毒法》重构了我国戒毒体系，形成了"以自愿戒毒、社区戒毒、强制隔离戒毒三大戒毒措施为主，社区康复为辅，戒毒药物维持治疗、戒毒康复为补充"的戒毒体系，由此我国戒毒工作进入了一个新的时代。

实施科学有效的戒毒方法，是促进我国戒毒工作取得长足发展与进步的重要因素。提高戒治效果需要建立包括生理、心理、家庭、社会等综合性的戒毒工作方法体系，充分利用心理治疗方面的动机强化疗法、认知行为疗法、正念疗法、家庭治疗法等，物理治疗方面的经颅磁刺激、脑深部电刺激等。同时，随着戒毒药物和新技术研发不断取得新进展，特别是中医戒毒康复新药物研发的突破，也极大提高了戒毒康复的治疗效果。

一、脱毒治疗

脱毒治疗是指针对阿片类药物依赖通过躯体治疗减轻戒断症状，预防由于突然停止使用成瘾药物可能引起的躯体戒断症状的过程。一般使用药物替代的方法进行脱毒治疗。自然脱毒过程一般持续 10—15 天，前 3 天症状最重，过程的长短与体质、吸食量等有关。脱毒治疗方法主要有自然戒断法、替代递减疗法、快速脱毒疗法、中医药脱毒疗法等。

（一）自然戒断法

自然戒断法，也称"冷火鸡法"或"干戒法"，指不采用任何药物强制成瘾病人不使用毒品，使其戒断症状自然发展，自行消退。实施自然戒断的患者躯体症状显著，身心痛苦，对有躯体疾病或体质差者要谨慎使用。自然戒断法适用于吸毒时间短、吸毒量较小、躯体依赖症状不严重的成瘾者。

（二）替代递减疗法

替代递减疗法，包括美沙酮替代递减疗法和丁丙诺啡替代递减疗法等。美沙酮替代递减疗法是采用美沙酮来代替毒品的治疗方法。美沙酮是一种合成麻醉性镇痛药，具有吗啡样药理作用，具有口服吸收完全、半衰期长的特点，能够有效抑制戒断症状长达 24—32 小时。美沙酮替代递减疗法适用于各种阿片类药物的戒毒治疗，尤其适用于海洛因依赖者，口服效果明确，无上冲感，作用时间长，不良反应低，不影响日常行为。完整的美沙酮替代递减治疗包括住院前阶段、脱毒治疗阶段、康复阶段和后续照管阶段。脱毒治疗阶段是整个治疗的核心环节，在了解病史和确定患者对海洛因产生躯体依赖性程度的基础上，给患者足够剂量的美沙酮，控制严重的戒断症状，然后逐渐减少美沙酮的剂量，直至最后停药，便成瘾患者消除躯体依赖性和耐受性。这种治疗方法在用药时应遵循逐日减量、先快后慢、只减不加的原则。需要注意的是，美沙酮自身容易成瘾，有转化为毒品代替品

的风险，使用时应严格遵守麻醉药品管理规定。美沙酮替代递减疗法只能相对减轻戒断症状的痛苦，递减方案要注重个体化，大多数患者都应在 15—20 日内停药。美沙酮替代递减疗法超过 4 周仍然不能完成脱毒治疗阶段的患者应转入美沙酮维持治疗（本章第四节将详细介绍）。

丁丙诺啡替代递减疗法也是一种常见的替代治疗方法。与美沙酮相比，丁丙诺啡更安全可靠，能有效控制阿片类物质撤药时的戒断症状。丁丙诺啡是半合成的蒂巴因衍生物，解离速度慢，镇痛活性强，作用时间长，依赖潜力低，不良反应少，具有较高的安全性，大剂量使用时发生呼吸抑制的可能性较低。

（三）快速脱毒疗法

快速脱毒疗法，是指全麻状态下快速脱毒。在全麻状态下，给患者服用在清醒状态下不能耐受的大剂量阿片受体拮抗剂，诱发急性戒断反应，从而大大缩短戒断症状持续的时间。全麻可以使病人在无意识的状态下轻松度过躯体脱毒阶段，减轻了病人的痛苦，并在脱毒后迅速进

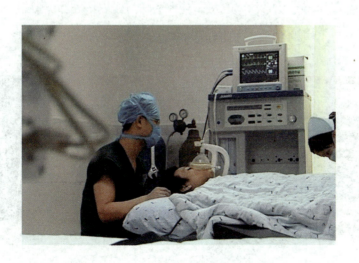

入维持治疗阶段。常用的麻醉药物包括氯胺酮、安定、氟哌啶醇与氟哌啶、氯丙嗪和异丙嗪、东莨菪碱。操作时需要注意麻醉不宜过深，可选用有镇吐作用、能改善微循环的药物，治疗前应做好麻醉准备和急救措施，注意生命体征的监测，要由专业人员操作。全麻状态下快速脱毒的优点是能够较快地控制戒断症状、无依赖性，缺点是对医疗设备及技术条件要求较高，且有一定风险。

（四）中医药脱毒疗法

中医药戒毒历史悠久，在长期的治疗实践中积累了丰富的经验，创立了一系列中医戒毒方法，包括单纯中医辨证戒断方药、中医辨证加鸦片递减戒毒方药，并形成了一套完整的治疗方案。中药具有无成瘾性、多靶点治疗的特点，在脱毒治疗、控制稽延性戒断症状和防止复吸方面疗效显著。稽延性戒断症状是指吸毒成瘾人员进行脱毒治疗后，急性戒断症状消失，但仍然有许多身体不适的现象，表现为睡眠障碍、疲惫、自主神经功能紊乱、不安、易激怒、抑郁、烦躁、情感脆弱、焦虑、心慌等，此类症状若不及时干预治疗，对戒毒人员的身心健康极为不利，且容易导致复吸。复方中药制剂具有扶正祛邪、扶正补虚、解毒、排毒、止痛的功效，控制戒断症状的总体效能弱于麻醉性戒毒药，

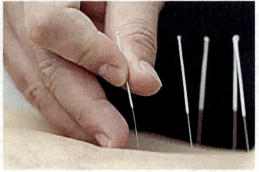

在某些方面略优于非麻醉性戒毒药（可乐定、盐酸洛非西定），属中等强度药效，多适用于中、轻度阿片类依赖者。中药制剂各配方成分不同，在控制戒断症状方面各有特色，对于阿片类依赖程度严重、症状表现突出者（例如吸毒时间较长、使用量较大或长期采用静脉注射方式、反复戒毒者），单独使用中药效果可能不理想，建议采取与小剂量麻醉性戒毒药联合用药的方式。

中医药治疗毒瘾总的原则是扶正祛邪、滋阴助阳、补益脏腑、祛除烟毒、调畅气血，且中医学重视戒毒后全身气血的继续调补，这是减少复吸率、彻底戒毒的重要环节。

针刺疗法属于中医学的一个重要组成部分，是指用银针刺入机体的特定穴位，用手进行提插捻转（"手法针刺"），或连接到电脉冲发生器进行电刺激。针刺疗法包括体针治疗、头针治疗、耳针与耳穴贴压治疗、电针治疗。针刺疗法在减轻急性戒断症状、改善稽延性戒断症状和预防复吸方面疗效显著。中医针灸治疗稽延性戒断症状兼具科学性、安全性和可操作性，在戒毒医疗工作中拥有广阔的运用前景和较高的实用价值。同时，中医针灸治疗稽延性戒断症状的有效、方便、副作用小等优势也有利于该方法延伸到社区戒毒、社区康复的日常工作中，为巩固戒治效果、有效降低复吸率提供有力的支撑。

二、心理社会治疗

对吸毒成瘾者进行心理、社会干预是戒毒治疗的重要环节。药物成瘾是一种长期、慢性、高复发性的脑疾病。导致复发的原因是多方面的，来自患者机体自身的主要有躯体依赖和精神依赖，其特点表现为无法控制的强迫性觅药行为。通过戒断、脱毒治疗后，吸毒者的躯体依赖症状可以减退甚至完全消失，但对成瘾性物质仍然存在强烈的心理渴求即精神依赖，致使他们很难摆脱对成瘾性物质的精神依赖而发生复吸行为。

强迫性觅药行为的产生，与毒品的长期使用在成瘾者体内产生的适应性改变有关，如耐受性、躯体依赖性、心理渴求等。在此基础上，吸毒成瘾者产生一种病态的习惯性学习记忆，对成瘾物质线索敏感性增加，同时使用毒品的冲动控制能力下降，从而不顾后果去摄取毒品，造成复吸，甚至在戒断若干年后，与成瘾有关的刺激都可以导致成瘾者对毒品的强烈渴求。渴求具有精神依赖性的特征，由渴求引起的强迫性觅药行为是造成制毒贩毒、家庭破裂、暴力犯罪等社会问题的根源。这种长期戒断后仍然存在的强迫性觅药行为导致的复吸现象，是成瘾治疗中主要的医学问题，也是困扰戒毒康复的瓶颈难题。

国内外很多研究都已经证实，一些成熟的心理治疗方法能够有效地改善吸毒者的精神依赖，对吸毒者进行长期的心理康复治疗能够有效减少心理渴求和预防复吸。

（一）动机强化疗法

动机强化疗法是一种有效的心理治疗方法，也是药物依赖心理治疗的一项基本技术。它是指采用相应的治疗策略，以强化患者做出改变自己毒品使用行为动机为目标的治疗方式，有助于提高治疗效果，可以单独使用或者与其他治疗联合使用。动机强化治疗以患者为中心，通过心理治疗技术激发患者自身改变动机、制定计划，最终主动做出行动上的改变。动机强化治疗是基于药物依赖特殊性发展起来的一种治疗模式，心理治疗师要求戒毒人员能够认识到自己有心理问题而前来求助，

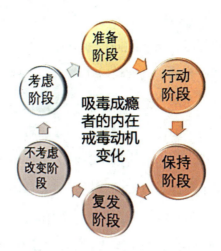

即要求对方具有"治疗动机"是进行心理治疗的前提，如果戒毒人员缺少"治疗动机"，心理治疗则无法进行。动机强化治疗的目的，是心理治疗师应用一定的心理治疗技术来激发戒毒人员自身改变动机，然后制定计划、采取行动改变的过程，强调改变的主体是戒毒人员本人，治疗师主要是激发者的角色，戒毒人员的内在戒毒动机是发生改变的真正动力与关键因素。

戒毒康复治疗是一个非常复杂的、长期的过程。心理学家认为，吸毒成瘾者的内在戒毒动机变化会经历"不考虑改变阶段"、"考虑阶段"、"准备阶段"、"行动阶段"、"保持阶段"和"复发阶段"。在成瘾者戒毒康复的过程中，心理治疗师可采取不同策略来影响戒毒人员自身的态度、认知、情绪及行为，帮助吸毒者成功度过康复的不同阶段。

在强制隔离戒毒人员中实施为期一年的动机强化疗法，可显著提高其戒毒动机，完善其"心理—行为—认知"的戒毒动机系统，降低复吸率。研究人员通过分析强制隔离戒毒人员戒毒动机的特点，发现强制隔离戒毒人员的戒毒动机较强，并以趋戒动机和内部动机为主。趋戒动机是为了追求某种美好改变，趋向于戒毒成功，愿意花时间和精力去做与戒毒相关的事情，带有一定的主动性，而不是被动地逃避某种处境。内部动机是因为对活动本身的认知、个体的内在需要而产生的，带有一定的积极倾向，而不是因为某些外在结果去戒毒。这两种戒毒动机对戒毒人员身心发展及戒毒行为本身都是有利的。据调查，女性强戒人员的戒毒动机均显著高于男性，这说明女性强戒人员不管是为了他人或自己渴望戒毒成功，还是为了避免吸毒所带来的痛苦，在戒毒信心等方面都比男性强戒人员动机要强。根据个人戒毒动机的特征、戒毒动机产生的原因和戒毒动机的需求来制定相应的动机强化治疗方案，能够有效帮助戒毒人员改变自己的认知与行为过程，强化内在动机，巩固戒毒动机，切实提高戒治效果。

（二）认知行为疗法

认知行为治疗是由美国心理学家亚伦·贝克在 20 世纪 60 年代提出的一种心理治疗方法，主要针对抑郁症、焦虑症等心理疾病和不合理认知导致的心理问题。认知行为治疗是通过识别和改变患者的不合理认知，来减少或消除不良的情绪或药物滥用等不良行为。认知疗法主要包括认知重建、自我辩论、自我暗示、自我激励；行为疗法主要包括行为契约法、强化法、厌恶疗法，干预周期通常为 1—3 个月。认知行为的干预过程，通常是使患者暴露于刺激，挑战不适应性认知，并训练大脑以不同的方式思考。在治疗过程中，求助者要接受心理医生教给的理性观念和行为，并反复加以练习使其建立新的积极的认知和行为。其根本目标是，识别并修正患者的不合理信念及其赖以形成的认知过程，使之建立起合理的、适应的认知结构。

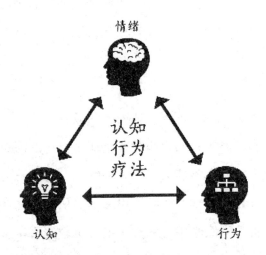

一项研究以 306 例甲基苯丙胺滥用人员为研究对象，采用为期 1 个月的认知行为疗法对甲基苯丙胺成瘾患者进行心理干预，观察认知行为疗法对患者负性情绪及复吸倾向的干预效果。结果发现，经认知行为疗法干预后，试验组戒毒者负性情绪（紧张、抑郁、疲乏和迷惑）得分低于对照组，正性情绪（活力）得分高于对照组，这表明通过对戒毒人员实施团体认知行为疗法的心理干预，消除了负性认知，提高了心理抗压能力，对于识别和改善其紧张、抑郁等负性情绪效果良好。认知行为疗法能使戒毒者清醒地认识到吸毒导致的不良后果，从而使其树立戒毒的决心，识别导致吸毒的负性、自动性想法并用更合理的想法替代，改善吸毒成瘾患者的情绪状态，并纠正其复吸倾向，以及提高长期保持操守的能力。

认知疗法也可结合内观疗法应用于戒毒矫治实践。前期利用认知疗法对戒毒人员的不合理认知进行澄清，并建立合理认知；后期利用内观疗法，帮助戒毒人员挖掘自己内在的力量，触动内心健康的部分，发现原本就有的正能量并精心加以培育，让它茁壮成长。认知和内观相结合的治疗方法，以其独特的心理疗愈机制和独特的心理治疗因子，帮助戒毒人员解决心理问题，进而帮助其戒除毒瘾。

（三）正念疗法

"正念"最初源于佛教禅修，马克·威廉姆斯在《正念禅修：在喧嚣的世界中获取安宁》中指出，正念是指通过有意的注意和对事物不做评价的方式而产生一种觉察能力。正念训练强调将注意力保持在当下的真实存在上，非批判性地如实接纳所出现的一切感受和体验从而降低负性情绪。美国麻省大学医学中心的乔·卡巴金教授将正念从佛学禅修文化中提炼出来，他将正念视为一种情绪调节技术，即通过操作化的训练，练习此时此刻有意识的、不批判的注意。正念训练有两个核心要点：一是此时此刻，将注意力集中于此时此刻，感受当下的存在；二是不做评价，对脑海中涌现出的想法不做任何评价。正念训练发展至今，

改善负性情绪　增强专注力　缓解压力　收获平静感　提升工作效率　提高睡眠质量　正念

有丰富的形式和内容，如正念观呼吸训练、正念身体扫描训练、正念进食、正念瑜伽等。这些训练方法在一定程度上让正念训练可操作性更强，也更具吸引力。

大量的研究证实，正念练习可以通过改变吸毒成瘾人员的情绪和心理渴求来预防成瘾戒断后的复吸。戒毒人员通过观察渴求，忍受毒品刺激带来的躯体不适或负性情感，提高对当下的专注力，把渴求状态视为短暂的认知和情感现象，在正念训练过程中增加生理放松，练习观察渴求而不采取任何试图满足渴求的行动。

2010 年，美国华盛顿大学波温教授结合正念冥想练习与预防复吸技能培训，开发出一套标准行为干预方法——正念为基础的复吸预防治疗方案。该方案是针对成瘾行为复发治疗的一种团体干预方法，包括瑜伽、呼吸、技巧训练，以及针对吸毒成瘾者特别设计的家庭作业等一系列的训练。通过 12 个月的随机对照试验发现，接受复吸预防治疗方案干预的受试者使用毒品和酗酒的天数均明显减少，出现滥用毒品的风险也显著低于对照组，这表明正念治疗在预防成瘾行为的复发上具有更好的长期效果。

针对女性戒毒人员情绪调节能力不佳、普遍存在心理创伤经历、注意力难以集中等特点，云南省女子强戒所引入了正念瑜伽训练方法。经过 12 次正念瑜伽团体干预，在一定程度上提高了女性戒毒人员自我觉察及接纳能力、情绪调节能力，促进戒毒人员以更积极稳定的心态融入到戒治环境中，从而降低违纪率，提高教育戒治水平。湖南省某强制隔离戒毒所对男性戒毒人员进行了为期 8 周的正念训练模式干预，结果显示，这种方法能够有效提高戒毒人员的情绪稳定性，提升积极情绪，减少消极情绪，降低焦虑水平，提高生活自主性及对未来生活的自信。另有研究发现，强制隔离戒毒人员经过 8 周正念干预训练后，表现出更高的正念水平、自我和谐水平、精神幸福感和更低的毒品渴求程度，并有效改善了副交感神经的活动，包括呼吸和心率等生理指标。在一项以江苏省女子强制隔离戒毒人员为对象的研究中发现，4次正念干预训练可提升戒毒人员的接纳意愿和接纳行动，更好融入社会，从而促使他们解教后以积极、正向的态度开展人际交往，成功回归社会。

正念防复吸疗法还能够有效改善女性戒毒人员的稽延性戒断症状。在一项甲基苯丙胺成瘾者的研究中发现，8周正念介入有氧操运动康复能够全面提升巩固期甲基苯丙胺戒断者的负性焦虑情绪和用药渴求及脑电生理的健康水平。以海洛因戒断者为实验对象的研究发现，经过10分钟的正念呼吸的干预后，可显著提高情绪效价和对负性情绪的耐受性，这表明正念呼吸干预能够改善海洛因戒断者的负性情绪。

（四）家庭治疗法

家庭治疗是指以家庭整体为对象进行全面的治疗，通过改善吸毒人员人际关系，特别是家庭成员间的关系，促进家庭成员间的感情交流，提高治疗支持程度，最终达到使患者康复的目的。

融入家庭，取得家人的信任支持，是戒毒人员融入社会回归正常生活的重要途径。家庭的强大支持也是帮助提高戒断率、降低复吸率的重要保障。然而在现实生活中，戒毒人员虽然最终回归家庭，但却很难融入家庭，难以取得家人的信任和支持。由于长期吸毒，家人对其失去信心；吸毒之后染上其他恶习，使本就敏感的家庭关系变得更加脆弱；由于家人不了解戒毒的相关知识，难以与吸毒人员进行有效的沟通。因此，除了运用常规的戒治手段帮助吸毒人员戒除毒瘾外，还要尝试通过构建家庭支持网络，帮助吸毒人员确立戒除毒瘾的信心和决心，避免复吸。

家庭治疗干预需要家庭内每个个体都能够积极参与，只有所有的家人都参与才会有事半功倍的效果。在治疗青少年吸毒问题上，以家庭系统为干预治疗对象的效果要好于单纯以个体为对象进行治疗，可以有效消除青少年吸毒问题。在治疗过程中，对吸毒者进行一些情感教育、生活技巧等培训，有一定的促进作用，尤其是在减少吸毒行为方面，只有通过家庭治疗，让所有家庭成员一起参与治疗，效果才会更好。在治疗过程中，通过适当的家庭介入，可以加快青少年吸毒者康复，更快达到治疗的目的。

戒毒人员回归社会后，或多或少会遇到一些家庭关系危机或是适应性的问题，而如何处理好家庭关系也直接影响到今后社会融入度、操守保持等因素。此外，政府或非政府组织在社会事务中的社会干预行为，通过动员社会资源来帮助戒毒人员适应社会、保持操守状态，也是康复过程中的重要环节。

三、物理治疗

物理治疗是康复治疗的主体，它使用包括声、光、冷、热、电、力（运动和压力）等物理因子进行治疗，针对人体局部或全身性的功能障碍或病变，采用非侵入性、非药物性的治疗来恢复身体原有的生理功能。在戒毒康复的临床应用中，常用的物理治疗方法主要包括经颅磁刺激和脑深部电刺激。

（一）经颅磁刺激

经颅磁刺激是一种绿色、安全的大脑刺激方式，通过电磁感应原理诱发出脉冲磁场，并利用磁场的安全性和对生物体的有效穿透性，可控而非侵入地刺激不同的大脑区域。经颅磁刺激可以直接调控大脑

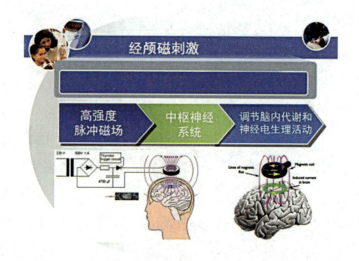

不同脑区功能，并通过调节大脑可塑性，对脑区功能产生长时程的改变。

目前，经颅磁刺激已经在医院和保健领域得到了广泛应用，如精神科用于治疗失眠、抑郁、躁狂、精神分裂等疾病，神经内科及康复科用于治疗脑损伤康复、失语症康复、吞咽功能康复。近年来，经颅磁刺激在成瘾领域崭露头角，取得一系列进展。据国外多个实验室报道，经颅磁刺激大脑的背外侧前额皮层（大脑调节情绪、认知、冲动和奖赏行为的综合脑区）可以降低吸烟者对吸烟相关线索的渴求度。有研究表明，经颅磁刺激大脑的背外侧前额皮层也可以调控酒精依赖患者的渴求。近年来，北京大学、上海精神卫生中心、浙江及江西的多家戒毒单位都在开展经颅磁刺激在戒毒中的应用，引发了一波经颅磁刺激戒毒研究的热潮。重复经颅磁治疗技术作为新型、无创、安全的物理治疗方法，被证实有效治疗抑郁、冲动、强迫等症状，并逐步应用于戒毒人员康复治疗，比如吸食合成类毒品对大脑及中枢神经造成的严重损伤，吸食合成毒品的戒毒人员表现出来的焦虑、抑郁、狂躁等情绪问题。研究表明，重复经颅磁理疗作用于左背外侧前额叶可以降低甲基苯丙胺物质

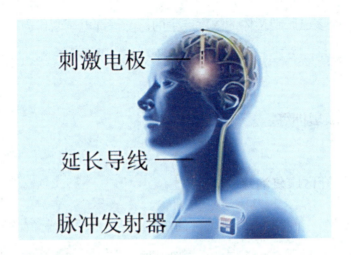

成瘾者的渴求，同时还可以改善焦虑、抑郁、睡眠等身心问题。临床研究发现，重复经颅磁治疗技术对于抑郁症状及精神分裂症的幻听和阴性症状具有一定疗效，有较好的安全性和耐受性，其作用机制可能与调节大脑皮层的兴奋性、突触结构及神经元可塑性、局部脑功能及不同脑区的功能连接等有关。背外侧前额皮层是调控成瘾者心理渴求的重要脑区，采取重复经颅磁刺激干预该脑区可有效降低成瘾者的心理渴求。

（二）脑深部电刺激

脑深部电刺激是通过电极把高频电刺激干预与疾病相关的存在异常的脑网络，以达到治疗脑功能疾病的目的。脑深部电刺激是一种安全的可逆的有效的治疗方式，在美国已经被食品药品监督管理局批准用于帕金森病和难治性强迫症的治疗。脑深部电刺激作为一种外科微创方式，对脑内负责成瘾心理渴求和成瘾行为的核团进行电刺激干预，近些年逐渐被研究。最近的研究报道也证实了脑深部电刺激能够有效治疗药物成瘾。例如，通过伏隔核脑深部电刺激对药物成瘾的临床干预效果进行评估，发现伏隔核脑深部电刺激治疗甲基苯丙胺成瘾的机制是通过上调纹状体区域的多巴胺转运体的浓度产生的。脑深部电刺激作为一种安全有效且可逆的治疗方式，能够帮助成瘾者降低使用毒品甚至戒断毒品。

四、康复训练

（一）社区康复治疗

1958 年，查理斯·德德里奇创建了以吸毒人员为对象的自愿戒毒社区康复治疗模式。社区治疗强调所有成员生活于同一环境，要求每个居住成员遵守一系列行为规范，不得违反；以集体及个别心理治疗为基础，进行各种活动，不仅关注生活中的问题，而且关心居住者内在的情绪。在共同的生活环境中，有一套明确的奖罚条例；采用等级制，等级不同，身份、地位、责任及权利均不同，各成员自入住起，即沿等级逐步上升，直至"毕业"。社区治疗包括三个阶段：治疗的第一期（第 0—60 天）：了解某个体接受治疗的全面状况，给予必要的帮助；治疗的第二期（第 2—12 月）：充分展开治疗活动；治疗的第三期（第 13—18 月）：训练并培养社区治疗成员重新步入社会生活。

（二）家庭康复训练

家庭康复训练，是指利用家庭的各种条件，纠正患者心理及行为障碍，提高生活能力，使之最终摆脱毒品、适应社会生活。家庭能否提供积极帮助，对其保持操守、恢复自信、增强自理能力十分重要。通过家庭成员的参与，可以动员家庭的力量去影响和督促患者向好的方向转变。家庭康复的程序包括：一是建立连续照管体系，创造一个良好的家庭戒治氛围。在康复过程中要特别重视某些关键的组成成员，未婚康复者的关键成员为父母及兄弟姐妹；已婚康复者的关键成员为其配偶。二是帮助戒毒康复家庭建立一个毒品戒断的持续状态，寻求一种保持戒断的方法。为确保家庭康复工作的有效开展，应采取综合性的家庭治疗方法，以提高家庭康复的效果。三是参与家庭康复行动，具体落实家庭康复的治疗措施。各地的公安机关、司法部门、街道办事处和戒毒康复等有关机构组织，不仅要支持和帮助家庭康复事业的发展，为家庭康复献计献策，更应该提供有效的康复治疗技术和措施，并积极地投身到家庭康复这项工作中去。四是坚持家庭康复随访，做好康复后的家庭长期再适应。当家庭康复进入一个较长时间的稳定阶段后，家庭就会出现"蜜月"现象，事实上这种和谐只是一个假象，当康复者的吸毒行为停止后，其他的家庭问题随之就会出现，这些问题需要通过家庭康复得到解决，避免使康复者重蹈覆辙。

第三节 教育与矫治

《戒毒条例》确立了"以人为本、科学戒毒、综合矫治、关怀救治"的戒毒工作原则，提出了"建立戒毒治疗、康复指导、救助服务兼备"的工作体系，明确了"教育与救治相结合，对吸毒人员要惩罚，更要教育和救治"的工作理念。2014 年，为进一步规范强制隔离戒毒人员教育矫治工作，提高教育矫治工作的针对性和有效性，促进教育矫治工作全面发展，根据《禁毒法》、国务院《戒毒条例》以及《司法行政机关强制隔离戒毒工作规定》，司法部制定了《强制隔离戒毒人员教育矫治纲要》。依据该纲要，各省、自治区、直辖市戒毒局以及强制隔离戒毒所的主要负责人是教育矫治工作的第一责任人，对教育矫治工作负总责。强制隔离戒毒所应当按照不低于收治人数 1%的比例配备专职教师，收治人数低于 500 人的场所，应至少配备 5 名专职教师，负责课堂教学、康复训练和专题教育。强制隔离戒毒所应当设置与收治人数相适应的教学、文体活动、图书阅览、职业技能培训等功能用房，配备齐全的电化教学设施和教学网络。应当设置心理矫治中心和身体康复训练中心，配备满足开展康复训练需要的设施和设备。

一、教育矫治的工作目标和基本原则

教育矫治的工作目标是通过综合运用各种教育矫治方法和手段，帮助戒毒人员认清毒品危害，树立法制观念，提升道德情操和文化素养，改善不良心理，掌握就业谋生技能，增强社会适应能力，戒除毒瘾，成功融入社会。

教育矫治工作坚持以人为本的原则，立足戒毒人员的戒毒需要，科学安排教育内容，选择有针对性的教育方法，给予戒毒人员人文关怀和必要的社会救助，营造尊重、信任、互助的人文矫治氛围，充分调动戒毒人员自觉、主动参与教育矫治的主体意识。

教育矫治工作坚持因人施教的原则，根据戒毒人员的认知规律、生理、心理和行为特点，确定个性化的教育矫治方案，帮助个体戒除毒瘾，实现不同程度的改变和成长。

教育矫治工作坚持综合矫治的原则，遵循教育矫治工作的客观规律，充分运用管理、生产劳动等手段的教育矫治功能，使各类教育活动形成合力，提高综合矫治能力。

教育矫治工作坚持面向社会的原则，充分利用社会资源优势，全面提升戒毒所教育矫治工作水平，做好解除强制隔离戒毒人员的后续帮扶工作。

教育矫治工作坚持科学创新的原则，根据戒毒工作发展的需要，研究教育矫治工作中的新问题，探索新方法，不断实现教育矫治工作的理论创新、机制创新和方法创新。

二、教育矫治的工作内容

（一）入所教育

对新收治戒毒人员进行入所教育，帮助他们尽快熟悉场所环境，适应戒毒所生活。入所教育在完成生理脱毒后进行，时间不少于1个月。

开展戒毒法律法规、所规所纪教育。学习《禁毒法》、《戒毒条例》以及《司法行政机关强制隔离戒毒工作规定》、《强制隔离戒毒人员守则》，学习强制隔离戒毒所所规所纪。帮助戒毒人员了解强制隔离戒毒工作的性质、目的、内容、法律效力以及在所期间的权利义务，明确矫治目标和方向。

开展卫生知识教育。组织戒毒人员学习肝炎、艾滋病、性病等传染病预防知识，学习所内集体生活所需要的卫生常识，帮助戒毒人员养成良好的卫生习惯。

开展行为养成教育。组织队列训练，开展内务卫生和所内文明礼仪习惯养成教育，增强戒毒人员的组织纪律观念、集体观念，培养自觉遵守文明礼仪的意识和习惯。

（二）法律常识教育

组织戒毒人员学习《刑法》《治安管理处罚法》《劳动法》《民法典》《社会保障法》等与戒毒人员生活息息相关的法律法规，帮助戒毒人员了解相关法律知识，树立法制观念，自觉遵纪守法。

（三）思想道德教育

把社会主义核心价值观和《公民道德建设实施纲要》教育贯穿始终，强化社会公德、职业道德和家庭美德教育，弘扬民族精神和时代精神，帮助戒毒人员确立正确的世界观、人生观和价值观，引导他们自觉抵制拜金主义、享乐主义和极端个人主义，提倡文明礼貌、助人为乐、诚实守信、尊老爱幼、艰苦奋斗的社会主义风尚。

（四）戒毒常识教育

传授禁毒戒毒基本知识，帮助戒毒人员了解毒品的特性和危害，了解我国的戒毒体系、戒毒基本流程，树立戒毒信心，提高参与戒毒的自觉性和主动性。

（五）心理健康教育

组织戒毒人员学习心理健康基本知识，了解场所心理咨询工作的基本流程，帮助戒毒人员分析吸毒的心理根源，掌握调控情绪的方法，改变错误认知，学会正确归因，提高应对压力和挫折的能力，学会与人沟通，建立和谐的人际关系。

（六）文化素质教育

举办文学、历史、音乐、书法、绘画、科技知识等讲座，以中华优秀传统文化和现代文化提高戒毒人员文化素养，激发生活热情，树立健康生活态度。鼓励戒毒人员参加国家开放大学、成人教育。

（七）戒毒康复训练

对戒毒人员进行戒毒康复训练，帮助戒毒人员学会戒毒康复项目的相关知识，掌握生理和心理康复的具体方法。

开展戒毒康复教育。介绍戒毒康复项目和要求，传授增强戒毒意愿、修复个性缺陷、恢复正常社会情感、拒绝毒品的知识和方法，为开展戒毒康复训练奠定基础。

开展体能康复训练。借鉴医学和运动生理学的理论、方法和技术，将运动康复运用到戒治过程中。开展适合戒毒人员身体状况的恢复性训练、体能训练。选择广播体操、健身操、器械训练等常用健身项目，帮助戒毒人员掌握锻炼方法，养成锻炼习惯。

开展心理康复训练。对戒毒人员进行情绪管理、意志力训练、个性修复、情感重建、人际交往、抗复吸训练、拓展训练等专题团体心理辅导，帮助戒毒人员增强抵抗诱惑的意志品质，客观认识个性缺陷与吸毒的关系，引导戒毒人员通过自我体验和自我反省，塑造积极人格，增强拒毒能力，强化戒毒效果。

（八）劳动教育和职业技能培训

组织戒毒人员进行生产劳动，充分发挥劳动的教育矫治功能，帮助戒毒人员树立正确的劳动态度，改变好逸恶劳的思想和习惯。开展职业技能培训，使戒毒人员掌握一定的职业技能。

开展安全生产知识教育。组织戒毒人员学习安全生产法规、安全生产常识、劳动保护知识，提高戒毒人员安全生产意识，树立劳动观念，养成劳动习惯，掌握劳动技能。

开展职业技能培训。落实国家禁毒办等11个部门联合下发的《关于加强戒毒康复人员就业扶持和救助服务工作的意见》，将戒毒人员职业技能培训纳入当地职业技能培训总体规划，根据戒毒人员的特点和社会需求设置职业技能培训项目，帮助戒毒人员考取职业技能资格或等级证书，为就业创造条件。

（九）回归社会教育

对即将出所的戒毒人员进行回归社会教育，帮助他们了解社会形势，做好回归社会的准备。回归社会教育时间不少于一周。

开展形势政策宣传教育。帮助戒毒人员了解国家和社会发展新形势，了解人们生活方式和价值观念的新变化，了解当地市政交通、衣食住行等方面的重大变化，了解出所后办理相关手续的方法。

帮助戒毒人员重建社会支持系统。教育引导戒毒人员建立健康的朋友圈、正确处理与家庭成员的关系、积极参与社会交往。

开展后续照管政策宣传教育。向戒毒人员介绍就业形势和政策，帮助戒毒人员合理选择就业岗位；向戒毒人员介绍戒毒康复、社区康复的机构和流程，动员解除强制隔离戒毒人员到戒毒康复场所体验戒毒生活，帮助戒毒人员了解美沙酮维持治疗等社会公益项目的参与方法，使他们出所后能够及时寻求支持和帮助。

三、教育矫治的工作方法

（一）发挥课堂教学功效，完善教材体系

各地要结合自身实际自编辅助教材，进一步丰富和深化基础课程内容，体现当地特色。

规范课堂教学。课堂教学是系统学习知识、改善认知结构的有效方式。要开设法律常识（30 课时）、思想道德（30 课时）、心理健康（30 课时）、文化素质（20 课时）、戒毒常识（30 课时）5 门课程（共 140 课时）。课堂教学原则上实行小班教学，每班不超过 50 人。

改善教学方法。提倡启发式、互动式教学，采用案例讲解、课堂讨论等方式，充分调动戒毒人员参与热情。利用现代化教学媒体，通过网络、数字化点播等手段，直观、形象地展示教学内容，提高教学效果。

（二）提高个案化教育水平

制定个案化教育矫治方案。入所初期，进行一次个性化分析诊断，由大（中）队民警和心理咨询师参照心理测评结果、个人成长史、现实表现等情况和诊断评估标准，逐人制定个案化教育矫治方案，运用多种手段开展教育矫治工作，做好跟踪管理；在强制隔离戒毒中期，从戒毒人员法制观念、道德水平、文化素质、心理生理健康状况等方面，对教育效果进行评价，根据需要调整教育矫治方案，提高个别教育的针对性；在解除强制隔离戒毒前，对每名戒毒人员进行综合评估。

突出个别谈话方式。强制隔离戒毒所大（中）队民警对每名戒毒人员每两个月要至少安排一次个别谈话。对新入所和变更大（中）队的、因违纪违法受到处分的、外出探视前后或者家庭发生变故的、长时间无人探访或者家人不与其联系的、情绪和行为明显异常的、变更执行方式的、所外就医的、延长或临近解除强制隔离戒毒的，应当及时进行个别谈话。

（三）突出心理咨询的特殊作用

广泛进行心理测评。由专职心理咨询师对戒毒人员的情绪状态、环境适应情况、人格特质等作出入所评估，逐人建立心理档案，筛查有心理问题人员。定期举办心理咨询服务。以当面咨询或者书信、电话、网络等多种形式，为戒毒人员提供心理咨询服务，帮助解决心理问题。

及时进行心理危机干预。对心理状态严重异常的，遭受家庭、婚姻等重大突发事件心理严重失衡的，长期处于抑郁焦虑和自我封闭状态的，有逃跑、行凶、自伤自残等危险倾向的戒毒人员，及时实施心理危机干预。

（四）发挥场所文化建设的教育矫治功能

培育场所戒毒文化环境。围绕戒毒文化主题，统筹规划，精心布置，在设施建设、环境营造中集中体现戒毒工作理念和特色。设置鼓励、引导、关怀戒毒人员和与禁毒内容相关的标识，突出整洁优美、和谐有序、活泼向上的氛围，充分发挥环境育人的功能。构筑场所戒毒文化阵地，建立所内广播、自办报刊、宣传栏、局域网等宣传教育阵地，宣传国家戒毒政策、报道场所戒毒生活。创新场所戒毒文化活动形式，定期举办"文化月""文化节"，利用"6·26"禁毒日开展专题教育活动，组织文艺表演、演讲、书画、摄影、歌咏比赛、读书征文、体育比赛等文化活动。打造场所戒毒文化精品，结合本地文化特点，培育具有自身特色的文化品牌，形成"一所一品牌、一队一特色"的戒毒文化特色。

（五）实现教育矫治工作的社会化

发挥社会资源在教育矫治工作中的重要作用。探索教研合作、购买服务、资源共享等多种合作途径，充分发挥社会资源优势，促进强制隔离戒毒工作与社会进一步融合。搭建社会帮教平台，建立一支稳定的社会帮教志愿者队伍，定期来所开展帮教；建立一个与党、政、军、工、青、妇、团等社会各界共建的帮教基地，定期开展交流活动；每年至少组织一次场所民警或者戒毒人员到社会上进行戒毒公益宣传活动。开展后续帮扶，落实《关于加强戒毒康复人员就业扶持和救助服务工作的意见》，协助做好解除强制隔离戒毒人员关怀救助工作；鼓励在街道、社区建立后续照管站和戒毒工作指导站，帮助完成社区戒毒和社区康复工作；建立戒治质量考查机制，通过跟踪回访、第三方评估等方式，考查场所矫治质量。

随着时代的发展，教育矫治工作越来越需要紧跟时代步伐与时俱进地开展，以彰显教育矫治工作的创新力和时效性。实践证明，在对戒毒人员进行教育矫治的初期，多数戒毒人员为被动接受教育矫治，在他们的意识里，教育矫治带有"强制"二字。经过戒毒警察长期不懈的努力，开启戒毒人员的自我驱动力，大部分戒毒人员能转变观念，转被动为主动，积极主动接受教育矫治。

教育矫治工作使戒毒人员养成遵纪守法意识，树立正确的荣辱观、是非观和价值观，职业技能培训帮助戒毒人员掌握自强自立谋生手段，出所教育帮助戒毒人员掌握社会形势和抗复吸方法。心理矫治工作更加注重引导戒毒人员正确认识自己，正视"内心"，引导戒毒人员学会正确归因，将失去自由的原因归结为"吸毒"而非"戒毒"。目前，康复训练工作更趋于系统化、科学化，通过对戒毒人员开展体质测试，开具运动处方，以达到戒毒人员身体平衡有序康复的目的。丰富多样的专题教育活动在丰富戒毒人员业余生活之余，也能不断增强戒毒人员的戒毒意识，提升他们的拒毒防毒能力。通过全方位的教育戒治，最终使戒毒人员达到身心均衡"恢复"，通过强大的内在驱动力更加坚定戒毒人员的戒毒信心，提升他们的戒毒信念，促使戒毒人员不断"自我提醒"，形成良性的"自我暗示"，暗示自己要努力戒毒，要通过不懈努力保持操守。良好的社会支持系统能更好巩固戒毒人员的所内戒治效果，尤其在戒毒人员解除强制隔离戒毒回归社会后，帮助他们坚定戒毒信心、长期保持操守。

禁毒战争是一场人民战争，戒毒工作同样需要社会各方的共同参与。戒毒工作社会化延伸是新时代新形势下强制隔离戒毒工作发展的新课题，是教育矫治工作从所内走向所外、教育效果不断巩固强化的有效途径。戒毒工作的社会化延伸使社会多个部门、多个组织和个人参与其中，形成戒毒工作联动态势，将戒毒成效扩大化，更好地促进禁毒人民战争的开展。

四、禁毒宣传教育

禁毒宣传教育是禁毒工作的核心，作为禁毒工作根本大法的《禁毒法》，不仅明确了"预防为主"的禁毒工作方针，而且更是将禁毒宣传教育置于各项禁毒工作之首，从而为禁毒宣传教育制度化提供了坚实的法律基础。禁毒宣传教育工作应当履职尽责，扎实开展毒品预防教育，多措并举开展防范毒品滥用宣传教育活动，在科学普及禁毒戒毒知识、有效防范毒品滥用、广泛传播"健康人生、绿色无毒"理念、教育引导广大人民群众特别是青少年正确认知毒品危害并提高识毒防毒拒毒的意识和能力等方面发挥重要作用。禁毒宣传是一项系统化的社会工程，要建立禁毒戒毒教育宣传基地，立足戒毒工作实际，把握戒治规律，大胆实践，开拓创新，依托专业化、智能化、科技化、现代化的戒毒场所，形成多维度多方参与、分工协作的工作格局，辐射社会，发挥防毒拒毒的关口作用，挽救身陷毒窠的失足者，夯实毒品预防教育，做好警示宣

禁毒宣传画

传教育，创新宣传品牌。自《禁毒法》颁布实施以来，中国禁毒宣传教育实践工作取得了长足发展，也积累了宝贵经验。

禁毒宣传教育要紧紧围绕以人民为中心的发展思想。毒品是人类社会的公害，不仅严重侵害人的身体健康、销蚀人的意志、破坏家庭幸福，而且严重消耗社会财富、毒化社会风气、污染社会环境。历史和现实告诉我们，毒品问题往往会成为一个国家和地区经济落后、社会动荡的重要根源。因此，在百年禁毒宣传教育历程中，中国共产党始终把人民的利益放在第一位，坚持厉行禁毒方针，开展丰富多彩、与时俱进的禁毒宣传教育活动，有效维护社会和谐稳定和人民身心健康，不断提升人民的幸福感和安全感，充分彰显了党执政为民的情怀和品格。在禁毒宣传教育工作中，党和政府始终坚持人民至上的政治立场和价值导向，凝聚"健康人生、绿色无毒"的社会共识，提升广大人民群众识毒防毒拒毒意识，铲除毒品问题滋生蔓延的土壤。

禁毒宣传教育要随着世情、国情、社情、民情的变化而调整变化。禁毒宣传教育是国家的禁毒方针政策的重要组成部分。在新中国建立和发展的历程中，始终把有效解决毒品问题作为社会治理的重要组成部分，并根据不同时期的世情、国情、民情、毒情，适时制定出不同的禁毒宣传教育政策，形成了更加丰富多元的全体社会成员共同参与的禁毒宣传教育的方式方法。只有全体社会成员积极参与到禁毒宣传教育之中，识毒防毒拒毒意识才能在全社会生根发芽。这些禁毒宣传教育政策的调整完善，立足现实，顺应时代发展变化，体现了时代性和科学性的特质，也大大提升了我国在新时代的禁毒宣传领导力，始终坚持问计于民、问需于民，紧紧依靠群众、广泛发动群众，形成了全民参与、社会共治、群策群力的良好局面。

禁毒宣传教育要始终坚持走群众路线。禁毒是一场改革积弊的社会运动，本质上是一项社会治理工作，除了依赖政府和法律的权威、发挥"震慑"作用外，更需要依靠广大群众的力量，群策群力，群防群治。改革开放以来，党和政府继续发挥工会、妇联等群众组织的作用，引入社会力量参与禁毒戒毒工作，建设禁毒志愿者队伍，形成多方参与协作的格局。可以说，开展禁毒宣传教育，充分依靠和发动群众的力量，是中国共产党禁毒成功的重要因素。随着中国特色社会主义进入新时代，党和政府更加注重部门协同、社会共治、公众参与，汇聚社会力量和群众的集体智慧，持续加强宣传引导和毒品预防教育，把禁毒拒毒的思想和措施融入到群众的生活当中，筑成防范毒品传播的坚固防线。

禁毒宣传教育要始终重视青少年毒品预防教育工作。预防教育是解决毒品问题的治本之策，目前越来越多的国家认识到预防教育工作的重要性，预防胜于治疗的观念也逐渐被各国所认同，纷纷把禁毒教育宣传的重点放在青少年身上。我国实行"预防为主"的禁毒工作方针，当前已将禁毒教育纳入到学校教育体系之中，进教材，进课堂，进入学生的实践活动，使青少年及时得到毒品预防教育。

当前，新型毒品层出不穷，合成毒品滥用加剧，境外毒品渗透无孔不入，一味沿用传统的禁毒宣传教育方式显然无法从根本上解决问题。禁毒宣传教育工作必须坚持守正创新，增强时代感和可及性。在稳固传统媒体阵地的同时，要根据互联网时代舆论格局、传播方式的新变化，主动融合发展，充分利用现代传播新媒介，创作群众喜闻乐见的宣传作品。推动禁毒宣传教育传统优势与信息技术高度融合，用好用足新媒体平台，加强社会沟通和公众互动，讲好禁毒故事，及时向社会各界展示禁毒工作前沿动态和打击毒品违法犯罪成果，提高全社会对毒品危害性的认识和自觉抵制毒品的能力。要坚持关口前移、预防为先，建立全覆盖毒品预防教育体系，力求取得青少年毒品预防教育标准化、高危人群禁毒宣传精准化、吸毒人员禁毒宣传专业化、重点地区居民禁毒宣传阵地化的效果，提高禁毒宣传教育的可及性。

第四节　美沙酮维持治疗

美沙酮是吗啡的衍生物，学名盐酸美沙酮，是一种人工合成的麻醉药品。美沙酮诞生于第二次世界大战中德国化学家的实验发现，被用来替代吗啡的短缺。世界卫生组织在 1961 年《麻醉品单一公约》中将美沙酮列为受严格管制类的麻醉品。我国的相关法规和定期公布的《麻醉药品品种目录》也将其列为严格管制的麻醉品。

20 世纪 60 年代初期，研究者发现此药具有治疗海洛因依赖脱毒和替代维持治疗的药效作用。因此，美沙酮门诊就是专门对海洛因成瘾者进行药物维持治疗的门诊。为控制毒品泛滥引发的相关问题，我国于 2004 年正式启动美沙酮维持治疗试点工作，这是当前国际公认的消除毒瘾的较好方法，在控制疾病传播、维护社会稳定方面取得了良好的效果。然而，需要注意的是，这种药物维持治疗不是单纯给药的治疗方式，而是针对海洛因等阿片类吸毒成瘾人群暂时无法戒除毒瘾的情况改用美沙酮口服液替代治疗，使吸食海洛因成瘾者逐步放弃对海洛因的依赖转而以美沙酮替代并进行长期的服用治疗，同时配合心理治疗、行为干预等综合措施，最终达到减少海洛因相关危害（犯罪、反社会、传播疾病）并使成瘾者逐步恢复一些社会功能、最终返回社会的目的。

一、美沙酮维持治疗的历史沿革

20 世纪 50 年代，加拿大开展了鸦片类制品成瘾治疗项目，并于 1959 年启动了世界上第一个美沙酮维持治疗项目。随后，美国、英国、澳大利亚、中国香港地区等开始在其境内推广美沙酮维持治疗项目。

由于美沙酮具有与吗啡相似的药理学特性，也表现出毒品与药物的双重属性。因此，美沙酮维持治疗项目自诞生之日起就饱受争议。争论的焦点在第一个阶段主要受对其治疗"康复"效果的质疑和美沙酮自身成瘾性的警告。在第二个阶段主要是因艾滋病在海洛因吸食人群中快速传播而提出的使用美沙酮维持治疗达到"减低危害"的理念。这些争论表明，吸食毒品已成为全球性的问题，哪一个国家都不能置身事外，国际社会需要团结起来应对挑战。

2004 年，世界卫生组织、联合国毒品与犯罪问题办公室、联合国艾滋病规划署三方联合出台立场文件《处理鸦片剂类物质依赖和预防艾滋病方面的替代性维持疗法》，声明"由于没有任何一种疗法对所有鸦片类物质依赖者都能奏效，应该有多种多样的治疗选择方案；替代性维持疗法是针对鸦片类物质依赖最有效的治疗方法之一；替代性维持疗法是注射毒品者中间控制鸦片类物质依赖和预防艾滋病病毒传播的社区方法中的关键组成部分"，这代表了国际权威性专业技术性组织对美沙酮维持治疗的基本态度和立场。此后，国际社会如中国、伊朗、越南、印度尼西亚、马来西亚等亚洲国家和地区纷纷出台政策，响应和启动规模实施美沙酮维持治疗项目。

当然，并非所有国家都对美沙酮维持治疗持肯定态度，以俄罗斯为代表的部分国家就禁止美沙酮维持治疗方案，否定用一种毒品来克服另一种毒品的姑息治疗理念。2009 年，世界卫生组织、联合国毒品与犯罪问题办公室、联合国艾滋病规划署三方联合出版的《技术指南：对艾滋病预防、治疗及静脉注射吸毒者护理的全面可及国家目标制定》，明确了美沙酮维持治疗对静脉注射吸毒人群全面可及的意义及具体评估措施。美沙酮维持治疗对于静脉注射吸毒人群的意义不言而喻。

二、我国美沙酮维持治疗的进展

20 世纪 50—80 年代，我国经历了一段相对无毒的时期。然而，自从 20 世纪 70 年代末我国实行改革开放政策以来，受国际毒潮影响和"金三角""金新月"两个毒品重灾区毒品走私的影响，毒品使用再次出现。此外，艾滋病在我国注射吸毒人群中迅速传播。2004 年，我国在 5 个省份开设了首批 8 个美沙酮维持治疗试点诊所。初步评估显示，美沙酮维持治疗具有积极的效果；再次评估进一步发现，没有新的艾滋病毒感染，犯罪率降低，继续治疗的患者药物使用减少。因此，从 2006 年起，美沙酮维持治疗项目开始快速推广到全国，至 2019 年，我国有 680 多个美沙酮维持治疗诊所，为大约 30 万人提供治疗服务。2006 年的《艾滋病防治条例》、2008 年的《禁毒法》、2011 年的《戒毒条例》都明确支持美沙酮维持治疗。此外，2014 年的《戒毒药物维持治疗工作管理办法》和 2016 年的《关于加强戒毒药物维持治疗和社区戒毒、强制隔离戒毒、社区康复衔接工作的通知》以及 2017 年颁布的《中国遏制与防治艾滋病"十三五"行动计划》，对美沙酮维持治疗在禁毒和防治艾滋病方面做出了具体部署。

事实证明，美沙酮维持治疗在降低艾滋病毒和丙型肝炎病毒感染风险、过量用药风险、非法药物使用、犯罪活动和总死亡率以及改善毒品依赖者社会功能方面是安全有效的。

三、美沙酮维持治疗的指导思想

为减少因滥用阿片类物质造成的艾滋病等疾病的传播和违法犯罪行为，巩固戒毒成效，规范戒毒药物维持治疗工作，国家卫生健康委、公安部、国家食品药品监管总局于 2014 年共同制定了《戒毒药物维持治疗工作管理办法》。依照该办法，戒毒药物维持治疗，是指在符合条件的医疗机构，选用适宜的药品对阿片类物质成瘾者进行长期维持治疗，以减轻他们对阿片类物质的依赖，促进身体康复的戒毒医疗活动。国家卫生健康委会同公安部、国家食品药品监管总局组织协调、监测评估与监督管理全国的维持治疗工作。维持治疗工作应纳入各级人民政府防治艾滋病与禁毒工作规划，实行政府统一领导、有关部门各负其责、社会广泛参与的工作机制。

　　戒毒药物维持治疗机构是指经省级卫生健康行政部门批准，从事戒毒药物维持治疗工作的医疗机构，需要具有《医疗机构执业许可证》，取得麻醉药品和第一类精神药品购用印鉴卡，具有与开展维持治疗工作相适应的执业医师、护士等专业技术人员和安保人员，以及符合维持治疗有关技术规范的相关规定。从事维持治疗工作的医师应当具有执业医师资格并经注册取得《医师执业证书》；按规定参加维持治疗相关培训；具有使用麻醉药品和第一类精神药品的医师应当取得麻醉药品和第一类精神药品处方权；符合省级卫生健康行政部门规定的其他条件。

　　维持治疗使用的药品为盐酸美沙酮口服溶液（规格：1毫克/毫升，5000毫升/瓶）。配制盐酸美沙酮口服溶液的原料药实行计划供应，由维持治疗药品配制单位根据实际情况提出需用计划，经国家食品药品监管总局核准后执行。经确定的维持治疗药品配制单位应当按照国家药品标准配制盐酸美沙酮口服溶液，并配送至维持治疗机构。维持治疗机构应当凭印鉴卡从本省（自治区、直辖市）确定的维持治疗药品配制单位购进盐酸美沙酮口服溶液。维持治疗机构调配和拆零药品所使用的容器和工具应当定期消毒或者更换，防止污染药品。

　　年龄在18周岁以上、有完全民事行为能力的阿片类物质成瘾者，可以按照自愿的原则申请参加维持治疗。18周岁以下的阿片类物质成瘾者，采取其他戒毒措施无效且经其监护人书面同意后，可以申请参加维持治疗。阿片类物质包括天然类如鸦片、从阿片中提取的吗啡生物碱及其人工半合成或合成的衍生物。常见的阿片类物质有鸦片、吗啡、海洛因、美沙酮、丁丙诺啡、哌替啶和芬太尼等，均具有镇痛、镇静、改变心境（如欣快）、镇咳及呼吸抑制等药理、毒理作用。反复使用阿片类物质可出现耐受性、依赖综合征、戒断综合征等物质使用相关障碍。有治疗禁忌症的阿片类物质成瘾者，暂不宜接受维持治疗。禁忌症治愈后，可以申请参加维持治疗。申请参加治疗的人员应当承诺治疗期间严格遵守维持治疗机构的各项规章制度，接受维持治疗机构开展的传染病定期检查以及毒品检测，并签订自愿治疗协议书。维持治疗机构应当为治疗人员建立病历档案，并按规定将治疗人员的信息及时报维持治疗机构所在地公安机关登记备案。符合维持治疗条件的社区戒毒、社区康复人员，经乡（镇）、街道社区戒毒、社区康复工作机构同意，可以向维持治疗机构申请参加维持治疗。

维持治疗机构除为治疗人员提供维持治疗外，还需开展禁毒和防治艾滋病法律法规宣传工作，以及艾滋病、丙型肝炎、梅毒等传染病防治和禁毒知识宣传；提供心理咨询、心理康复及行为矫治等工作；开展艾滋病、丙型肝炎、梅毒和毒品检测；协助相关部门对艾滋病病毒抗体阳性治疗人员进行随访、治疗和转介；协助食品药品监管部门开展治疗人员药物滥用的监测工作。

四、美沙酮维持治疗方案

对于戒毒治疗后反复复发的阿片依赖个体，美沙酮维持治疗并非是单纯服用替代药物，而是采取包括患者管理、医疗干预、心理/行为干预和社会支持等在内的综合干预方法。药物维持治疗是针对阿片类物质使用相关障碍患者的有效治疗方法之一，在不同的国家和文化背景下，均能达到以下效果：可以减少或消除阿片类物质的使用；可以减少 HIV 和艾滋病的蔓延和传播；可以减少与阿片类物质使用相关的违法犯罪行为；可以逐步恢复阿片类物质使用相关障碍患者的社会和职业功能；可以降低阿片类物质使用相关障碍患者的死亡率。美沙酮维持治疗，指使用合法药物美沙酮替代非法阿片类物质并长期维持的治疗方法，治疗过程包括引入期和维持期。

（一）引入期

引入期一般为5—7天，以有效控制戒断症状和调整美沙酮到适宜剂量（如达到耐受水平和降低渴求感）为主要目的。维持治疗使用的药品为盐酸美沙酮口服溶液（规格：1毫克/毫升，5000毫升/瓶）。用药原则为"低剂量开始，小剂量增加"。确定首剂量应考虑的因素包括患者身体状况、对阿片类物质的耐受程度和共用的药物种类等。美沙酮的首次剂量为20—40毫克，首日剂量一般不超过40毫克；次日后若戒断症状不能控制可每日增加5—10毫克，直到戒断症状完全控制，渴求感明显降低。

（二）维持期

维持期开始于引入期完成后，在美沙酮剂量稳定的基础上，有计划地进行系统和综合性的康复治疗，帮助患者逐渐恢复个人、家庭、职业和社会功能。美沙酮维持治疗的推荐剂量通常为每日60—120毫克，遵循个体化原则。维持期长短因人而异，至少应在1年以上，绝大部分患者通常需要长期甚至终生维持用药。

（三）注意事项

美沙酮维持治疗具有用药剂量大和用药时间长的特点，故临床上应注意以下几个方面。

（1）禁忌症：包括支气管哮喘、支气管肺炎、活动期肝炎及癫痫等。

（2）药物相互作用：美沙酮可与数百种药物产生相互作用。常见的如抗真菌药（氟康唑、酮康唑）、抗生素（红霉素、克拉霉素、利福平）等可增加美沙酮的血药浓度；抗病毒药（洛匹那韦、奈非那韦、奈韦拉平）等可降低美沙酮的血药浓度。

（3）特殊情况：美沙酮代谢的个体差异极大，对于少数快速代谢型个体（如美沙酮每日160毫克仍不能有效控制戒断症状），应将一日剂量分两次服用，以防止中毒风险增高和控制戒断症状不足24小时。对主动要求维持剂量在每日40毫克左右的患者，多数会同时合并使用海洛因，以达到既不出现戒断症状又可获得欣快感的状态，对此类患者应提高剂量至足剂量。

（4）个体化用药与最佳剂量：美沙酮维持剂量的个体差异极大，须遵循个体化原则。最佳剂量的判断标准通常为：①能理想控制戒断症状，充分抑制渴求感；②尿液中非法阿片类物质检测阴性，治疗依从性良好；③不影响患者正常生活和不出现过量反应。

（5）漏服及其处理：美沙酮维持治疗是一个长期的过程，漏服现象难以避免，故需弄清原因，及时调整剂量。处理方法：①漏服1—2天，可维持原剂量；②连续漏服3天，美沙酮剂量低于每日30毫克者，维持原剂量，高于每日30毫克者，剂量减半，可快速递增剂量（每日10毫克），每2—3天评估病人一次，直至理想控制症状；③漏服4天以上则应重新引入，观察反应后可快速递增剂量，每2—3天评估病人一次，直至理想控制症状。

五、美沙酮维持治疗降低毒品渴求

药物依赖性的核心特征是持续增加的觅药行为，即对药物的渴求。药物渴求是导致海洛因依赖者脱毒后复吸的一个重要因素，也是维持治疗患者偷吸或脱失治疗的重要因素。在一项对150例20周岁以上、经多次戒毒仍未脱瘾的海洛因成瘾者的研究发现，美沙酮维持治疗6个月后，海洛因渴求度较治疗前显著下降，这表明接受美沙酮治疗一段时间后，患者对海洛因等毒品的渴求程度降低。这可能与美沙酮维持治疗后病人躯体逐渐康复、稽延性戒断症状减轻有关。进一步研究发现，随着脱毒治疗康复时间的延长，心理渴求程度逐渐降低，4个月后心理渴求程度降低幅度明显，提示美沙酮维持治疗不仅可以去除海洛因成瘾者躯体的戒断症状，随着治疗时间的延长在一定程度上也能减少患者对海洛因等毒品的渴求。

在对美沙酮维持治疗6个月后海洛因成瘾者渴求程度变化及影响因素分析的研究发现，美沙酮剂量水平与渴求的改善有关，高剂量的美沙酮可以减少患者对海洛因等毒品的渴求。此外，性别也是影响渴求的一个重要因素，接受治疗后男性患者渴求程度下降明显，而女性患者治疗前后渴求程度无明显改变，这表明男性与女性渴求程度是不同的。因此，生理脱毒后的女性海洛因依赖者更需避免相关环境的接触，并进行性别特异化的药物和认知行为治疗。

通过分析美沙酮维持治疗的海洛因依赖者治疗前后的生存质量和药物渴求，评价美沙酮维持治疗对受治者的生存质量和渴求程度改善的效果，发现与强制戒毒治疗相比，美沙酮维持治疗对海洛因依赖者的生存质量和渴求程度改善更明显；性别和吸毒年限影响美沙酮维持治疗患者生存质量改善；性别、工作有无、是否注射过毒品、是否戒过毒会影响患者渴求程度改善和美沙酮维持治疗的效果。因此，作为一种切实有效的治疗手段，美沙酮维持治疗可以使参加治疗的吸毒者减少对海洛因的依赖，对于减少静脉注射毒品，降低复吸率，减少毒品犯罪，促进吸毒者个人和家庭、社会功能的恢复，具有重要意义。

六、美沙酮维持治疗的依从性及干预措施

美沙酮维持治疗是一个必须长期坚持的过程，在患者治疗期间容易发生脱失、复吸等情况，从而影响治疗效果。因此，美沙酮治疗的依从性是保障治疗效果的关键，在美沙酮门诊维持治疗期间对其实施综合护理干预措施，对提高其治疗维持时间、改善疗效具有重要意义。例如，可以通过个人认知干预，利用认知行为技术，对患者认知及思想进行改变，强化长期治疗的理念，提高自我约束控制能力，同时配合家庭治疗，建立短期小目标，督促其实现完成，在此过程中获得成就感，以此给予患者信心，让其为之而努力；可以让条件相近的成员建立小组，通过成员之间的相互鼓励和帮助，有利于让患者在帮助他人和被帮助的过程中，学习到相关经验，认识到自身的价值，提高自己的自信心；通过组织展开寻找自我之旅和控诉大会，从患者自身出发，最大限度发掘其对抗海洛因渴求的力量，让其意识到自己的意识和潜能，重塑对自我的认知。经过科学教育、宣传让其认识到美沙酮维持治疗的目的和意义，树立戒除毒瘾的正确认识，提高其遵医行为，减少不可控行为，提高患者反毒能力和面对毒友引诱的应对能力；通过戒毒成功人员的经历、经验分享，让患者看到希望，通过榜样力量，指导患者为之努力，相信自己通过治疗也能获得新生。

在一项对 140 例接受美沙酮维持治疗的患者研究中发现，可以依据患者个体具体情况，在禁毒部门的监督管理下，鼓励家庭成员积极参与，同时发挥融入社区戒毒康复中心的优势，通过多方协作、共同努力，将患者美沙酮治疗的依从性提高，使患者对于医护人员更为信任，为后续治疗奠定良好的基础。这种综合干预方法，使社

会、家庭以及患者对于美沙酮治疗有了正确的认识，对于患者行为改善，重新回到社会、家庭生活中增强了自信心，社会以及家庭同样也给予了患者更大的信任，不仅有利于社区戒毒康复中心对在治疗中的吸毒人员进行有效监督与管理，而且促使家庭给予患者更多经济、行为以及精神上的支持与监督，对于美沙酮维持治疗依从性的提高非常有利。

吸毒成瘾是一种精神和身体需求的双重压力，单方面采用强制戒毒通常难以达到目的，只有采取与精神治疗相结合的综合护理干预措施才能达到预期的效果。综合护理干预措施的常用方法，包括个人认知行为护理、集体心理护理、健康宣教、戒毒会议、开展寻找自我活动、控诉大会、重塑自信和自尊。

（一）个人认知行为护理

在维持治疗期间，每月两次与患者进行交谈，每次半小时。利用认知行为技术，改变患者的认知及思想，强化长期治疗的理念，提高自我约束控制能力，对不良行为习惯进行纠正；同时根据患者实际情况，配合家庭治疗，为其制定适宜的阶段性目标，鼓励其努力实现。

（二）集体心理护理

依据患者年龄、吸毒年限等将条件相近者分成小组，每个小组人员7—10名，并选择一个乐于助人、热心肠、自制力强、性格开朗的患者担任小组组长，每个月举办一次集体心理讲座，讲座内容包括如何塑造良好性格、自我情绪控制力调节、树立正确的价值观、个体自我完善等。会后举办交流会，交流心得和自我感受，鼓励每位患者勇敢发言，相互鼓励，共同进步。

（三）健康宣教

由护理人员向患者讲解美沙酮维持治疗的目的、意义、方法及相关注意事项，让患者对美沙酮维持治疗有一个正确认识。可通过小组讨论的方式让患者讲述自己的心理状态和需求，增加小组成员的相互了解，建立心理联络。

（四）戒毒会议

每周组织开展一次小组会议，让患者对毒品的危害及药品滥用等导致死亡的现象引起重视，不断深化其戒毒意识，认识到慢性自杀的严重性，同时指导并教会患者如何避免脱失后复吸、巩固戒毒疗效的方式方法。在会议期间，还可鼓励患者讲述自己戒毒的心路历程，分享有助于戒毒的方法，对于行之有效的方法可以加以推广。

（五）开展寻找自我活动

对自我认识不清、迷茫等是导致患者吸毒的原因之一，因此可组织患者开展寻找自我活动，让患者分享目前最让自己困惑、最想得到解决的事情，然后由护理人员组织大家一起为其想办法。在帮助他人的同时也是帮助自己。在整个活动过程中护理人员应不断引导患者从他人的经验中学习，并灌输相关心理知识，让患者形成自救意识，奠定其健康心理状态。

（六）控诉大会

每月定期组织控诉大会，让小组人员控诉毒品的危害，加深毒品危害意识，增强反毒观念，树立正确认知；还可请患者分享自己目前取得的一些进步，讲述友情、亲情等，使其发现潜在的心理变化。

（七）重塑自信和自尊

邀请戒毒成功的人员分享从吸毒到戒毒再到重新融入社会、如何过上正常生活的过程，让患者不害怕、不畏惧，积极参与社会活动，帮助其找回自信和自尊。

七、美沙酮维持治疗在预防艾滋病等感染性疾病中的作用

静脉注射毒品是我国艾滋病 HIV 的主要传播方式之一，吸毒人群是艾滋病感染及性病传播的高危人群。通过分析 2004—2011 年我国美沙酮维持治疗人员 HIV 新发感染率，发现其 HIV 新发感染率明显低于社区海洛因成瘾者。社会、家庭、心理方面的支持和干预能够帮助海洛因成瘾者恢复正常的生活和社会功能，使参加美沙酮维持治疗的海洛因成瘾者减少吸毒行为，进而降低 HIV 新发感染率。

在一项对 750 例接受美沙酮维持治疗的受治者的调查中，研究者分析了受治者的 HIV 和丙型肝炎（HCV）感染情况、既往吸毒史、吗啡尿检、高危性行为、共用针具、脱失等信息，发现存在共用针具和脱失行为，治疗期间有脱失者的 HIV/HCV 共感染风险较高。因此，应加强健康教育、心理辅导等措施，减少共用针具和脱失行为。通过分析 426 例接受美沙酮维持治疗受治的 HIV 人口分布情况以及治疗后的转阴、行为改善等情况，发现美沙酮维持治疗在 HIV 预防过程中可明显改善患者的行为，使其主动参与治疗，而且有利于改善尿检结果，具有较高应用价值。有研究者通过分析阿片类物质成瘾者开展美沙酮维持治疗 10 年后注射吸毒的 HIV 感染者现状，发现 HIV 抗体阴性的 9249

例患者中 59.65% 的感染者抗体转阳发生在参加美沙酮维持治疗 1 年内。因此，针对控制 HIV 在吸毒人群中传播的需求现状，需要各美沙酮维持治疗门诊医务人员在日常给患者开具处方与发药的同时，加强对患者关注自身健康状况的教育，同时还要引导他们树立正确的人生观与价值观，达到身体、心理双重健康。要在禁毒社工及患者家属的协助下，及时跟进针对不同患者具体问题的综合干预措施，以提高患者在治疗队列中的依从性，从而减少 HIV 感染及传播的风险。

此外，依托美沙酮门诊开展艾滋病抗病毒治疗，使不同途径感染的艾滋病病人都能很好地坚持抗病毒治疗，在注射吸毒途径感染艾滋病人群比较集中的地区，美沙酮维持治疗门诊方便了注射吸毒人群、整合了卫生资源，充分利用了美沙酮门诊注射吸毒人群比较集中、便于交流、便于观察、易于管理的特点和独特的功能优势，显著提高了目前难以管理的注射吸毒艾滋病抗病毒治疗的依从性，使治疗目标得以实现。以美沙酮门诊为平台实施为期 8 个月的艾滋病综合干预，包括同伴教育，定期进行受治者小组访谈，在门诊受治者中实施维持治疗激励计划，鼓励受治者坚持美沙酮维持治疗和改变艾滋病高危行为，定期开展卫生知识讲座，组织受治者开展娱乐、体育锻炼活动等，可使坚持长期美沙酮治疗的维持率、HIV 抗体检测率明显提高。

美沙酮维持治疗门诊应充分利用医疗资源开展艾滋病综合干预，为受治者提供咨询、讲座、心理干预、HIV 抗体检测等卫生服务，提高受治者的相关知识水平，树立健康信念和积极的态度，促进受治者逐渐改变不安全性行为。

第 四 章

中国的禁毒工作

中国的禁毒斗争经历了一个漫长而复杂的过程。明末清初以后，大量外国鸦片走私流入中国，烟毒从此开始在我国泛滥。无论是当时的清政府还是后来的民国政府都采取了一定的禁毒措施，但都没能有效遏制毒品蔓延。新中国成立以来，在中国共产党的坚强领导下，我国禁毒工作不断发展完善，取得了许多举世瞩目的禁毒成就。党的十八大以来，以习近平同志为核心的党中央高度重视禁毒工作，习近平总书记多次发表重要讲话，作出重要指示，提出了一系列禁毒工作的新理念新思想新战略，为做好新时代禁毒工作指明了前进方向，提供了根本遵循。如今，我国已经逐渐形成同国家治理体系和治理能力现代化要求相适应的毒品治理体系，禁毒工作持续取得显著成效。

第一节　中国禁毒史

中国的禁毒史要从鸦片战争说起。鸦片，是一种由罂粟果实的汁液熬制烘干而成的麻醉品。据记载，早在唐代，随着丝绸之路贸易的兴盛，鸦片作为药材经由阿拉伯商人传入中国，因其具有麻醉功效，逐渐成为民间止疼、止泻的良药。然而，至明末清初，吸食鸦片、烟草的风气迅速在中国传播开来，上至官僚富商，下至平民百姓，皆受鸦片之害，无数家庭一步步沦入家破人亡的深渊。由此，鸦片问题逐渐成为中国最严重的社会问题之一，漫长而艰难的禁烟禁毒斗争随之开启。

一、弛禁与严禁：清政府的禁烟尝试

明末清初以后，大量外国鸦片伴随着英、葡等国商人的走私活动流入中国，致使烟毒泛滥，民不聊生。面对鸦片问题对中国社会的严重冲击，究竟是严禁烟毒还是借烟生利，清政府摇摆于弛禁与严禁的选择中，开启了中国禁毒史上的第一次禁烟尝试。

（一）罪恶的鸦片贸易与烟毒泛滥

鸦片贸易的兴起与欧洲国家向东扩张的步伐紧密相连。近代以后，以葡萄牙与荷兰为首的欧洲商人首次来到东方开展贸易活动。他们以澳门和台湾为据点，向中国内地输入鸦片，以此换取可观的利润。18世纪后期，英国通过工业革命壮大了本国的实力，成为欧洲对外扩张的新秀。在陆续击败西班牙、葡萄牙等老牌殖民强国后，英国利用东印度公司这一殖民机构，逐步确立起在东南亚和中国沿海的商业优势。

为打开庞大的中国市场，英国东印度公司在广州设立据点。一开始，它的主要目的是购买中国的茶叶、丝绸与瓷器，并向中国倾销英国的商品。但由于当时中国仍处于自给自足的小农经济环境中，对外贸易依赖程度低，因此，英国的商贸活动屡遭挫折。据相关研究统计，东印度公司早期对华商品的出口额，一度只占中国茶叶进口额的一半左右，约占进口总额的三分之一。为扭转长期的贸易赤字，英国开始大肆对华倾销鸦片以获取暴利。东印度公司利用自己在东南亚和中国的贸易地位，策划并构建起英国主导下的中英印三角贸易体系。英国一面向印度输出棉织品获利，一面督促印度生产制造鸦片出售给中国，并从中国购买茶叶、丝绸。在东印度公司的积极推动下，英国运往中国的鸦片数量急速增长。据有关学者估算，18世纪60年代，英国每年输入中国的鸦片一般不超过200箱，60年代以后上升到1000箱，18世纪80年代后期升至约2000箱，而到1790年后，则猛增至约4000箱。大量外来鸦片的输入助长了中国吸食鸦片之风。"上自官府缙绅，下至工商优隶，以及妇女僧尼道士，随在吸食，置买烟具，为市日中"。吸食者逐渐遍及中国社会各个阶层。

上层官绅吸食鸦片

除此之外，随着印度鸦片的大量流入，罂粟种植和鸦片生产加工技术也一并传入中国。据统计，在鸦片战争前，罂粟的种植已遍及两广及西南各地，并逐渐向内陆扩张。特别是作为鸦片种植重灾区的云南，"通省栽种罂粟之地甚多，故吸食鸦烟之风愈炽……各府厅州县，地方辽阔，接壤边陲，昔种豆麦之田今成罂粟之地"。外有洋烟输入，内有土烟侵蚀，烟毒的泛滥严重阻碍了中国社会的发展。

（二）雍正、乾隆、嘉庆、道光四朝的禁烟尝试

在饱受内外烟毒泛滥困扰的情况下，清政府认识到了治理鸦片问题的重要性，自雍正朝起，开始尝试以颁布禁令的方式规范内地鸦片贩卖活动。1729 年，清政府颁布了中国历史上第一道禁烟诏令——《惩办兴贩鸦片烟及开设烟馆条例》，对贩卖鸦片烟者、私开鸦片烟馆者、吸食鸦片者等，明确提出了初步的量刑标准。清政府打响了严禁鸦片的第一枪，开始从禁售层面遏制烟毒扩散。

雍正禁令虽出，但由于鸦片依旧可作为合法药材进口，加上奸商贪官从中庇护，致使禁烟效果大打折扣。乾隆年间延续前朝政策，

仍将禁烟重心放在查禁鸦片贩卖上。但仅仅严禁贩卖鸦片无法从根源处解决大量外国鸦片流入的问题，1755 年按照鸦片 1 斤约 5 钱的税则标准照收鸦片关税，并未对鸦片进口做出限制，故未能抵御烟毒流害。

以英国为首的鸦片商持续向中国沿海地区大量倾销鸦片，迫使清朝统治者认识到了规范鸦片贸易、严禁输入的必要性。1796 年，嘉庆皇帝继位后不久，正式下令停征鸦片税，严禁从海外进口鸦片。同时，嘉庆帝还下令严厉打击外国鸦片商贩，意欲从输入源头解决鸦片问题。1815 年，为强化在沿海地区的禁运活动，嘉庆帝颁布《查禁鸦片烟章程》，规定彻查停靠货船，如发现船内货物携带鸦片，则将禁止该船人员在华的贸易活动。此外，由于国内吸食者群体已扩大至朝廷官员内部，严禁吸食的要求也逐渐提上日程。1813 年，嘉庆帝颁布《吸食鸦片烟治罪条例》，规定"军民人等买鸦片烟者，杖一百，加枷号一个月；太监违禁故犯者，枷号两个月，发往黑龙江给该处官员为奴"，严厉惩治吸食鸦片官员。上述措施均可见嘉庆帝禁烟之决心。然而，由于外商私运频繁侵扰，国内官商勾结，海关查禁不力，嘉庆朝的禁烟举措未能完全抑制鸦片走私与鸦片吸食的势头。

尽管嘉庆朝已采取了较前朝相对全面完善的禁烟举措，然而至道光年间（1820—1850 年），贩入中国的鸦片数量仍在逐年上升。随着烟毒的日益泛滥，以林则徐为代表的严禁派官员纷纷上书请求禁烟。林则徐一度在给道光皇帝的奏折中指出，鸦片泛滥将使"中原几无可以御敌之兵，且无可以充饷之银"。形势的严峻促使道光皇帝决心开展一场大规模的禁烟运动，彻底扫除烟毒之患。1838 年 6 月，道光皇帝颁布了中国历史上第一部较为完整的禁毒法律——《钦定严禁鸦片烟条例》，不仅加大了全国鸦片查禁力度，惩治措施也极为严厉。参与鸦片走私贩

虎门销烟

运之人，一经查出，一律就地正法。同时，为彻底解决沿海地区的鸦片贩运问题，1838年12月，道光皇帝任命林则徐为钦差大臣，前往广东查禁鸦片。林则徐通过采取责令英国商人上缴鸦片、烧毁存放鸦片的仓库、惩处涉事贩卖鸦片商贩等一系列举措，在广东开展起声势浩大的禁烟活动。而收缴鸦片后的"虎门销烟"更是一举将禁烟运动推向高潮。1839年6月25日，为期20余天的销烟行动结束，共计焚毁鸦片2376254斤。其数目之巨、行动之彻底，在中外禁毒史上留下了浓墨重彩的一笔。

虎门销烟不仅严厉打击了外国烟贩，还激励了全国各地禁烟运动的发展。一时之间，各地官员响应禁烟号召，加大查处鸦片商贩的力度。然而，严禁鸦片的举措引发了希望维持对华鸦片贸易的英国商人的不满，他们请求英国政府对中国采取军事行动，严惩中国禁烟举措。在英国坚船利炮的进攻下，清政府严禁鸦片的政策被迫中断，中国再次陷于漫无止境的烟毒问题中。

（三）两次鸦片战争的警示与清末的禁烟运动

1840 年，鸦片战争爆发。由于中英之间军事实力差距悬殊，清政府被迫签订了中国历史上第一个丧权辱国的不平等条约——《南京条约》。随后，为进一步打开中国市场、扩大列强在华利益，1856 年英、法两国联合发动第二次鸦片战争，迫使清政府先后签订《天津条约》《北京条约》等不平等条约。在与英、法、美 3 国签订《天津条约》附约《通商章程善后条约》时，更是明文要求中国鸦片贸易合法化，为外国鸦片大肆合法流入中国创造条件。在外国列强的不断侵扰下，先前制定的鸦片禁令均成一纸空文，禁烟运动陷入低谷。

为抵抗国外涌入的大量鸦片，同时通过种植鸦片获取利润，清政府逐渐接受"弛禁"思想，一反先前严禁鸦片举措，开始实行"以土抵洋"的鸦片政策。这种从内部放缓禁止鸦片的举动致使国内烟毒进一步泛滥，严重阻碍了中国社会发展进程。据史料记载，1905 年，外国鸦片运销数额为 51920 担，而同年全国各省出产的土产鸦片则高达 142698 担，接近外国鸦片数额的 3 倍。外有洋烟大量输入，内有土烟高额出产，而清政府又实行放任政策，鸦片流毒持续蔓延，国家治理与社会安全受到严重威胁。

直至中日甲午战争战败，国人民族意识增强，中国社会开始再现禁烟呼声。众多进步人士将国力贫弱归因于烟毒肆虐，呼吁政府大力禁烟，大规模的禁烟运动由此在中国再度兴起。1906 年 9 月，清廷谕令政务处，要求在"十年以内，将洋土药之害，一律革除净尽"。1906 年11 月，政务处制定《禁烟章程十条》，从禁种、禁运、禁吸三方面对鸦片进行管制，恢复严禁政策，加大政府层面禁烟力度。在各地官员与民众的通力合作下，罂粟种植面积逐步缩减，至 1910 年全国鸦片的产量

1909 年万国禁烟会合照

与 1906 年相比下降了 72.9%，取得显著效果。

在国际上，清政府也开始与英国交涉，尝试借助订立条约的方式限制外国鸦片的进口数量。1907 年，清政府正式向英国递交贸易章程，共同协商限制印度鸦片进出口问题，请求英国逐年递减运华鸦片数量，"自一千九百七年以后，年减一成，十年净尽"。此时，随着中国鸦片市场逐渐为土烟所垄断，英国对华鸦片贸易利润逐年减少，加之英国民众反对鸦片贸易的呼声日甚一日，英国政府对鸦片问题的态度也被迫有所转变。在经历一年多的商谈后，1907 年 12 月，中英双方就鸦片贸易问题订立《中英十年禁烟条约》，英国承诺视中国禁烟情况，在 10 年内逐年递减出口鸦片数额，直至完全禁止。为了达成此项协议，中国也采取更加严厉的措施应对本土鸦片问题。

此外，美国提议召开的"万国禁烟会"也成为中国向世界呼吁共同禁烟的平台。1909 年 2 月 1 日至 26 日，由美国倡议发起的万国禁烟会在上海召开。会议期间，中国代表据理力争，向参会国展示了中国的禁烟成就及面临的禁烟困境，呼吁各国废除对中国的不平等条约，实现真正的禁烟合作。虽然会议最终未能制定出有效的国际公约，但经过商议，各国肯定了中国的禁烟成绩，并通过了有关禁止制造、运输、贩卖鸦片及相关毒品的九项决议案，这极大鼓舞了中国的禁烟运动，全国禁烟呼声持续高涨。

纵观清朝年间的禁烟政策，在鸦片蔓延之势日益猖獗的情况下，虽然清政府一度在弛禁与严禁的决策上摇摆不定，众多禁烟措施也未能得到有效落实，但各朝政府颁布鸦片禁令、开展大规模禁烟运动的举措，在一定程度上抑制了烟毒的进一步扩散，也为后世提供了宝贵的禁烟禁毒经验与教训。

二、渐禁与断禁：民国政府的禁烟运动

1912 年，中华民国成立。在达到推翻清朝专制统治、建立共和政体的目标后，清政府遗留下的鸦片烟毒问题同样困扰着民国政府。鸦片及麻醉药品带来的巨大利润一度动摇民国政府厉行断禁政策的决心，而烟毒泛滥的社会现状又为政府采纳渐禁方式逐年消解鸦片问题提供了借口，因而民国政府的禁烟政策始终难见成效。

（一）民国初年的禁烟举措

中国民主革命的先行者孙中山先生深感鸦片给中国社会及民众带来的危害。在南京临时政府成立后，1912 年 3 月 2 日，孙中山公布《大总统令禁烟文》，痛斥鸦片之患，称"鸦片流毒中国，垂及百年。沉溺通于贵贱，流衍遍于全国。失业废时，耗财殒身，浸淫不止，种姓沦亡，其祸盖非敌国外患所可同语"，因而有必要积极推行禁烟运动，断禁烟毒之祸。为此，他敦促内务部速查清朝禁烟各项法令，在保留前朝法令严禁措施的基础上，依照现状改良禁令，以达到彻底禁烟的目的。为领导全国开展禁烟运动，他还在内务部下设立全国禁烟公所，指导全国的

孙中山

禁烟工作。同时，孙中山深感鸦片与政权之间的紧密联系，在《大总统令内务部通饬禁烟文》中要求"其有饮鸩自安，沉湎忘返者，不可为共和之民。当咨行参议院，于立法时剥夺其选举、被选一切公权"，试图通过剥夺吸食鸦片者的一切公民政治权利，来唤醒公民禁烟意识。

尽管孙中山不久便辞去中华民国临时大总统一职，但在孙中山禁烟思想的影响下，北洋政府延续了对鸦片贸易的严厉措施。袁世凯出任临时大总统后，继续推行断禁政策，并在《新刑律》中列入鸦片烟罪10条，加强对鸦片犯罪的惩治力度。此时，还相继颁布《禁种罂粟条例》《吗啡治罪条例》《限制药用鸦片吗啡等品章程》等法规，从禁种、禁售等多方面对鸦片及麻醉药品犯罪进行打击，以表明政府履行中英禁烟条约禁种目标的决心。

在国际上，北洋政府派代表出席了1911年与1912年之交在荷兰海牙召开的新一届国际鸦片会议。会议最终通过首部国际禁烟公约——《海牙国际鸦片公约》，不仅自法律层面进一步限制鸦片及麻醉药品的走私贩卖活动，还承诺协助中国共同扑灭鸦片毒害，设法阻止毒品运入中国，同时查禁租界地内吸食鸦片的活动。这些规定有力地支援了中国的禁烟活动，鼓舞了中国人民的禁烟热情。至1917年，在国内各省禁种目标基本达成、国际声援中国禁烟运动的情况下，英国最终只得履行条约义务，同意从1917年起不再运输鸦片来华，结束了长达半个多世纪的中英鸦片贸易。

（二）军阀混战下的禁烟活动

民国初年，得益于政府断禁烟毒的政策，各地对鸦片的种植、贩运、售卖、吸食均做出具体规定，禁烟效果显著。然而，自 1916 年袁世凯死后，中国出现了军阀割据混战的局面，中央号召禁烟的命令逐渐丧失其权威性。为壮大军事实力，各地军阀开始明目张胆地视鸦片为军饷来源，纵容烟毒的现象逐渐增多。这种现象在四川、云南及贵州等省尤为严重。为了强迫民众种植罂粟，地方军阀一方面对坚持种粮的百姓苛以重赋，另一方面对拒不种植罂粟的农民则以"懒捐"的名义向其征税。除此之外，各地军阀为使鸦片收益达到最大化，不仅以禁烟名义行鸦片公卖之事，同时在种植、运输、出售、吸食等各个环节设立繁琐的征税项目，大肆敛财。

此外，北洋政府也未能拒绝售卖鸦片带来的利润。由于民国初年大行烟禁，致使大量外国鸦片囤积于市。1915 年 4 月，北洋政府便与外国鸦片商组成的沪港烟土联社达成协议，签订《苏赣粤三省禁卖土烟合同》，以断禁苏赣粤三省土药供应为条件，换取出售外国商贩库存洋烟所得利润。1918 年，北洋军阀直系首领冯国璋续签《收购存烟第二次补充合同》，意欲继续收购外国商人积存的鸦片，以获取巨额利润。1925 年，垂涎于鸦片专卖带来的财政收入，北洋政府一度策划设立鸦片公卖局，行渐禁鸦片之策。虽然在国内外舆论的强烈谴责下，北洋政府最终未能推行上述举措，但政府屡屡谋求鸦片贩运利益的行为，将民国初年的禁烟成效毁坏殆尽，遭到了民间禁烟团体的强烈抗议。

军阀混战期间，民间禁烟团体仍不忘禁烟初心，成立组织坚持宣传禁烟思想，呼吁北洋政府采取更为积极的禁毒措施。1924 年，为整合民间禁烟力量，代表社会各界禁烟呼声的 30 余家团体联合组成的"中华国民拒毒会"在上海成立。该组织以媒体报刊为发声平台，在《申报》

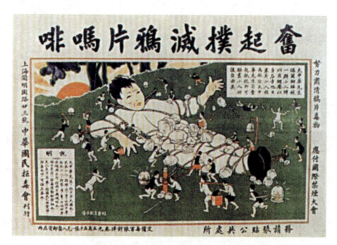

中华国民拒毒会编绘的禁烟禁毒宣传画

《大公报》等知名报刊发表社评，痛斥军阀治理烟毒的不力，反对北洋政府施行鸦片公卖政策。同时，该会还通过定期出版《拒毒月刊》等刊物宣传禁烟思想，利用舆论监督政府禁烟工作，这在一定程度上对当时的禁烟工作产生了积极的影响。此外，国民拒毒会还积极参与国际禁毒活动，诸如推举蔡元培、伍连德和顾子仁作为国民代表出席1924年召开的日内瓦国际鸦片会议。

北洋军阀统治时期，也不是所有军阀都始终放任鸦片贸易并从中牟利的。在山西和吉林两省，以阎锡山与张作相为代表的地方军阀曾一度维持严禁鸦片政策，期望彻底治理地区内的烟毒问题。但在当时的政治大环境及经济失衡的制约下，社会治理必然让位于军事斗争，这也注定了北洋军阀统治时期禁烟不可能取得彻底成功。

（三）南京国民政府"寓禁于征"的禁烟实践

北洋军阀统治时期，由于禁烟令执行不力导致烟毒流行，为此，1928年7月，国民政府在南京设立禁烟委员会，专门负责全国的禁烟事务。同时，为宣传禁烟思想，动员民众认识禁烟的重要性，国民政府通过决议，将每年6月3日即林则徐虎门销烟之日设为"禁烟纪念日"，号召全国各军政机关、各团体共同宣传禁烟。

然而，在高调呼吁禁烟的背后，国民政府并未出台相应的严禁措施，反而变本加厉地利用收税和罚款的名义增补国家收入，施行"寓禁于征"的禁烟模式。在颁布的《禁烟暂行章程》中，国民政府将一切私运、私售、私吸收归公卖，以此来向社会征收高额烟税。此后更是出台诸如《征收戒烟药料特税章程》《戒烟药料护运章程》《戒烟药料印花领用章程》等系列章程，将烟土改称为"戒烟药料"，纳入禁烟税收种类之中，以此扩充税源。正如时任财政部次长的郑洪年所言："目下禁烟计划，仅为筹款之计。如谋禁烟，不但不能禁烟，实足纵毒。此种政实非人民所喜，更非国府下应有之现象。"在以利为重的禁烟政策影响下，国家罂粟种植面积迅速扩大，私贩猖獗。据统计，1929年至1933年，中国的罂粟种植面积已达8000万亩左右，每年生产鸦片6000万公斤，吸毒人口大量增加，再创历史新高。

此外，南京国民政府继续参与国际禁毒活动，敦请各国限制麻醉药品的制造与贩卖，并联合打击向中国的鸦片走私。为此，国民政府分别于1933年和1937年在国内批准通过了1931年《限制制造及调节分配麻醉药品公约》与1936年《禁止非法买卖麻醉品公约》。通过响应国际禁毒合作的号召，展现政府禁毒决心。但在国际会议上，国民政府"寓禁于征"禁毒不力的事实也遭到了国际社会的指责。

南京国民政府"寓禁于征"的禁烟实践失败后，为解决国家因烟毒泛滥引起的众多社会问题，重拾政府在国内外的威信，1935年，蒋介石政府推出"两年禁毒，六年禁烟"计划，倡言彻底禁绝鸦片及麻醉药品。为保障计划平稳运行，军委会公布《禁烟实施办法》和《禁毒实施办法》作为推行运动的准则。同时，专设禁烟总监一职，由军事委员会委员长兼任，统领全国禁烟事宜。为尽快处理麻醉药品问题，《禁毒实施办法》制定了严厉的惩罚措施："凡制造运输贩卖毒品者，依条例处以死刑，其它助犯，按照情节轻重，处五年以上十二年以下之有期徒刑，或无期徒刑"，如若公职人员有参与其中，则一概处以死刑。但在处理鸦片问题时，长期依赖鸦片获利的国民政府仍未能完全放弃鸦片利益。一方面，《禁烟实施办法》中规定政府将以分年渐禁方式禁断烟毒，逐步减少各地罂粟的种植，顺次取缔出售烟土的店铺，登记烟民信息，助其戒除烟瘾。另一方面，国民政府实际上继续推行鸦片公卖政策，巧立名目征收鸦片税款，获取经济利益。温吞的禁烟措施暴露出国民党政府不顾国家安危、沉溺于私利的本质，故蒋介石政府的禁烟禁毒计划最终未能得到贯彻落实。

（四）抗日战争时期的禁烟活动

1931年9月18日，日本发动九一八事变，挑起侵华战争，中国被迫卷入长达14年的艰苦抗战。日本在侵华过程当中，不仅通过战争侵占沦陷区人民财产，威胁人民生命安全，还施行"以毒养战"策略，将毒品政策与侵略目的紧密相连，在我国东北、华北、华中、华南地区蓄意推行毒化政策。据国民政府内政部调查统计，日本在占领区内强迫农民种植的罂粟面积高达1500余万亩，致使日本占领区内吸毒人数飙升至3200余万人，给中国人民造成了极大的伤害。

面对日本侵略，国民政府虽然仍旧承诺继续执行"六年禁烟"计划，严查烟毒问题，但实际上其工作力度不够。1938年，行政院通过《内政部禁烟委员会组织条例》，决定解除军事委员会委员长禁烟总监的兼职，禁烟委员会迁至内政部管理，禁烟事宜由此交由行政部门处理。由于此时中央无暇顾及地方施禁力度，地方在禁种、禁运、禁售和禁吸等各环节均存在严重的官商包庇问题，禁烟效果大打折扣。一些地区甚至公开种植罂粟，放任沦陷区的鸦片走私贩卖行为，以此谋取巨额利润。在社会上，对烟民的统计与管理也未按计划严格实施。据内政部禁烟委员会统计，1939 年 7 月登记的烟民仍有 281 万余人，比 1935 年至 1938年 4 年中戒绝烟民总数多出两倍以上。直至 1940 年底，即"六年禁烟"计划届满之时，国民政府外受日寇毒化政策危害，无力管制来自沦陷区的烟毒走私活动，内有奸商污吏为牟取暴利协助走私贩毒活动。最终，国民政府未能完成其承诺的彻底禁绝烟毒的目标。

三、拒毒与防毒：中国共产党领导下的禁毒实践

中国共产党自成立之日起，始终将毒品禁绝问题放在改造中国社会的重要地位。无论是在战争年代，还是在新中国成立后国家发展的各个历史阶段，党和国家都不曾忘记毒品给国家、社会和人民带来的严重危害，一直厉行禁毒。正是在中国共产党的坚强领导下，我国坚持走中国特色的毒品问题治理之路，坚决打好禁毒人民战争，禁毒工作取得了举世瞩目的辉煌成就。

（一）新中国成立前中国共产党领导的禁烟活动

早在建党初期，中国共产党人就视烟毒问题为改造中国社会迫切需要解决的问题之一，在外有列强侵扰、内有军阀混战的国内背景下，将禁毒与反帝反封建的目标联系在一起，领导人民共同开展了一系列禁烟活动，将农村作为发展的据点，将禁烟运动融入农民运动之中。湖南作为当时全国农民运动的中心，在农会的领导下发起了大规模的禁烟活

动。毛泽东在《湖南农民运动考察报告》中生动描述了农会下令收缴烟枪的盛况，称赞"农民这个'缴枪运动'，其声势不弱于北伐军对吴佩孚、孙传芳军队的缴枪"。北伐战争前后在各地农民运动中开展的禁烟活动，成为历史上第一次由中国共产党单独发动和领导的群众性禁烟活动。

1927年大革命失败后，为反抗国民党的反动统治，中国共产党逐步走上了农村包围城市、武装夺取政权的道路。在各地创立革命根据地、发动土地革命的同时，始终坚持严格治理地方的烟毒问题。在井冈山、川陕等革命根据地内，通过在土地法中明确规定不许种植罂粟、吸食鸦片之人不得参与分田等要求，共产党将土地改革与禁烟政策相结合，积极向民众宣传禁种禁吸毒品，严厉打击吸毒贩毒活动。与此同时，为防止烟毒进一步在根据地内扩散，共产党还在地方成立省、县戒烟局，"规定戒烟办法，研究戒烟药品"，同时建立戒烟所，组织宣传队，以达到拒毒防毒的双重功效。

在抗日战争时期，日本侵略者施行的毒化政策不仅使沦陷区毒品严重泛滥，还导致晋察冀、晋冀鲁豫、山东、陕甘宁等边区毒品犯罪活动死灰复燃，严重影响了抗日根据地的建设。中国共产党领导边区民众开展了声势浩大的禁毒运动，基本遏止了毒品在边区境内的蔓延。这种大力禁烟禁毒的活动一直延续到解放战争时期。为了肃清日寇毒化政策的遗毒，同时将人民从国民党的反动统治中解救出来，解放区政府成立各级禁毒机构，先后颁布了一系列查禁烟毒的法规法令，严厉查处毒品犯罪活动。这些决策为新中国成立后的全民禁毒运动奠定了基础。

（二）新中国成立初期的全民禁毒运动

烟毒问题不仅危及国民的生命健康安全，还严重威胁着新生的人民政权的安定。在新中国成立初期，党和国家领导人为彻底扫清毒品问题带给国家与社会的隐患，积极筹划开展全国范围的禁毒运动。1950年2月24日，政务院颁布的《关于严禁鸦片烟毒的通令》，标志着我党正式开始在全国范围内整治烟毒。《通令》将"保护人民健康，恢复与发展生产"作为治理鸦片烟毒的主要目标，号召各级人民政府协同人民团体，广泛开展禁烟禁毒活动，同时设立相应的禁毒机构组织协调禁毒工作。新中国成立初期轰轰烈烈的禁毒运动由此拉开序幕。

在《通令》的号召下，全国各大行政区迅速行动，相继出台禁烟禁毒条例或实施办法。西南军政委员会最早响应号召，颁布《关于禁绝鸦片烟毒的实施办法》及《西南区禁绝鸦片烟毒治罪暂行条例》，有力地推动了西南地区的禁毒运动。随后，华北、华东、东北、中南、西北各区相继开展禁毒立法活动，逐渐填补了地区性禁毒立法的空白。与此同时，各地纷纷成立冠以"禁毒""肃毒""清毒"等名称的禁毒机构，组织、协调、落实烟毒治理在地方的实施。在各地政府大力推动下，禁毒活动迅速在全国范围内展开。

在具体实施禁毒举措时，新中国政府还充分发挥了人民群众的力量，广泛动员群众参与其中。在党中央的领导下，短短两三年时间，新中国基本扫清了旧社会遗留的烟毒痼疾，中国因此享有"无毒国"美誉近30年，为恢复和发展国民经济创造了必要的条件。

（三）改革开放以后的禁毒挑战

尽管新中国成立后全民禁毒运动成效显著，但全球范围内毒品需求的持续增长与境外毒品犯罪的猖獗时刻威胁着我国的安全。伴随着我国改革开放政策的实施，国内市场重新与国际接轨，跨国毒品走私贩运活动日益成为新的威胁。

面对严峻的国内外毒品形势，为了完善禁毒工作机制，组织、协调国内禁毒斗争的有序开展，成立全国禁毒工作的领导机构被提上日程。1986年，经国务院批准，由卫生部、公安部、外交部、海关总署的领导人组成麻醉药品管理与禁毒协调会议，共商今后禁毒工作开展事宜。1990年11月23日，国务院第七十二次常务会议决定成立国家禁毒委员会，负责研究制定我国禁毒方面的重要政策和措施，统一领导全国的禁毒工作。在此基础上，1991年2月，中共中央、国务院下发加强禁毒工作的五号文件，国务院正式成立全国禁毒工作领导小组，对外称国家禁毒委员会，并于同年6月召开第一次全国禁毒工作会议，全面部署禁毒工作，加强对毒品犯罪的打击范围和惩治力度。1998年，国务院批准公安部成立禁毒局，给予禁毒工作更加确切及具有针对性的指导，保障了禁毒工作的有序推进。

除了设立禁毒工作机构外，禁毒工作还离不开强有力的法律支持。自1979年新中国第一部《刑法》颁布以来，国家不断修订完善《刑法》中毒品犯罪的罪名及量刑规范，全面从严打击毒品犯罪。1990年12月，全国人大常委会颁布《关于禁毒的决定》，规定了走私、贩卖、运输、制造毒品及非法种植毒品等犯罪活动所应承担的刑事责任，我国禁毒工作逐渐开始有法可依。而经2007年12月29日十届全国人大常委会第三十一次会议审议通过，并于2008年6月1日起施行的《禁毒法》，更是成为中国禁毒史上重要的里程碑。该法的颁行，调整了既往

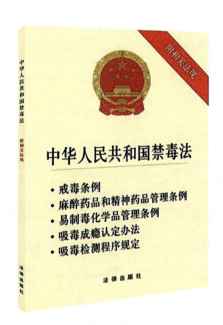

《中华人民共和国禁毒法》附相关法规

的禁毒方针，主张"预防为主，综合治理，禁种、禁制、禁贩、禁吸"，完善了中国预防和惩治毒品违法犯罪的法律体系。

在严厉打击毒品犯罪的同时，党和政府同样心系戒毒事业。《禁毒法》废除了传统的强制戒毒与劳教戒毒政策。在此基础上，2011 年颁布实施《戒毒条例》和《吸毒成瘾认定办法》，规定了自愿戒毒、社区戒毒、强制隔离戒毒和社区康复等新的戒毒措施，为开展禁毒斗争提供全方面多层次的法律保障，建立起集戒毒治疗、康复指导、救助服务兼备的戒毒工作体系。

在开展国内禁毒工作的同时，我国还积极参与和推动国际禁毒合作。自 1985 年起，经全国人大常委会批准，中国陆续加入 1961 年《麻醉品单一公约》、1971 年《精神药物公约》、1988 年《联合国禁止非法贩运麻醉药品和精神药品公约》三大国际禁毒公约，与各国携手应对毒品问题。同时，为打击跨境毒品犯罪，从 20 世纪 90 年代以后，我国相继与"金三角""金新月"地区及周边大湄公河次区域国家建立起友好合作关系，共同开展跨国跨境联合禁毒行动。

（四）新时代的禁毒斗争

党的十八大以来，以习近平同志为核心的党中央高度重视禁毒工作，提出一系列加强禁毒工作的新理念新思想新战略，为深入推进新时代禁毒工作指明了前进方向、提供了根本遵循。各地区、各部门坚决贯彻落实党中央关于禁毒工作的决策部署，进一步完善毒品治理体系，创新禁毒工作措施，禁毒人民战争不断取得新成就。

2014 年，中共中央、国务院印发《关于加强禁毒工作的意见》，从国家安全的高度对新时期禁毒工作作出全面部署。全国禁毒部门以组织禁毒人民战争为载体，以开展禁毒专项行动为抓手，以创新完善毒品治理体系为动力，以强化禁毒工作基础为保障，打击毒品犯罪取得显著战果。2018 年以来，各地开展禁毒"两打两控"专项行动，坚持打防并举，在严厉打击毒品犯罪活动中大力推进各项戒治管控工作。

面对新冠疫情，全国打击毒品犯罪的力度未减。为遏制境外毒品大规模走私入境，2021 年以来，全国公安机关大力实施"清源断流"战略，精心组织"净边"专项行动，构建以云南为中心的环滇毒品查缉圈和以海南为中心的环琼毒品查缉圈，严防境外毒品流入国内。同时，针对利用互联网及物流运输毒品的贩毒新模式，公安部门加大排查寄递渠道贩毒违法犯罪行为，着力打击整治网络涉毒活动，以此切断毒品中转集散分销渠道，缉毒执法工作取得显著成效。

我国对新型毒品管控的步伐也从未松懈。2019 年，正式整类列管芬太尼类物质，并开展打击芬太尼类物质等新型毒品犯罪"902"专项行动。在 2020 年的行动中，全国共破获新型毒品犯罪案件 130 多起，抓获犯罪嫌疑人 280 多名，缴获新型毒品 220 公斤，有效防控了新型毒品滥用蔓延的风险。继芬太尼整类列管后，2021 年 5 月，我国再次通报正式整类列管合成大麻素类新精神活性物质，新增列管氟胺酮等 18 种新精神活性物质，及时应对此类物质的现实危害与潜在威胁。此举使得我国成为全球首个整类列管合成大麻素类物质的国家，彰显出我国政府厉行禁毒的一贯立场和坚定决心，为人民生命和健康筑起坚实屏障。

纵观中国漫长的禁毒斗争史，既交织着中华民族反抗外来侵略、争取民族独立的目标，又包含推翻国内反动统治、实现人民解放的任务。在早期的禁烟禁毒斗争中，各届政府一度迷失禁烟禁毒方向，置国家与民族利益不顾，最终空留美好的禁烟理想，未能彻底实现禁绝烟毒的目标。只有中国共产党始终坚守为中国人民谋幸福、为中华民族谋复兴的初心使命，回应了人民的禁烟呼声，依靠群众、发动群众，取得了光辉的禁毒成就。在新时代的禁毒斗争中，面对愈加复杂的国内外毒品治理环境，我们将继续传承禁毒斗争的历史经验，坚持党对禁毒工作的领导，走中国特色的毒品问题治理之路，坚决打赢新时代禁毒人民战争。

第二节　禁毒法律法规

一、我国禁毒法律法规的发展过程

禁毒法律法规是指与毒品及涉毒行为有关的法律规范的总称。我国禁毒法律法规经历了三个主要发展阶段。

（一）起步阶段（1950 年初至 1952 年底）

新中国成立后，毒情形势严峻，需要强有力的法律和政策来推进禁毒工作。1950 年 2 月，中央人民政府政务院发布《关于严禁鸦片烟毒的通令》，要求发动群众进行禁烟禁毒工作，包括严禁种植、贩运、制造和售卖鸦片毒品，开展限期交出烟土、限期登记和戒除毒瘾等活动。1951 年，国家及职能部门又颁布《关于麻醉药品临时登记处理办法》《麻醉药品管理暂行条例》《麻醉药品管理暂行条例实施细则》，使麻醉药品管理有法可依。1952 年 10 月，政务院通过《惩治毒贩条例(草案)》，为严厉惩处毒品犯罪分子提供了有力依据。1952 年 12 月，政务院作出《关于推行戒烟、禁种鸦片和收缴农村存毒工作的指示》，要求收缴在农村的残余毒品，防止种植。经过 3 年左右的努力，新中国成立初期的禁毒运动成效斐然，基本禁绝了国内的毒患。

（二）形成阶段（1979 年至 1990 年）

1979 年 7 月，新中国第一部《刑法》颁布，其中规定了对毒品犯罪的处罚。例如，制造、贩卖、运输毒品的，处 5 年以下有期徒刑或者拘役，可以并处罚金；一贯或者大量制造、贩卖、运输毒品的，处 5 年以上有期徒刑，可以并处没收财产。该部《刑法》对毒品犯罪规定不够细致，量刑相对较轻。自 20 世纪 80 年代初开始，在国际毒潮的侵袭下，尤其是"金三角"贩毒集团积极开辟"中国通道"后，毒品问题开始在我国死灰复燃。为严厉打击日益猖獗的毒品犯罪活动，1983 年 3 月，全国人大常委会通过《关于严惩严重破坏经济犯罪的决定》，将制造、贩卖、运输毒品情节特别严重的处罚提升至 10 年以上有期徒刑、无期徒刑和死刑，可以并处没收财产。1988 年 1 月全国人大常委会通过《关于惩治走私罪的补充规定》，专门规定了走私毒品罪。1990 年 12 月全国人大常委会通过《关于禁毒的决定》，对毒品的定义作出法律解释，增设非法持有毒品罪、非法种植毒品原植物罪等 9 个罪名，奠定了我国禁毒刑事法律的雏形。

同一时期，我国禁毒行政法规也得到了进一步的丰富，包括 1986 年颁布的《治安管理处罚条例》，以及 1978 年的《麻醉品管理条例》、1987 年的《麻醉药品管理办法》、1988 年的《精神药品管理办法》。1990 年《关于禁毒的决定》规定对吸毒违法行为、非法持有毒品违法行为予以行政处罚，并对吸毒成瘾者强制戒毒。国务院禁毒职能部门和地方立法机构也制定了部门禁毒规章和地方性禁毒法规、规章。

此外，我国在 1986 年加入联合国经修正的 1961 年《麻醉品单一公约》和 1971 年《精神药物公约》，1988 年加入《联合国禁止非法贩运麻醉药品和精神药物公约》，这标志着我国禁毒法律开始与国际社会接轨，禁毒法律体系渐趋完整。

（三）完善阶段（1991 年至今）

自 20 世纪 90 年代开始，国际毒潮泛滥加剧，我国禁毒形势日益严峻，禁毒法律体系也进入快速发展完善时期。

2007 年 12 月 29 日，十届全国人大常委会第三十一次会议通过了《禁毒法》。《禁毒法》共 7 章，规定了总则、禁毒宣传教育、毒品管制、戒毒措施、禁毒国际合作、法律责任、附则等内容。《禁毒法》是我国首部禁毒专门法典，它的颁布标志着我国禁毒法律体系基本成型。

1997 年我国重新修订《刑法》，将七届全国人大常委会第十七次会议通过的《关于禁毒的决定》的刑事部分纳入其中，修订了毒品的定义，增设了非法买卖制毒物品罪和非法买卖、运输、携带、持有毒品原植物种子、幼苗罪。此后，《关于审理毒品案件定罪量刑标准有关问题的解释》《办理毒品犯罪案件适用法律若干问题的意见》《办理制毒物品犯罪案件适用法律若干问题的意见》《关于公安机关管辖的刑事案件立案追诉标准的规定（三）》《关于审理毒品犯罪案件适用法律若干问题的解释》《办理毒品犯罪案件毒品提取、扣押、称量、取样和送检程序若干问题的规定》等司法解释或司法解释性文件相继出台，为打击惩处各类毒品犯罪行为提供了有力依据。

这一时期，我国禁毒行政法得到了极大的丰富和完善。2005 年 8 月，全国人大常委会通过《治安管理处罚法》，成为与《禁毒法》《刑法》并列的三大法律渊源。2005 年 8 月，国务院相继发布《麻醉药品和精神药品管理条例》和《易制毒化学品管理条例》，与《禁毒法》一同确立起我国毒品管制的基本制度。2011 年 6 月，国务院颁布了《戒毒条例》，取代了 1995 年 1 月颁布的《强制戒毒办法》。《戒毒条例》对《禁毒法》

规定的戒毒措施做出具体要求，与之前出台的公安部《吸毒成瘾认定办法》《吸毒检测程序规定》共同构成了我国吸毒人员管理和矫治制度。2015 年 10 月，公安部、国家卫生计生委、国家食品药品监督管理总局、国家禁毒办公室联合制定《非药用类麻醉药品和精神药品列管办法》，将药用类和非药用类精神药品与麻醉药品分开管制，并加强对后者的滥用监测和风险评估，以应对新精神活性物质的生产、走私、滥用等突出问题。这一时期，各省、自治区、直辖市纷纷制定并修改地方性禁毒法规、规章，进一步完善了我国禁毒法律体系。

二、我国禁毒法律法规的特点

世界禁毒立法模式大体有三种：一是刑法典与单行法规相结合；二是在刑法典中无毒品犯罪的相关规定，而是颁布禁毒的单行法规；三是采取刑法典与单行刑法、附属刑法相结合的模式。我国禁毒法律法规起初为采用刑法典与单行法规相结合的立法模式，2007 年《禁毒法》颁布后，逐步发展成为兼具权威性、稳定性、灵活性、有效性的综合立法模式。

当前，我国已形成以《禁毒法》这一专门禁毒法典为基础，以《刑法》和《治安管理处罚法》为惩治毒品违法犯罪行为的主线，以行政法规和地方性法规等单行禁毒专门法律法规、我国加入的禁毒国际公约为具体内容，以非禁毒专门法所涉及的禁毒法律规范为补充的法律法规体系。这一禁毒法律法规体系包括禁毒专门法典、法律及司法解释、行政法规、部门规章及规范性文件、地方性法规及规章等多个层级，涵盖国内法律和国际法律两大类渊源。我国禁毒法律法规体系的健全、发展与不断完善，能够适应不同毒情形势下的禁毒工作任务，为提高我国毒品问题治理体系和治理能力现代化提供源源不断的法律保障。

第三节　毒品治理体系

毒品是人类社会的公害。新中国成立后，我国一直将禁毒作为国家治理的重点内容。在中国共产党的领导下，中国政府坚持严厉禁毒立场，采取各种有力措施，禁毒工作取得了优异成绩。中国特色社会主义进入新时代后，我国毒品治理体系逐渐形成，并以推进国家治理体系和治理能力现代化为目标，继续探索中国特色的毒品治理之路。

一、新中国成立初期的毒品治理工作

新中国成立后，中国共产党面对危害中华民族长达百余年之久的毒品之患，在全国范围内掀起了一场声势浩大的禁毒斗争。自 1950 年 2 月至 1952 年 12 月开展的新中国成立初期的禁毒运动，取得了令人瞩目的巨大成绩。在党中央的领导下，经过各级人民政府和公安部门的努力，至 1952 年底，基本上清除了祸害中国人民百余年的烟毒。1953 年，中国政府向全世界郑重宣告：中华人民共和国为"无毒国"。

回顾这一历史过程不难发现，加强禁毒立法、完善禁毒法制，是禁毒斗争成功的法律保障；政治廉洁、组织高效，是禁毒斗争成功的政治基础和组织保障；深入开展宣传教育、依靠广大人民群众、开展禁毒人民战争，是禁毒斗争成功的重要前提和群众基础；全面禁毒、多管齐下、重点打击制贩活动、宽严相济、区别对待，是禁毒斗争成功的重要方针和政策；注重民族政策、维护民族团结，是禁毒斗争成功的重要策

略；禁毒与清除其他社会病害配合进行，是禁毒斗争成功的必要措施。这一时期的禁毒斗争为全世界禁毒事业作出了不可磨灭的巨大贡献，也为当代毒品治理提供了重要的历史借鉴。

二、改革开放后的毒品治理工作

20 世纪 80 年代，在国际毒潮的侵袭下，中国早已绝迹的种毒、制毒、贩毒、吸毒现象又死灰复燃，出现了 20 世纪 50 年代禁毒运动之后从未有过的严重情况。但在中国共产党的领导下，中国政府以对国家、民族、人民和全人类高度负责的态度，坚持严厉禁毒立场，采取各种措施，毒品治理工作不断向纵深发展并取得了显著成绩，也得到了国际社会的普遍赞誉。这一时期的毒品治理工作为我国毒品治理体系的形成打下了坚实基础。

（一）坚持厉行禁毒政策

中国共产党和中国政府一直高度重视禁毒工作。1981 年 8 月 27 日，国务院发出《关于重申严禁鸦片烟毒的通知》，要求各省、市、自治区人民政府采取有力措施，切实搞好查禁烟毒工作。1982 年 7 月 16 日，中共中央、国务院又发出《关于禁绝鸦片烟毒问题的紧急指示》，强调指出："毒品已波及全国 10 多个省市，不仅破坏两个文明建设，而且损坏国家声誉。一切私种罂粟和制毒、贩毒、吸毒都是犯罪行为，必须严加禁绝。"1990 年 11 月，国务院决定成立国家禁毒委员会，负责研究制定禁毒方面的重要政策和措施，协调有关重大问题，统一领导全国的禁毒工作。1990 年 12 月，第七届全国人民代表大会常务委员会第十七次会议通过了《关于禁毒的决定》。1997 年 1 月 26 日，中共中央、国务院下发《关于转发〈全国禁毒工作领导小组关于"九五"期间加强禁毒工作的报告〉的通知》，由此掀起全国禁毒专项斗争的高潮。2002 年，中共中央办公厅、国务院办公厅转发了《中央社会治安综合治理委员会关于加强社会治安防范工作的意见》，就深入开展创建"无毒社区"活动提出明确要求。2004 年 5 月 28 日，中共中央、国务院下发了《关于转发国家禁毒委员会〈2004—2008 年禁毒工作规划〉的通知》，要求各级党委和政府，本着对国家、对民族、对人民高度负责的精神，进一步加强对禁毒工作的领导，下最大的决心，采取更有力的措施，坚决解决毒品问题。

（二）健全禁毒工作领导体制

在党和政府的高度重视、亲切关怀和积极支持下，我国健全了禁毒工作领导体制，加强了禁毒专业队伍建设。1990 年 11 月，国务院第七十二次常务会议决定成立国家禁毒委员会，由公安部、国务院办公厅、卫生部、海关总署、外交部、司法部、民政部、财政部、国家教委等 16 个部门负责人组成，办事机构设在公安部。后来，为加强对全国禁毒工作的领导，国家禁毒委员会又进行了重组。国家禁毒委员会由公安部、中宣部、卫生部、海关总署、最高人民法院、最高人民检察院、外交部、国家发展和改革委员会、教育部、国家安全部等部门有关负责人组成。国家禁毒委员会办公室的工作由公安部禁毒局承担。国家禁毒委员会的职责是：对外负责禁毒国际合作，履行国际禁毒公约义务；对内统一领导全国的禁毒工作，制定有关政策措施，组织、协调各有关部门和单位并动员全社会的力量开展禁毒斗争。目前，全国 31 个省（自治区、直辖市）和大多数地（市、州）政府都建立了相应的禁毒领导机构。在中国，已形成毒品治理工作由各级政府领导、公安禁毒部门主管、政府有关职能部门齐抓共管、社会团体共同参与的局面。1998年8月，国务院批准公安部成立禁毒局，该局同时又作为国家禁毒委员会的办事机构。1982年，经国务院批准，给云南增加1000人的缉毒专业编制，在全国率先组建了公安缉毒专业队伍。此后，其他省、自治区、直辖市也先后组建了专门的缉毒队伍，增拨了禁毒专项经费，进一步加大了查缉毒品犯罪的力度。1999年4月28日，中国禁毒基金会在民政部正式注册登记，中国禁毒基金会是依法登记的具有独立法人地位的全国性非营利社会团体，其宗旨是：动员社会各界和广大人民群众参与禁毒斗争，筹集和接受捐赠，支持中国禁毒事业的发展，开展国际民间禁毒合作，保护人民健康幸福和民族兴旺发达。

（三）调整确立禁毒工作方针

在长期的禁毒实践中，我国逐渐形成了符合实际情况的禁毒工作方针。1991年6月，在北京召开的第一次全国禁毒工作会议上，国家禁毒委员会明确提出了"三禁（禁贩、禁吸、禁种）并举，堵源截流，严格执法，标本兼治"的禁毒工作方针。1999年8月，在内蒙古包头市召开的第三次全国禁毒工作会议上，针对一些地方制造"冰毒"等苯丙胺类毒品犯罪活动突出的情况，将我国禁毒工作的方针及时调整为"四禁（禁吸、禁贩、禁种、禁制）并举，堵源截流，严格执法，标本兼治"。2004年6月，在云南省昆明市召开的第四次全国禁毒工作会议上，我国禁毒工作方针确立为"'禁吸、禁贩、禁种、禁制'四禁并举，预防为本，综合治理"。会议指出，要坚持打击毒品犯罪与减少吸毒危害相结合、国内缉毒与国际合作相结合、解决当前紧迫问题与实现长远目标相结合的工作思路，进一步提高禁毒工作实效，坚决遏制毒品来源、毒品危害和新吸毒人员的滋生，为全面建设小康社会创造良好的社会环境。

（四）重视毒品预防教育

毒品预防教育是禁毒工作的治本之策。每年的 6 月 26 日为国际禁毒日，我国各级党委、政府运用报刊、广播、电视等新闻媒介以及其他多种形式，集中开展面向全社会的禁毒宣传活动。2002 年 5 月下旬，国家禁毒办下发了《关于在"6·26"国际禁毒日期间继续掀起禁毒宣传高潮的通知》，在中央主要媒体以专版、专题、系列节目等形式进行了高密度的宣传。2006 年，我国以禁毒新闻宣传为突破口全面加大禁毒宣传工作力度。中央及地方新闻媒体围绕开展禁毒人民战争进行了全方位、高频率的宣传报道，营造了良好的禁毒舆论氛围。2009 年各地区、各有关部门充分利用广播、报刊、电视等传统媒体，积极开拓网络、手机等宣传新领域，广泛宣传禁毒人民战争取得的显著成效，不断拓展禁毒宣传的广度和深度。随着电影、电视等现代视听技术和设备的广泛普及，我国在利用影视等作品进行毒品预防教育方面已经取得了优异成绩。随着现代科学技术特别是计算机与信息科学技术的飞速发展，运用互联网开展毒品预防教育正发挥着越来越大的作用。

禁毒工作的长期性决定了禁毒宣传教育的持久性，为了使毒品预防教育系统化、经常化，按照国家禁毒委员会的统一部署，全国各地相继建立了一批禁毒教育基地，通过展板和电教片的形式，开展毒品预防教育活动。青少年是最易受到毒品侵袭的群体，中国政府一向重视对青少年特别是对在校学生进行毒品预防教育。1992 年，国家禁毒委员会和国家教育委员会共同编写、审定了《禁毒教育读本》，作为在中学生中普及禁毒知识的课外读物。1996 年，国家禁毒委员会办公室编写、国家教育委员会基础教育司审核的《毒品预防教育》一书出版发行，为学校开展青少年毒品预防教育提供了基本教材。1997 年，国家禁毒委员会、国家教育委员会联合发布《关于对大中小学生开展毒品预防教育的通知》，规定把毒品预防教育作为国民素质教育的组成部分，正式纳入中小学德育教育教学大纲，要求在中小学校有针对性地开展形式多样的禁毒教育。1999 年，根据国家禁毒委员会的要求，全国县以上各级禁毒部门在24223 所中小学校建立了毒品预防教育联系点，直接指导学校开展禁毒教育。2004 年，教育部、团中央等单位，以贯彻《中共中央、国务院关于进一步加强和改进未成年人思想道德建设的若干意见》为契机，坚持把青少年特别是中小学生作为禁毒预防宣传教育的重中之重，全面实施《中小学生毒品预防专题教育大纲》。2006 年，以防范新型毒品为重点加强青少年禁毒宣传教育。此外，发展和完善禁毒志愿者队伍是构建社会主义和谐社会的迫切需要，是深入推进禁毒人民战争的重要载体。

（五）加快禁毒法治建设

针对不断蔓延的毒品问题，中国加快禁毒立法的步伐，制定颁布了一系列禁毒法律法规，禁毒法治建设取得重大进展。首先，禁毒专门性立法。1990 年 12 月全国人大常委会通过《关于禁毒的决定》，为禁毒工作提供了有力的法律武器，我国禁毒工作开始有法可依。2007 年12 月，全国人大常委会通过《禁毒法》，为在新形势下全面加强禁毒工作提供了有力的法律保障。其次，禁毒刑事法律逐步完善。经过 1979年制定《刑法》、1990 年作出《关于禁毒的决定》、1997 年重新修订《刑法》和 2015 年通过《刑法修正案（九)》，最终确立了包括走私、贩卖、运输、制造毒品罪等 11 种毒品犯罪罪名，以及从严处罚、注重经济处罚和区别对待等刑罚处罚原则。再次，禁毒行政立法不断丰富和发展。经过 1986 年颁布《治安管理处罚条例》、1994 年修正《治安管理处罚条例》、2005 年制定《治安管理处罚法》，最终确立了非法种植毒品原植物、吸食、注射毒品等 9 种涉毒治安违法行为，与《刑法》共同组成惩治毒品违法犯罪活动的法律依据，为打击和防范毒品造成的社会危害提供了法律保障。经过 2005 年国务院颁布《麻醉药品和精神药品管理条例》和《易制毒化学品管理条例》，以及 2015 年四部门联合发布的《非药用类麻醉药品和精神药品列管办法》，我国毒品管制制度得以确立并发展。经过 1995 年的《强制戒毒办法》、2009 年的《吸毒检测程序规定》、2011 年的《吸毒成瘾认定办法》、2011 年的《戒毒条例》、2011 年的《吸毒成瘾认定办法》，我国吸毒检测与戒毒制度得到逐步完善。最后，禁毒地方性立法逐渐活跃。我国大多数省、自治区、直辖市的人大制定了禁毒条例，并不断根据新的形势要求加以修改。

（六）严厉打击各类毒品犯罪

多年来，我国惩治毒品违法犯罪成果卓著。1983 年以来，我国几乎每年都开展禁毒专项斗争，对毒品犯罪形成高压态势，严厉打击一切毒品犯罪活动。多年来，我国以公安机关为主先后破获了多批重大制毒贩毒案件，抓获了许多毒枭和重要毒贩，有力地打击了制毒贩毒势力的嚣张气焰。例如，2006 年中国警方与菲律宾警方联合侦破"邵春天"特大跨国制贩冰毒案，2009 年广东省公安禁毒部门与香港、马来西亚警方联合破获特大跨国制造毒品案件，2010 年广东、浙江、海南等省警方合作破获海上系列走私毒品大案，2011 年全国公安机关统一行动侦破"831"特大网络吸贩毒案件，等等。

（七）禁吸戒毒取得显著成效

为保护公民身心健康，维护社会治安秩序，消除毒品危害，中国政府高度重视并大力开展禁吸戒毒工作。多年来，我国各省、自治区、直辖市陆续开展了对吸毒人员的调查登记，逐步摸清了吸毒人员情况，为深入开展戒毒工作奠定了良好基础。《禁毒法》则确立了以社区戒毒、社区康复、隔离戒毒和自愿戒毒医疗为主的新的戒毒体系。2008 年以来，全面推进社区戒毒和社区康复，取得了显著成效，无数吸毒人员回归社会、走向新生。我国还加快戒毒场所规范化建设，开展社会帮教、落实禁毒工作责任制，创建"无毒社区"，积累了许多具有中国特色的禁吸戒毒工作经验。

（八）不断加强国际禁毒合作

毒品犯罪已成为全球性的社会公害，打击毒品犯罪、遏制毒品蔓延需要国际社会的共同合作，这已经成为世界各国的共识。中国在坚持和平共处五项原则的基础上，一向积极参与和推动国际禁毒合作，在世界禁毒领域发挥了重要作用。中国政府积极参与国际禁毒事务，批准加入国际禁毒公约，积极参加一系列重要禁毒国际会议，邀请联合国禁毒组织官员来华考察访问并进行沟通交流，认真履行国际公约义务，加大易制毒化学品进出口国际核查力度，积极参与国际禁毒项目，积极支持和促进联合国倡导的次区域禁毒合作活动，不断加强与外国的双边、多边国际禁毒合作。多年来，我国还与美国、加拿大、日本、法国、澳大利亚、泰国、缅甸、老挝、越南、柬埔寨等国家开展了多种形式的禁毒情报交流、培训与执法合作。

三、新时代我国毒品治理体系的形成

党的十八大以来，中国特色社会主义进入新时代，以习近平同志为核心的党中央高度重视禁毒工作，习近平总书记多次发表重要讲话、

作出重要指示，提出了一系列禁毒工作的新理念新思想新战略，为做好新时代禁毒工作指明了前进方向、提供了根本遵循。2014年7月，党中央、国务院印发《关于加强禁毒工作的意见》，明确提出"加大毒品治理工作力度，全面提升毒品问题治理能力和水平"的要求。2018年6月，习近平总书记就禁毒工作作出重要指示，强调要加强党的领导，充分发挥政治优势和制度优势，完善治理体系，压实工作责任，广泛发动群众，走中国特色的毒品问题治理之路，坚决打赢新时代禁毒人民战争。为落实习近平总书记关于禁毒工作的系列重要指示精神，公安部提出着力构建同国家治理体系和治理能力现代化要求相适应的"六全"毒品治理体系。该体系包括全覆盖毒品预防教育体系、全环节管控服务吸毒人员体系、全链条打击毒品犯罪体系、全要素监管制毒物品体系、全方位毒情监测预警体系、全球化禁毒国际合作体系6个维度。

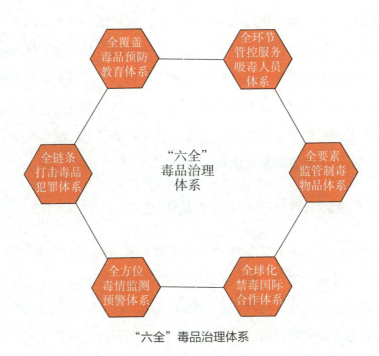

"六全"毒品治理体系

（一）全覆盖毒品预防教育体系

我国坚持关口前移、预防为先，把青少年毒品预防教育置于禁毒工作优先发展的战略位置，深入实施青少年毒品预防教育工程，努力实现校园无毒品、学生不吸毒。着力打造禁毒宣传教育新平台，广泛倡导"健康人生、绿色无毒"生活理念，在全社会形成浓厚禁毒氛围。2015 年 6 月，国家禁毒委员会办公室、中宣部、教育部等 14 部门联合启动开展全国青少年毒品预防教育"6·27"工程，全面强化青少年禁毒普及宣传。通过开发建设全国青少年毒品预防教育数字化平台，举办青少年禁毒知识竞赛、全国禁毒微电影大奖赛、全国大学生禁毒辩论赛、青少年禁毒教育夏令营，打造了一系列禁毒宣传教育品牌。随着"互联网 +"时代的来临，毒品预防教育形式也紧跟时代步伐，创新方式方法，着力推进网上宣传理念、内容、形式、方法、手段等创新，构建网上网下同心圆，更好凝聚社会共识。在报纸、杂志、网站等传统媒体依托下，微信、微博等新媒体充分发挥作用，禁毒新媒体不断整合发展，有力提升了毒品预防的传播力和影响力。一项项强有力的创新手段，进一步增强毒品预防教育的广泛性、普及性、渗透力、影响力，全民识毒防毒拒毒能力不断提高。禁毒斗争在社会各界广泛参与下，已构筑起了一道全民禁毒的坚固防线。

（二）全环节管理服务吸毒人员体系

我国坚持人文关怀、科学戒毒，不断创新吸毒人员服务管理工作，健全自愿戒毒医疗服务、社区戒毒社区康复、强制隔离戒毒等戒毒康复体系，完善戒毒治疗、心理矫正、帮扶救助、就业扶持等政策措施，积极帮助吸毒人员戒断毒瘾、回归社会，使吸毒人员切身感受到党和政府的关爱和帮助。2014 年，国家禁毒办等 11 部委制定《关于加强戒毒康复人员就业扶持和救助服务工作的意见》，深入推进以就业安置为核心的社区戒毒社区康复工作，落实戒毒康复人员的最低生活保障和临时救助，将戒毒康复人员纳入劳动职业技能培训总体规划，推动落实相关培训和鉴定补助政策。推动各地借鉴贵州经验，立足本地实际，加快就业安置基地（点）建设，采取集中就业安置、分散就业安置、鼓励自主创业、提供公益岗位等多种方式，努力为戒毒康复人员就业安置提供更多的渠道和机会。2015 年国家禁毒委员会部署开展了社区戒毒社区康复"8·31"工程，制定了全国社区戒毒社区康复工作五年规划，随后各地积极推动"8·31"社区戒毒社区康复工程，社区戒毒社区康复的报到率、管控率明显提升，有效减少了毒品危害，促进了社会治安稳定。2020年，国家禁毒办决定在全国范围内组织开展为期一年的吸毒人员"平安关爱"行动。截至 2021 年底，全国有吸毒人员 148.6 万名，同比下降17.5%；戒断 3 年未发现复吸人员 340.3 万名，同比上升 13.4%；新发现吸毒人员 12.1 万名，同比下降 21.7%。吸毒人数和新发现吸毒人数连续 5 年下降，毒品滥用治理成效持续显现。

（三）全链条打击毒品犯罪体系

我国紧密结合推进社会治安防控体系建设和扫黑除恶专项斗争，不断创新完善缉毒执法、堵源截流等工作机制，坚决摧毁制贩毒团伙网络，深挖打击涉毒黑恶势力及"保护伞"和境外幕后毒枭，有力震慑毒品违法犯罪活动的嚣张气焰。通过落实重点治理措施，大力整治毒品问题严重地区、涉毒黑恶势力和贫困地区涉毒问题。抓好禁毒示范创建活动，努力打造一批全国禁毒工作示范城市。2014 年 9 月，公安部动员部署全国公安机关开展为期半年的百城禁毒会战，至 2015 年 3 月，全国共破获毒品犯罪案件 11.5 万余起，抓获毒品犯罪嫌疑人 13.3 万余名，查处吸毒人员 60.6 万人次，缴获毒品 43.3 吨，制毒犯罪受到集中打击，毒品渗透受到有力堵截，贩毒团伙受到沉重打击，吸毒人员受到有力管控。近年来，各地禁毒部门创新打击制毒犯罪工作机制，建立完善"4·14"打击制毒犯罪专案机制，实现全链条、全环节打击制毒犯罪活动；创新完善"5·14"堵源截流工作机制，有力遏制了毒品入境内流；集中打击网络涉毒违法犯罪活动，有效遏制了网上涉毒问题快速蔓延。2018 年，国家禁毒委和公安部决定部署在全国范围开展以打击制毒犯罪、打击贩毒犯罪和管控制毒物品、管控吸毒人员为重点的"禁毒 2018 两打两控"专项行动。切实解决影响全国毒品形势的制毒犯罪、贩毒犯罪和制毒物品流失、吸毒人员肇事肇祸这 4 个突出问题。2021 年，在公安部领导下，全国公安机关大力实施"清源断流"战略，精心组织"净边 2021"专项行动，推动缉毒执法工作取得显著成效，全年共破获毒品犯罪案件 5.4 万起，抓获犯罪嫌疑人 7.7 万名，缴获毒品 27 吨。我国禁毒斗争形势稳中有进、整体向好的局面得到巩固拓展，连续多年保持涉毒违法犯罪下降、缴获毒品总量下降的良好态势，充分彰显了在党中央领导下中国特色毒品治理体系的强大优势。

（四）全要素监管制毒物品体系

我国坚持保障合法需求与打击非法流失并重原则，健全易制毒化学品管制法律体系，严格管制重点品种和重点环节，着力推出管制工作新举措，实现生产、经营、流通等各环节的动态全程监控、闭环管理，严密防范易制毒化学品流失。2018 年，中国各级有关行政主管部门对制毒物品流失问题加大严格监管、严密追查、严厉打击的力度，全年共破获制毒物品案件 1157 起，缴获各类制毒物品 1.1 万吨，同比分别上升 1.6 倍和 3.5 倍。不法分子为逃避打击，分散购买非列管的易制毒化学品前体，在制毒环节再合成加工成所需的原料，导致非列管化学品流入制毒渠道越来越多，监管、堵截、查处难度加大。针对这种情况，2020 年中国对 α-苯乙酰乙酸甲酯等 6 种化学品列入管制。通过持续推进制毒物品清理整顿，完善麻醉药品与精神药品管理机制，国内制毒物品流失得到有效防控。2021 年破获制毒物品案件 230 起，缴获制毒物品 1282 吨，同比分别下降 25.1% 和 45.1%。

（五）全方位毒情监测预警体系

我国充分利用大数据技术，加强对各类数据的集成分析，切实提高毒情监测预警的实效性和禁毒绩效评估的科学性。通过全方位开展毒情监测分析评估，及时发现涉毒情报线索，实时掌握毒情发展变化，不断提高禁毒工作的前瞻性、针对性。近年来，毒情监测预警技术不断吸收融合流行病学调查方法、生物检验检测技术、生态环境监测技术，并依托大数据、物联网、人工智能等新一代信息技术不断优化监测的方法和技术手段，助力毒情监测预警水平可持续提升。我国历来重视对毒情的调查研究工作，国家禁毒委员会办公室通过发布年度毒情报告、扩展毒情监测数据来源、构建毒情监测预警体系，逐步建立起常态化的毒情监测预警工作体系。国家禁毒办于 2021 年正式部署开展全国毒情监测预警体系建设工作，总体规划主要包括搭建智能化平台，设置监测预警指标，完善监测预警制度。毒情监测预警体系将进一步发挥毒品问题的数据治理功能，走符合中国特色毒品问题治理的可持续发展之路。

（六）全球化禁毒国际合作体系

我国坚持互利共赢原则，认真履行大国义务，坚定维护国际禁毒政策，务实开展跨国缉毒执法合作，积极推进全球毒品共治，努力打造与构建人类命运共同体目标相适应、共商共建共享的禁毒国际合作格局。近年来，我们广泛开展国际缉毒执法合作，特别是加强与缅甸、老挝、泰国、柬埔寨等周边国家执法合作，连续6年开展"平安航道"联合扫毒行动，组织开展中泰、中越联合扫毒行动，共同破获了一批有影响力的跨国贩毒案件，打掉了一批跨国贩毒团伙，摧毁了一批制毒工厂，有效减少了区域内毒品危害。仅在2021年底，就会同柬方连续破获几起跨国制贩毒大要案件，先后在柬埔寨打掉规模性制毒工厂，抓获犯罪嫌疑人46名，缴获毒品2.95吨、市值近17亿元。

当前，境内和境外毒品问题、传统和新型毒品危害、网上和网下毒品犯罪相互交织，对群众生命安全和身体健康、对社会稳定带来严重危害，禁毒形势依然严峻复杂。各级党委和政府将坚持以人民为中心的发展思想，以对国家、对民族、对人民、对历史高度负责的态度，坚持厉行禁毒方针，打好禁毒人民战争，完善毒品治理体系，深化禁毒国际合作，推动禁毒工作不断取得新成效，为维护社会和谐稳定、保障人民安居乐业作出新的更大贡献。

第四节　毒品管制政策

一、麻醉药品和精神药品管制

（一）麻醉药品与精神药品管制概述

广义上的毒品也被称为精神活性物质，是指能够穿越血脑障壁并且主要作用于中枢神经系统，进而对感觉、情绪、知觉、意识、认知和行为作出改变的化学物质。从药理特性上看，麻醉药品与精神药品均属于精神活性物质范畴。从法律视角来看，毒品是指法律规定管制、连续使用易产生身体和精神依赖性、能形成瘾癖的麻醉药品和精神药品。

根据国务院《麻醉药品和精神药品管理条例》第 3 条的规定，麻醉药品和精神药品是指列入国务院药品监督管理部门会同公安部门、国务院卫生主管部门制定、调整并公布的麻醉药品目录、精神药品目录的药品和其他物质。麻醉药品是指医疗上具有麻醉、镇痛作用，连续使用后易产生身体依赖和精神依赖的药品和其他物质，如鸦片、吗啡、大麻、可卡因等。精神药品是指作用于人的中枢神经系统，使其兴奋、抑制或致幻，连续使用能产生精神依赖和身体依赖的药品和其他物质，如冰毒、摇头丸、地西泮、麦司卡林等。其他物质主要指麻醉药品药用原植物如罂粟、大麻以及精神药品的前体和化学品。

（二）麻醉药品和精神药品管制的法律依据

国际社会对麻醉药品和精神药品的管制主要依据联合国 1961 年《麻醉品单一公约》、1971 年《精神药物公约》和 1988 年《联合国禁止非法贩运麻醉药品和精神药物公约》。1961 年《麻醉品单一公约》将麻醉品根据种类分别列入 4 个附表清单，规定麻醉品的生产、制造、输出、输入、分配、贸易、使用及持有限定为专供医药与科学用途，并对麻醉品的制造及贸易，鸦片的生产，罂粟、古柯与大麻的种植加以限制。1971 年《精神药物公约》将精神药物根据种类分别列入 4 个附表清单，规定精神药物的制造、输出、输入、分配、贮存、贸易、使用及持有限定为专供医学与科学用途，并对精神药物的处方、制造及贸易、输出与输入加以限制。1988 年《联合国禁止非法贩运麻醉药品和精神药物公约》要求缔约国重视取缔非法贩运麻醉药品和精神药品的国际性犯罪活动，剥夺贩运者从此类犯罪活动中得到的收益，采取适当措施监测前体、化学品和溶剂等物质，以防止被挪用于非法制造麻醉药品或精神药物，以及促使缔约国在国际合作范围内采取协调行动等。我国于1985年和1989年先后加入了上述三部公约，除声明保留的条款外，承诺履行缔约国的国际禁毒义务。

我国建立了一整套麻醉药品和精神药品管制制度，现行有效的法律法规如下：

（1）《禁毒法》。该法在第三章"毒品管制"中规定，国家对麻醉药品和精神药品实行管制，对麻醉药品和精神药品的实验研究、生产、经营、使用、储存、运输实行许可和查验制度，对麻醉药品和精神药品的进出口实行许可制度。

（2）《麻醉药品和精神药品管理条例》和《麻醉药品和精神药品目录》。《麻醉药品和精神药品管理条例》共9章，对麻醉药品和精神药品的管制目录、种植、实验研究、生产、经营、使用、储存、运输、审批程序和监督管理，以及违反该条例所应承担的法律责任等作了具体规定。截至2023年7月，《麻醉药品品种目录》列管了122种麻醉药品，《精神药品品种目录》列管了169种精神药品（见表1）。

（3）《非药用类麻醉药品和精神药品列管办法》。该文件规定，麻醉药品和精神药品按照药用类和非药用类分类列管。

（4）其他部门规范性文件。《麻醉药品和精神药品生产管理办法(试行)》规定了麻醉药品和精神药品定点生产、生产计划、安全管理、销售管理等制度。《麻醉药品和精神药品经营管理办法（试行）》规定了麻醉药品和精神药品的定点经营、购销、管理等制度。《麻醉药品和精神药品邮寄管理办法》规定了麻醉药品和精神药品的邮寄管理制度。

表1　我国麻醉药品和精神药品管制种类情况（截至2023年7月）

生效时间	管制物质种类	管制数量	管制目录
1996年1月	海洛因、氢可酮等	118种	A
	卡西酮、去氧麻黄碱等	47种	B1
	氟硝西泮、巴比妥等	72种	B2
1999年3月	麦角胺咖啡因	1种	B2
2001年5月	氯胺酮	1种	B2
2001年5月	4-MTA、2C-B	2种	B1
	GHB、唑吡坦	2种	B2
2004年7月	氯胺酮	—	由B2调至B1
2005年3月	三唑仑	—	由B2调至B1
2005年11月	瑞芬太尼	1种	A
	布桂嗪、复方樟脑酊	—	由B1调至A
	安咪奈丁、二甲基安非他明、莫达非尼	3种	B1
	安非拉酮、马吲哚	—	由B2调至B1
	芬氟拉明、右旋芬氟拉明等	7种	B2
	酚待因、氨酚待因II号、氯芬待因、丙氧氨酚	4种	
	安钠咖、咖啡因	—	由B1调至B2
2008年1月	阿桔片、吗啡阿托品注射液	2种	A
	γ-羟丁酸	1种	B1
	曲马多	1种	B2
2014年1月	奥列巴文	1种	A
	阿桔片、复方樟脑酊	—	A合并至阿片
	吗啡阿托品注射液	—	A合并至吗啡

续表

生效时间	管制物质种类	管制数量	管制目录
2014 年 1 月	JWH–018、MDPV 等	15 种	B1
	丁丙诺啡透皮贴剂、佐匹克隆	2 种	B2
2015 年 5 月	含可待因复方口服液体制剂	1 种	B2
2019 年 9 月	羟考酮复方口服固体制剂（≥5mg）	1 种	B1
	羟考酮复方口服固体制剂（≤5mg）、丁丙诺啡复方口服固体制剂、纳洛酮复方口服固体制剂	3 种	B2
2023 年 7 月	奥赛利定	1 种	A
	氢可酮复方口服固体制剂（≥5mg）	1 种	B1
	苏沃雷生、吡仑帕奈、依他佐辛、曲马多复方制剂、氢可酮复方口服固体制剂（≤5mg）	5 种	B2

注：A 代表《麻醉药品品种目录》，B1 代表《精神药品品种目录》第一类，B2 代表《精神药品品种目录》第二类。

（三）我国麻醉药品和精神药品管理制度

我国对麻醉药品药用原植物及麻醉药品和精神药品实行管制，相关制度主要包括：

1. 对麻醉药品药用原植物实行特许种植和计划种植制度

药用原植物的种植单位必须是经由国务院药品监督管理部门和国务院农业主管部门共同确定，其他单位和个人不得种植麻醉药品药用原植物。种植单位必须严格按照国务院药品监督管理部门审批的年度种植计划组织生产。禁止非法种植罂粟、古柯植物、大麻植物及国家规定管制的可以用于提炼加工毒品的其他原植物，以及走私或者非法买卖、运输、携带、持有未经灭活的毒品原植物种子或者幼苗。非法种植罂粟、大麻等毒品原植物的，一律强制铲除。

2. 对麻醉药品和精神药品实验研究活动实行许可管理制度

开展麻醉药品和精神药品实验研究活动应当经国务院药品监督管理部门批准。药品研究单位在普通药品实验研究中产生已被管制麻醉药品或精神药品的，应当立即停止实验研究活动并向国务院药品监督管理部门报告，国务院药品监督管理部门应当根据情况及时作出是否同意其继续实验研究的决定。麻醉药品和第一类精神药品的临床试验，不得以健康人为受试对象。

3. 对麻醉药品和精神药品实行定点生产制度

国务院药品监督管理部门根据麻醉药品和精神药品的需求总量，确定麻醉药品和精神药品定点生产企业的数量和布局，并根据年度需求总量对数量和布局进行调整、公布。从事麻醉药品、精神药品生产的企业，应当经所在地省、自治区、直辖市人民政府药品监督管理部门批准。定点生产企业生产麻醉药品和精神药品，应当依照药品管理法的规定取得药品批准文号。

4. 对麻醉药品和精神药品实行定点经营制度

国务院药品监督管理部门应当根据麻醉药品和第一类精神药品的需求总量，确定麻醉药品和第一类精神药品的定点批发企业布局，并应当根据年度需求总量对布局进行调整、公布。药品经营企业不得经营麻醉药品原料药和第一类精神药品原料药，但供医疗、科学研究、教学使用的小包装的上述药品可以由国务院药品监督管理部门规定的药品批发企业经营。

5. 对麻醉药品和精神药品使用进行管理

对药品生产企业、非药品生产企业、科研教学单位、医疗机构、医务人员、个人等使用麻醉药品和精神药品的条件和批准程序分别作出规定，以确保麻醉药品和精神药品不致被用于非医疗用途或流入非法渠道。

6. 对麻醉药品和精神药品储存实行专门管理

麻醉药品药用原植物种植企业、定点生产企业、批发企业、储存单位、使用单位应当配备专人负责管理。设置储存麻醉药品和第一类精神药品的专库或专柜并实行双人双锁管理，建立专用账册；第二类精神药品经营企业应当在药品库房设立独立的专库或专柜储存第二类精神药品，建立专用账册，入库双人验收，出库双人复核。

7. 对麻醉药品和精神药品的运输实施管理

托运、承运和自行运输麻醉药品和精神药品的，应当采取安全保障措施，防止麻醉药品和精神药品在运输过程中被盗、被抢、丢失。邮寄麻醉药品和精神药品，寄件人应当提交所在地设区的市级药品监督管理部门出具的准予邮寄证明，邮政营业机构应当查验、收存准予邮寄证明，无准予邮寄证明者邮政营业机构不得收寄。

二、新精神活性物质管制

（一）新精神活性物质概述

新精神活性物质是对"new psychoactive substances"或"novel psychoactive substances"等英语词汇的中文译法。这一称谓出现于本世纪初，用于指代那些新近进入滥用市场、尚未被国际禁毒公约管制的物质种类。在此之前，这些非列管物质曾被冠以"策划药""新型合成毒品""研究化学品""合法兴奋剂"等多种称谓。联合国毒品与犯罪问题办公室在 2013 年发布 SMART 项目报告《新精神活性物质的挑战》，其中将新精神活性物质定义为：在《麻醉品单一公约》和《精神药物公约》的管制之外，无论是以纯净物还是制剂的形式被滥用，都将给公共健康安全带来威胁的物质。中国国家禁毒委员会办公室在《2015 年中国毒品形势报告》中这样表述：新精神活性物质又称"策划药"或"实验室毒品"，是不法分子为逃避打击而对列管毒品进行化学结构修饰所得到的毒品类似物，具有与管制毒品相似或更强的兴奋、致幻、麻醉等效果。

新精神活性物质具有以下特点：（1）新精神活性物质具有非管制性。新精神活性物质不受国际禁毒公约的管制，毒贩和滥用者可借此逃避执法打击，许多新精神活性物质是对已管制毒品进行化学结构修饰所得到的类似物。（2）新精神活性物质具有种类多样性。新精神活性物质分为合成大麻素类、合成卡西酮类、苯乙胺类、哌嗪类、植物源类、色胺类、氨基茚满类、苯环己哌啶类和其他物质等九大类。截至 2021 年12 月，各国政府、实验室及合作组织共向联合国毒品与犯罪问题办公室报告了 1124 种新精神活性物质。（3）新精神活性物质具有快速更新性。为逃避法律管制，多数新精神活性物质流行时间很短，有的甚至是"昙花一现"，一些毒贩会提前准备好替代品种以应对管制种类的调整。

（二）新精神活性物质的管制方式

针对新精神活性物质快速蔓延造成的现实威胁，国际组织和有关国家纷纷采取应对措施，主要包括以下几种方式：（1）预警系统。欧盟建立了新精神活性物质的预警系统，该系统是由 27 个成员国组成的多学科信息网络，对大量新精神活性物质进行监测、评估和预警，为采取法律管制提供及时且充分的依据。（2）临时管制。当发现某种新精神活性物质并预计可能存在滥用风险时，采取为期1—2年的临时管制，并根据最终评估结果决定最终是否管制。（3）平行立法。一些国家在毒品管制法律以外，颁布消费者安全保护法、药物法等来管制具有毒品属性但未及列管条件的新精神活性物质，来限制这些对健康构成潜在威胁的物质的分销。（4）类似物管制。将与管制物质的化学结构类似、对人体的作用类似于或强于管制物质的物质，通过司法裁判认定为类似物而加以管制。（5）同属定义列管。也称为骨架式列管，即将同属于某种特定化学骨架结构的物质全部纳入管制范畴。

（三）我国对新精神活性物质的管制

我国对新精神活性物质的管制是伴随着世界范围内新精神活性物质的滥用和扩散而产生的。中国政府高度重视新精神活性物质问题，早在2001年便开始对新精神活性物质按照传统的毒品管制程序进行列管。至2014年，我国已先后将14种新精神活性物质按照传统毒品管制程序列入精神药品目录进行管制，其中包括国际社会尚未列入禁毒公约附表的氯胺酮。为防止新精神活性物质制贩和滥用问题进一步蔓延，我国政府采取有力措施加强新精神活性物质管制。2015年9月24日，公安部、国家食品药品监督管理局、国家卫生健康委员会和国家禁毒委员会办公室联合制定并发布了《非药用类麻醉药品和精神药品列管办法》，并在所附《非药用类麻醉药品和精神药品管制品种增补目录》中一次性列入116种新精神活性物质。截至2021年7月，我国共列管188种新精神活性物质和整类芬太尼类物质、整类合成大麻素类物质（见表2）。

表2　我国新精神活性物质管制种类情况（截至2021年7月）

生效时间	管制物质种类	管制数量	管制目录
2001 年 5 月	氯胺酮	1 种	B2
2004 年 7 月	氯胺酮	——	B1
2010 年 9 月	4-甲基甲卡西酮	1 种	B1
2014 年 1 月	JWH-018、MDPV 等	12 种	B1
2015 年 10 月	2C-B-NBOMe 等	116 种	C
2017 年 3 月	卡芬太尼等	4 种	C
2017 年 7 月	PMMA、U-47700 等	4 种	C
2018 年 9 月	4-氯乙卡西酮等	32 种	C
2019 年 5 月	芬太尼类物质	1 类	C
2021 年 7 月	合成大麻素类物质	1 类	C
	氟胺酮等	18 种	

注：A 代表《麻醉药品品种目录》，B1 代表《精神药品品种目录》第一类，B2 代表《精神药品品种目录》第二类，C 代表《非药用类麻醉药品和精神药品管制品种增补目录》。

我国新精神活性物质管制制度由《非药用类麻醉药品和精神药品列管办法》确立，主要内容包括：（1）非药用类麻醉药品和精神药品纳入毒品管制。麻醉药品和精神药品按照药用类和非药用类分类列管。对列管的非药用类麻醉药品和精神药品，禁止任何单位和个人生产、买卖、运输、使用、储存和进出口。各级公安机关和有关部门应依法加强对非药用类麻醉药品和精神药品违法犯罪行为的打击处理。（2）非药用类麻醉药品和精神药品的合法使用。因科研、实验需要使用非药用类麻醉药品和精神药品，在药品、医疗器械生产、检测中需要使用非药用类麻醉药品和精神药品标准品、对照品，以及药品生产过程中非药用类麻醉药品和精神药品中间体的管理，按照有关规定执行。非药用类麻醉药品和精神药品发现医药用途，调整列入药品目录的，不再列入非药用类麻醉药品和精神药品管制品种目录。（3）监测预警制度。各地禁毒办应组织公安机关和有关部门加强对新精神活性物质的监测，并将监测结果及时上报国家禁毒办。国家禁毒办应当及时发布未列管非药用类麻醉药品和精神药品预警信息，各地禁毒办应据此进行重点监测。（4）列管程序与时限。国家禁毒办认为需要对特定非药用类麻醉药品和精神药品进行列管的，应当交由多部门专业人员、多学科专家组成的非药用类麻醉药品和精神药品专家委员会进行风险评估和列管论证，风险评估和列管论证应在 3 个月内完成。专家委员会评估并提出列管建议后，由国家禁毒办建议国务院公安部门会同食品药品监督管理部门和卫生计生行政部门予以列管，列管工作应在 6 个月内完成。对于情况紧急、不及时列管不利于遏制危害发展蔓延的，风险评估和列管工作应当加快进程。

三、易制毒化学品的管制

（一）易制毒化学品概述

易制毒化学品，是指可用于制造毒品的主要原料和化学配剂。《联合国禁止非法贩运麻醉药品和精神药物公约》将之表述为"经常用于非法制造麻醉药品和精神药物的物质"，并以表一、表二的形式列出要求缔约国采取措施防止被挪用于非法制造麻醉药品或精神药物的物质。1997 年中国外经贸部发布的《易制毒化学品进出口管理暂行规定》指明，易制毒化学品系指《联合国禁止非法贩运麻醉药品和精神药物公约》中管制的易制毒化学品以及经常或容易用于非法制造麻醉药品及精神药物的物质。从此，易制毒化学品这一表述沿用至今。2005 年 8 月由国务院发布施行的《易制毒化学品管理条例》并没有对易制毒化学品给出定义，但将易制毒化学品分为三类，第一类是可以用于制毒的主要原料，第二类、第三类是可以用于制毒的化学配剂。在我国刑事法律制度中，易制毒化学品通常被称为制毒物品。1997 年修订《刑法》第 350 条设立罪名时首次使用"制毒物品"一词，用以描述醋酸酐、乙醚、三氯甲烷等用于制造毒品的原料、配剂。2009 年最高人民法院、最高人民检察院、公安部联合发布的《关于办理制毒物品犯罪案件适用法律若干问题的意见》中，明确制毒物品是指《刑法》第 350 条第 1 款规定的醋酸酐、乙醚、三氯甲烷或者其他用于制造毒品的原料或者配剂，具体品种范围按照国家关于易制毒化学品管理的规定来确定。

根据不同的分类标准，易制毒化学品可分为不同的种类。(1) 根据管制品种目录划分。《易制毒化学品管理条例》规定，易制毒化学品分为三类，第一类是可以用于制毒的主要原料，第二类、第三类是可以用于制毒的化学配剂。(2) 根据化学作用不同划分，易制毒化学品分为化学前体、试剂、溶剂、催化剂等。(3) 根据是否具有药用价值，易制毒化学品分为两类：药品类易制毒化学品，包括麦角酸、麦角胺、麦角新碱 3 种和麻黄素类；非药品类易制毒化学品，包括除上述 4 种以外列管的其他易制毒化学品。

(二) 易制毒化学品管制的法律依据

《联合国禁止非法贩运麻醉药品和精神药物公约》第 12 条要求各缔约国采取适当的措施监测本国内易制毒化学品的生产与销售活动，建立管理易制毒化学品的许可制度，实行易制毒化学品进出口的国际核查，开展包括情报交流在内的国际间执法合作。截至 2017 年 11 月，《联合国禁止非法贩运麻醉药品和精神药物公约》附表列管的易制毒化学品共

33 种，其中表一 25 种、表二 8 种。

为履行国际公约规定的义务，我国建立了一套比较完善的易制毒化学品管理制度体系，以《易制毒化学品管理条例》为基础，辅之以配套的部门规章。部门规章主要包括：《向特定国家（地区）出口易制毒化学品暂行管理规定》《易制毒化学品购销和运输管理办法》《药品类易制毒化学品管理办法》《非药品类易制毒化学品生产、经营许可办法》《易制毒化学品进出口国际核查管理规定》《易制毒化学品进出口管理规定》等。截至 2021 年 12 月，我国管制的易制毒化学品共有 38 种，其中第一类 19 种、第二类 11 种、第三类 8 种（见表 3）。

表 3　我国易制毒化学品管制种类情况（截至 2021 年 9 月）

生效时间	管制物质种类	管制数量	管制目录
2005 年 11 月	1-苯基-2-丙酮、胡椒醛等	12 种	A
2004 年 7 月	苯乙胺、醋酸酐、三氯甲烷等	5 种	B
2010 年 9 月	甲苯、丙酮、甲基乙基酮等	6 种	C
2008 年 8 月	羟亚胺	1 种	A
2012 年 9 月	邻氯苯基环戊酮	1 种	A
2014 年 5 月	溴代苯丙酮、α-氰基苯丙酮	2 种	A
2018 年 2 月	4-ANPP、NPP、氯代麻黄碱	3 种	A
	溴素、乙基苯基酮	2 种	B
2021 年 9 月	MAPA、APAA 等	4 种	B
	苯乙腈、γ-丁内酯	2 种	C

注：A 代表第一类易制毒化学品，B 第二类易制毒化学品，C 代表第三类易制毒化学品。

（三）我国对易制毒化学品的管制

我国易制毒化学品管理制度主要包括以下内容：

1. 分类管理制度

根据在毒品加工中的作用，将易制毒化学品分为三类，对不同种类采取不同的管理措施。对第一类易制毒化学品的管理最为严格，其生产、经营、购买、运输和进出口均实行行政许可制度；对第二类易制毒化学品的运输和进出口实行行政许可制度，生产、经营和购买实行备案制度；对第三类易制毒化学品的管理相对宽松，只对其进出口实行行政许可制度，生产、经营、购买和运输实行备案制度。分类管理既有利于突出管理重点，又能最大限度保障生产活动的正常运行。

2. 分部门共管制度

第一类中的药品类易制毒化学品的生产、经营、购买，由药品监督管理部门负责管理；第一类中的非药品类易制毒化学品、第二类和第三类易制毒化学品的生产、经营，由安全生产监督管理部门负责管理；第一类中的非药品类易制毒化学品、第二类和第三类易制毒化学品的购买、运输，由公安机关负责管理；易制毒化学品的进口和出口，由商务主管部门、海关负责管理；依法收缴、查获的易制毒化学品的保管、回收和销毁，由公安机关、海关和生态环境主管部门负责管理。

3. 分级管理制度

不同种类、不同环节分别由不同级别的主管部门进行管理。例如，第一类中的药品类易制毒化学品的生产、经营由省级药品监督管理部门负责管理，非药品类易制毒化学品的生产、经营由省级安全生产监督部门负责管理；第二类、第三类易制毒化学品的生产由市级安全生产监督管理部门管理，第二类易制毒化学品的经营由市级安全生产监督管理部门管理，第三类易制毒化学品的经营由县级安全生产监督管理部门管理。

4. 许可和备案制度

对不同种类的易制毒化学品和不同环节分别实行许可制度或者备

案制度，对第一类易制毒化学品的生产、经营、购买、运输、进口和出口全部实行许可证管理；对第二类易制毒化学品的运输、进口和出口实行许可证管理，对生产、经营、购买实行备案管理；对第三类易制毒化学品的进口和出口实行许可证管理，对生产、经营、购买和运输实行备案管理。

5. 进出口国际核查制度

商务部和公安部负责对易制毒化学品进出口实行国际核查管理。经营者申请出口核查化学品的，商务部应进行审核并转送公安部核查，公安部向进口国家或地区政府主管当局发出出口通知书以确认出口的合法性。经营者申请进口易制毒化学品，出口国家或者地区政府主管部门向我国提出核查要求的，公安部应将相关材料转送商务部确认，商务部应对经营者的真实性、资质及进口易制毒化学品用途合理性进行核查，并将核查结果及时反馈公安部；对于需要核查实际用途、用量的，公安部可委托地方公安机关核查，公安部应及时将核查结果通报商务部。

第 五 章

世界毒情形势与国际禁毒合作

当前世界毒情形势依然严峻，毒品问题危及公众健康、社会安定和国家安全，非一国之力所能解决，国际禁毒合作成为国际社会应对毒品问题的必然选择。国际禁毒合作始于1909年上海"万国禁烟会"，以此为肇端，经过长达百余年的国际禁毒合作，确立了以联合国1961年《麻醉品单一公约》、1971年《精神药物公约》、1988年《联合国禁止非法贩运麻醉药品和精神药物公约》三大公约为基石的现行全球禁毒体系。

第一节　全球毒情形势与特点

毒品问题是一个复杂且难以根治的全球性问题。20 世纪初以来，为应对大规模毒品滥用问题，各国开始建立禁毒合作机制和体制，全球禁毒工作取得了一系列重要进展。但随着世界各国联系的日益频繁，在全球范围内形成了包括种植、生产、加工、贩运、销售在内的完整毒品贸易网络，致使全球毒品形势日渐严峻，毒品管控正面临诸多挑战。

一、全球毒品的生产

全球毒品贸易的运作离不开庞大的毒品供应做支撑。利益驱使下猖獗的毒品贸易催生出毒品生产与加工行业的"兴盛"，并逐渐形成了当今全球最主要的三大毒品产区——"金三角""金新月""银三角"。在这些地区，毒品的种植、加工与提纯形成了成熟的产业链，产量之大令世界震惊。

(一)"金三角"

在亚洲，最具代表性的毒源地便是位于东南亚中南半岛缅甸、老挝、泰国三国交界处的"金三角"地区。该三角地带因属亚热带季风性气候，土地肥沃、气候温湿，适宜动植物的生长繁衍，同时，山谷交错、交通闭塞的地理环境也造成该地区经济文化发展水平落后。自 19 世纪中期以来，在英、法殖民者的诱导下，生活在"金三角"的居民开始依靠种植罂粟并加工成鸦片运销至中国及东南亚各地获利，以罂粟种植与鸦片生产为主的"金三角"毒源地雏形初现。到了 20 世纪中期，缅甸、老挝相继恢复主权后，罂粟的种植与加工产业已经根植于当地社会，成为边境地区民众赖以生存的产业之一。

20 世纪 50 年代后，受当地复杂的政治经济环境影响，各种武装势力开始插手罂粟种植与毒品贩运。在武装贩毒集团的推动下，"金三角"出现了第一次鸦片生产高潮，其鸦片年产量在 20 世纪六七十年代已达 600 吨—750 吨，占当时世界毒品年生产总量的 50%。大量"金三角"出产的鸦片经贩毒集团之手流向全球，"金三角"因此成为世界毒源的代名词。

随着全球毒品需求的不断变化，"金三角"的毒品生产也历经数次转型。20 世纪 70 年代以后，随着全球海洛因市场的扩张，"金三角"开始利用其地势复杂、难以管控的环境建立起大量制毒工厂，从事海洛因的生产加工，成为全球海洛因生产中心之一。同时，精神药品市场的兴盛也刺激着"金三角"毒品生产升级。20 世纪 90 年代后，"金三角"开始非法制造甲基苯丙胺以及氯胺酮等合成毒品，并迅速形成世界上最大、最活跃的甲基苯丙胺市场。合成毒品生产在该地区激增，并通过不同贩运通道流向世界各地。2021 年，在东亚和东南亚警方的通力合作下，该地区缉获的甲基苯丙胺高达 172 吨，同时查获 10 亿余片甲基苯丙胺片剂，是 10 年前总量的 7 倍多，均创下该地区缉获历史最高纪录。近年来，在联合国和亚洲相关国家的支持下，通过"替代种植"方式，

联合国毒品和犯罪问题办公室非法作物监测项目小组成
员在缅甸掸邦鸦片田调查罂粟产量

大幅减少了"金三角"罂粟种植的面积，在一定程度上有效控制了鸦片
产量。

目前，该地区海洛因与合成毒品的生产规模依然庞大，持续为全
球毒品市场输送货源，严重影响了周边国家的禁毒工作。据《2021年
中国毒情形势报告》统计，我国全年缴获的海洛因与冰毒总数中，来自
"金三角"地区的数量分别占缴获总量的98.8%与89.3%。"金三角"仍
是亚洲最主要的毒源地。

（二）"金新月"

亚洲另一个鸦片及海洛因生产基地坐落于阿富汗、巴基斯坦和伊
朗三国的交界地带。该地区因地形近似新月，又盛产利润极高的鸦片，
因此被称作"金新月"。

阿富汗、巴基斯坦、伊朗三国有着悠久的罂粟种植历史，但在各
国政府的管控下，罂粟的种植一直维持在相对较小的范围内。自20世
纪70年代末开始，因受自然灾害、地区战乱等因素影响，全球毒品市

场价格飙升，"金新月"周边各国的罂粟种植者开始扩大种植面积，以此牟利。20 世纪 80 年代，该地区的鸦片年产量从 1980 年的 800 吨猛增至 1988 年底的 2500 吨。据联合国毒品和犯罪问题办公室估计，罂粟种植大国阿富汗在 1994 年的非法种植面积已达 71410 公顷，约占全球种植面积的四分之一。而 20 年后的 2014 年，阿富汗的罂粟种植面积已飙升至约 22.4 万公顷，鸦片年产量约为 6400 吨，成为世界上罂粟种植面积最大的国家。目前，阿富汗仍然是世界上最大的鸦片来源地。据估算，2021 年，该国种植面积虽缩减至 17.7 万公顷，但其鸦片产量仍占全球非法鸦片产量的 86%，其鸦片供应路线遍及欧亚大陆和非洲。

庞大的鸦片产业也为"金新月"的阿片类毒品生产提供了条件。20 世纪 80 年代，海洛因市场利润可观的前景促使"金新月"地区的生

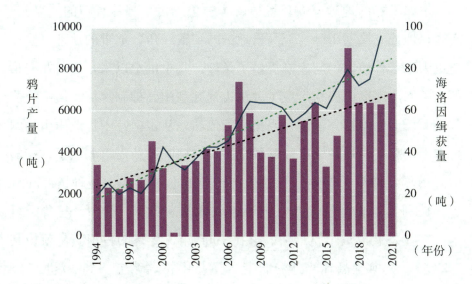

1994—2021 年阿富汗的鸦片产量和同阿富汗鸦片产量相关的海洛因缉获量

产者也将目光投向海洛因生产。通过引进先进的海洛因提炼生产技术，"金新月"周边地区迅速形成较为成熟的海洛因加工产业链。同时，由于该地区临近欧洲，通过陆运可以快速便捷地将生产好的海洛因运至欧洲，因而"金新月"逐渐超过"金三角"成为阿片类毒品生产制造的又一大源头。2017 年全球毒品市场统计显示，年均约有 450 吨海洛因流入全球毒品市场，其中约 380 吨是由阿富汗鸦片制成的。2020 年，"金新月"所处的西南亚地区缉获的阿片类毒品更是占全球缉获总量的 78%。随着产量的逐渐增加，"金新月"地区出产的非法毒品除流向欧洲市场外，也开始大量涌入东亚各国。

（三）"银三角"

正如天然的地理气候环境造就了"金三角"鸦片种植的"兴盛"一样，地处安第斯山脉与亚马逊地区的"银三角"地带的地理气候环境也为隐蔽种植古柯与大麻提供了条件。几个世纪以来，居住在安第斯山脉周边地区的民众形成了种植古柯并利用其抑制疼痛、缓解疲劳和高原反应的习惯。然而，当化学家成功地从古柯叶中提取出生物碱可卡因，并广泛运用于医疗麻醉中后，古柯叶的新需求刺激了古柯的国际市场，推动了该地带毒品生产行业的急速扩大。这种情况在秘鲁、玻利维亚和哥伦比亚三国中体现得尤为明显。其中，秘鲁的可卡因产业发展得最早且最快。早在 1900 年，秘鲁的古柯贸易就极其"兴盛"，古柯制品在当年秘鲁对外贸易中排名第五。到 20 世纪 80 年代中期，秘鲁在全球古柯种植与可卡因生产上也持续占据主导地位，其产量达到约 1000 吨。据秘鲁政府官方统计，2020 年，古柯种植面积较前一年增长 13%，达到 6.18 万公顷，古柯叶总产量也增长了 11%。

自 20 世纪 90 年代起，由于秘鲁政府开始对毒品问题实施强硬的管制政策，大规模的古柯种植开始向哥伦比亚转移。哥伦比亚逐渐成为全球主要的生古柯和精制可卡因生产国。据统计，2015 年美国缉获的可卡因中约有 90% 来自哥伦比亚。虽然当地政府采用多种方式禁种古柯，但该地区至今仍然是全世界可卡因的主要来源地。联合国毒品和犯罪问题办公室公布的数据显示，自 2014 年 1 月以来，全球可卡因产量已经翻了一番。与 2019 年相比，2020 年可卡因产量增长 11%，达到 1982 吨的历史新高。其中，哥伦比亚的产量增加 8%，秘鲁和玻利维亚两国的产量总共增加 16.5%。同时，哥伦比亚也是全球古柯种植份额最大的国家，2020 年约占全球古柯种植总量的 61%。而 2021 年，哥伦比亚古柯种植面积达 20.4 万公顷，同 2020 年相比又增长了 43%，是自 2001 年起联合国监测数值的最高值。种植面积的扩大必然带来可卡因产量的增加。哥伦比亚国防部报告称，2022 年哥伦比亚共缉获 671 吨可卡因，创造了该国缉获历史的最高纪录。

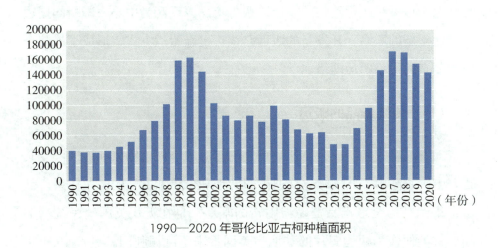

1990—2020 年哥伦比亚古柯种植面积

此外，哥伦比亚和墨西哥也是全世界大麻和海洛因的主要产地。两国的毒品经济与国外市场特别是美国市场的需求密不可分。20 世纪

70 年代，大麻产业在哥伦比亚出现了爆炸式的增长，形成全球最大的大麻市场。如今，该国毒贩持续向美国供应大麻，在高峰期美国市场70%的大麻都来自哥伦比亚。哥伦比亚官方公布的数据显示，2016 年，哥伦比亚警方共查获 190 余吨大麻，2020 年更是达到 530 余吨的峰值，2021 年和 2022 年虽有减少，但仍在 490 吨左右。与此同时，墨西哥的海洛因供应也逐渐主导了美国市场。据 2017 年美国国务院官员估算，美国国内消费的海洛因中约有 90%—94%来源于墨西哥。2022 年的统计数字也显示，2021 年一年内墨西哥海洛因的产量就达约 72 吨，同2020 年相比增长 22%。因其毒品供应数量之巨，成为北美地区整顿毒品问题的重点关注对象。

二、全球毒品的贩运

随着全球毒品产区的扩大与产量的增加，毒品贩运活动愈加活跃。为确保全球毒品贩运路径的畅通，贩毒集团以产区为中心，不断同周边国家建立新的联系，开发新的贩毒路线，更新贩运方式，形成了威胁全球的复杂的毒品贩运网络。

（一）传统毒品的贩运

随着"金三角"成为全球最重要的毒源地，周边国家和地区深受其害。中国香港由于其国际化交通枢纽的地理位置和发达的经贸体系，被贩毒集团视为全球毒品贸易与中转的基地。早在近代英国殖民统治期间，香港便作为贩运鸦片的基地为英国带来了巨额利润。尽管 1931 年后，为响应国际禁毒合作号召，港英政府下令施行社会面的禁毒活动，但巨大的鸦片市场仍然在地下潜滋暗长。20 世纪 70 年代以后，随着"金三角"集中从事海洛因及合成毒品的制造加工，海洛因及冰毒成为占据香港市场的主要毒品。香港本土贩毒集团在与毒源地建立密切联系后，或是利用海船偷运海洛因入港，或是沿陆路经中国云南及广西一带裹带毒品来港。进入香港市场的海洛因会按提前安排好的路线隐蔽且迅速地转销至日本、美国及欧洲诸国。近年来被警方所查获的贩毒案件中，小至偷运几百克的毒品，大至偷藏几千克的毒品，案件数量惊人。据《香港警察年报（2021）》统计，2021 年香港警方共检获 4.9 吨毒品。其中 4 月行动中，检获 706 千克可卡因，是 10 年来破获的最大宗可卡因案。12 月行动中，检获氯胺酮 1266 千克，破获历来最大宗贩运氯胺酮毒品。

　　除中国香港外，菲律宾因西与"金三角"隔海相望，岛屿众多，海岸线长，因而也成为国际贩毒集团在东南亚地区的主要枢纽。自 20 世纪 70 年代以来，冰毒成为菲律宾毒贩走私的主要毒品。据菲律宾缉毒署调查，2014 年缉获的毒品中 89% 为"沙雾"（冰毒的一种）。而该署 2021 年发布的报告也显示，该年逮捕的毒品罪犯中有 94.69% 涉及"沙雾"。菲律宾当地贩毒集团充当着国际非法毒品贸易的中介，胁迫或利用菲律宾民众进出海外的机会，携带非法毒品向中国及周边国家运输。

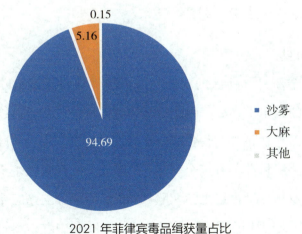

2021 年菲律宾毒品缉获量占比

此外，作为东亚交通枢纽的新加坡、临近"金三角"的泰国曼谷，也同样成为贩毒集团经常利用的毒品转运地。

土耳其、黎巴嫩等中东地区国家因地处亚欧两洲交界，是连接亚欧两大陆的交通要道。受到毒源地"金新月"的影响，20 世纪 80 年代，土耳其贩毒集团牢牢掌控了亚欧大陆海洛因贩运的主导权，他们把土耳其作为亚洲和欧洲公路贸易中转枢纽，在阿富汗、伊朗产地与欧洲消费市场间营建起快速高效的陆路输送路线，不仅承担起中转运输毒品的业务，还在土耳其国内开设大量海洛因工厂，集种植、生产、贩运、销售为一体，将产出的鸦片与海洛因源源不断运入欧洲。据欧洲毒品和毒瘾监测中心报告，自 2003 年以来，土耳其已成为年度缉获海洛因最多的国家，2009 年最高曾达 16 吨。2020 年，土耳其执法部门缉获的海洛因数量达 13.8 吨，是整个欧盟国家缴获海洛因数量的近 3 倍。同时，在运输方式上，虽然传统方式仍是用卡车、公共汽车藏匿海洛因走私进入欧洲，但近年来在土耳其、巴基斯坦以及伊朗的港口，利用海运集装箱藏匿海洛因运往欧洲，或是利用空运、小包邮寄入欧的情况也屡见不鲜。

（二）毒品非法走私路线

1. 欧洲地区

由于"金新月"地区的鸦片与海洛因经陆路贩运至欧洲时，路线横跨东南欧的巴尔干半岛，因此该路线也被称为巴尔干路线，是世界上重要的海洛因走私路线。联合国公布的报告指出，综合海陆两种运输方式，巴尔干路线目前共有三个分支：北部分支横跨东巴尔干半岛，途经保加利亚与罗马尼亚最终抵达西欧和中欧；南部分支途经希腊向意大利运送；西部分支则通过西巴尔干半岛运往西欧和中欧。尽管由于贩毒集

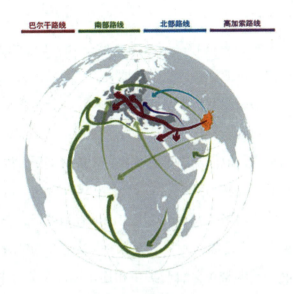

欧洲主要毒品贩运路线

团运输方式与路线的隐蔽性，很难统计途经巴尔干半岛的具体的海洛因总量，但从一些沿线国家（如希腊、保加利亚）毒品缉获量居高不下的情况来看，巴尔干半岛依旧是亚欧海洛因走私的重要通道。《2022 年土耳其毒品报告》也显示，2015 年至 2019 年间，70% 以上的海洛因经由巴尔干路线流入西欧和中欧市场。

虽然海洛因仍是通过巴尔干路线走私的主要毒品，但这一传统的贩运走廊正在发生变化。随着毒品种类不断增多，为满足欧洲日益增长的多种毒品消费需求，巴尔干地区的毒贩也逐渐开辟出向欧洲运输大麻、可卡因及新型毒品的新路线。以保加利亚为例，2012 年 7 月，保加利亚执法部门在该国一个村庄内查获来自摩洛哥的 12 吨价值约 3.6 亿欧元的大麻。在欧洲刑警组织的大力打击下，在黑海沿岸港口和巴尔干地区也查获了大量毒品。2018—2021 年，在巴尔干港口查获了至少 7 吨可卡因、6 吨苯丙胺和 3 吨海洛因。这表明这些地区已发展成为多样化毒品的重要入口。

荷兰也是欧洲重要的毒品转运港。早在18—19世纪，随着鸦片贸易与消费开始渗透进亚洲各国，荷兰同英、法等殖民帝国一同在其殖民地内建立起鸦片垄断体系，大量商人通过种植与贩运鸦片牟利。经历两次世界大战后，阿姆斯特丹与鹿特丹等主要港口开始汇集来自中东与东亚地区的外国毒贩，他们混迹于荷兰社会，拉帮结派，以荷兰为据点开展起跨境鸦片类毒品贸易活动。20世纪70年代后期，荷兰对大麻施行的容忍政策致使该国非法大麻市场变得愈加有利可图。来自非洲与亚洲的贩毒集团越来越多地参与到荷兰大麻的非法生产和销售中。可供成人少量吸食大麻的"咖啡馆"也与黑市相连，不仅在荷兰本土非法销售，还持续向其他欧洲国家输送大麻。进入21世纪后，随着欧洲可卡因需求的上升，荷兰贩毒集团开始同南美洲建立联系，大量进口可卡因，在阿姆斯特丹及乌得勒支等地进行转运分销。荷兰逐渐发展成为欧洲重要的可卡因市场。2020年，欧盟成员国共缉获可卡因213吨，其中荷兰缉获49吨，缉获量仅次于比利时（70吨）。

2. 拉丁美洲地区

欧美市场对可卡因的需求催生出拉丁美洲毒品贩运的"兴盛"。哥伦比亚和墨西哥是拉丁美洲最臭名昭著的两大贩毒集团集中地，主要的贩毒集团大部分都隐藏在两国之中。20世纪70年代以来，在国内四大贩毒集团的控制下，经由委内瑞拉—加勒比通道这一路线，贩毒集团将哥伦比亚的毒品源源不断地运往美国和欧洲。在80—90年代，哥伦比亚贩毒集团经手的可卡因贸易占美国可卡因贸易总量的80%左右。联合国毒品和犯罪问题办公室2019年的数据显示，美国缉获的外国可卡因中有87%来自哥伦比亚，分别经东太平洋、西加勒比和加勒比三条路线流入美国。在毒品利益的驱动下，该国毒贩不仅花重金制造复杂的

美洲毒品贩运路线

走私工具，利用飞机和快艇等交通工具运输毒品，甚至还高薪聘请技术人员研制潜艇用于毒品运输。

墨西哥的贩毒集团主要走私毒品包括海洛因、甲基苯丙胺、大麻及芬太尼在内的合成阿片类物质。据美国缉毒署估算，美国国内消费的海洛因中约有90%来自墨西哥。墨西哥贩毒集团不仅利用本土罂粟制成各种阿片类药物，沿美国东海岸和西南边境地区进入美国销售，还分别在墨西哥与美国建立起毒品实验室和加工厂生产芬太尼及其类似物，形成了庞大的制毒贩毒网络。墨西哥国防部公布的数据显示，2020年，墨西哥共缉获约1.3吨合成阿片类物质，而2019年这一数据仅为222千克。缉获的芬太尼至少增加了486%。在墨西哥发现的毒品实验室数量也几乎翻了一番，从2019年的91个增加到2020年的175个。正因为如此，北美国家尤其是美国和加拿大因过量使用合成阿片类物质而致死的人数近年来增长速度惊人。

虽然美国是拉丁美洲国家毒贩贩运毒品的主要目的地，但随着全球可卡因市场的持续扩大，从拉丁美洲运往世界各地的可卡因贸易也逐渐发展起来。据统计，目前全球约25%—30%的可卡因从拉丁美洲运往欧洲。大量可卡因通过集装箱船从拉丁美洲国家出发，或经由西非中转，或经西班牙、荷兰、比利时等国港口运往欧洲内陆各国。此外，拉丁美洲毒贩也向亚洲走私了大量的可卡因。在 2020—2021 年亚洲缉获的可卡因中，来自巴西、巴拿马的可卡因分别占总量的 72% 和 16%。

3. 非洲地区

近年来，非洲逐渐成为全球大麻生产的主要基地之一，同时充当着世界毒品贩运活动重要的中转站。阿尔及利亚、南非、摩洛哥、尼日利亚、塞内加尔等国的毒贩，一边通过种植大麻获利，一边又利用当地便利的地理环境和交通条件将其作为毒品的转运站。摩洛哥更是他们将各类毒品运往欧洲市场的主要阵地。联合国毒品和犯罪问题办公室发布的《2022 年世界毒品问题报告》指出，摩洛哥贩毒网络经由萨赫勒地区延伸至利比亚和埃及，并且还通过西班牙向欧洲毒品市场供应毒品。除了运输非洲本土种植的大麻外，摩洛哥和西非国家的毒贩还同来自南美洲的毒贩建立起联系，利用非洲的海港、机场与公路进行跨国可卡因贸易。《北非邮报》称，2021 年摩洛哥当局共缉获 191.1 吨大麻、1.4 吨可卡因和 3 千克海洛因，同时处理了 82000 多起持有和贩运毒品案件，缴获 140 万粒精神药物，逮捕了 10 万多名嫌疑人。目前，非洲正逐渐成为南美洲贩毒集团贩运可卡因的重要中转站。

三、全球毒品的消费

不断扩大的毒品种植、生产与贩运，推动了全球毒品消费市场的膨胀。受国际毒潮泛滥影响，全球吸毒人数持续增长。联合国毒品和犯罪问题办公室 2022 年发布的统计数据显示，2022 年全球 15—64 岁人口中的吸毒者数量估计达到 2.84 亿，比 2010 年增加了 26%，也就是说，每 18 人中就有 1 人在过去 12 个月内使用过毒品。而随着国际毒品管控的日渐加强，毒品种类也出现新的变化。继传统毒品和合成毒品之后，新精神活性物质的种类正急速增长，成为流行全球的"第三代毒品"。目前，毒品消费市场呈现出三代毒品共存的局面，给各国禁毒工作带来巨大挑战。

（一）传统毒品

目前，传统毒品在毒品市场中仍然占据重要地位。大麻是当前全球吸食人数最多的毒品。2022 年的统计数据显示，截至 2020 年，全球约有 2.09 亿大麻使用者，其使用量在过去 10 年中增加了 23%。在全球 15—16 岁的青少年中，大麻使用率已达 5.8%。而在 15—64 岁年龄段中，这一比例仅为 4.1%。

拥有全球最为庞大的毒品市场的欧美地区，吸食大麻的人数出现明显增长。美国药物滥用和精神健康服务管理局统计显示，2020 年，美国 12 岁及以上的人群中有约 4960 万人在过去一年内使用过大麻，同 10 年前相比人数增加了近两倍。欧洲作为全球另一大毒品消费市场，也在遭受着大麻市场的冲击。作为西欧和中欧国家最常用的毒品之一，大麻在欧洲也拥有庞大的消费群体。据欧洲毒品和毒瘾监测中心报告，在欧洲 24 个国家中，2009—2019 年期间，首次使用大麻的人数增加了 45%。2020 年欧洲约有 1600 万青年（15—34 岁）使用过大麻，约占该年龄段人口的 15%，而这一比例在 15—24 岁年龄段中增至 20% 左右。2021 年一年内，仍有超过 2200 万欧洲成年人报告使用过大麻。此外，在非洲，由于大多数非洲国家没有能力满足不断膨胀的年轻人口的经济需求，社会就业形势的严峻助长了年轻人中吸毒文化的盛行。大麻使用率在整个非洲大陆整体呈上升趋势，且向年轻化发展。在非洲南部的一些国家，青少年中滥用大麻的平均年龄已降至 13 岁左右，由药物滥用引发的青少年暴力冲突事件也频繁发生，成为非洲亟待解决的新问题。

2010—2020 年全球使用大麻人数和报告的大麻使用趋势指数

全球可卡因市场规模也在逐渐扩大。据统计，2020 年约有 2150 万人至少吸食过一次可卡因，占全球 15—64 岁人口的 0.4%。从可卡因吸食者的全球分布情况来看，北美洲是世界上最大的可卡因消费市场。据估算，2020 年北美国家共计约 640 万人吸食过可卡因。2019—2020 年，美国 12 岁以上的人群中有约 2% 的人曾吸食可卡因。而加拿大 2019 年的统计数据也显示，15 岁以上人群中有 2% 的人在过去一年吸食过可卡因。在南美洲，2020 年也有 470 万人吸食过可卡因。除美洲外，欧亚地区的吸食人数也越来越多。欧洲毒品和毒瘾监测中心的调查显示，2021 年欧洲共有约 350 万成年人使用可卡因，近 220 万 15—34 岁的人（占这一年龄段的 2.2%）使用过可卡因。截至 2020 年，欧洲约有 7000 名吸毒者因可卡因问题接受药物治疗，是 2016 年报告的 3 倍，这表明其使用量仍在增长。比利时、爱尔兰、西班牙、法国、意大利和葡萄牙都报告了可卡因使用量显著增长的情况。

（二）合成毒品

合成毒品市场在全球持续扩大。以苯丙胺类毒品为例，2021年统计显示，2016—2020年有117个国家报告缉获了甲基苯丙胺，而2006—2010年为84个。2016—2020年期间，东亚和东南亚以及北美报告的苯丙胺类毒品缉获数量最多，其次是地中海东部沿岸地区、西亚的大部分欧洲。其中缴获最多的是甲基苯丙胺、苯丙胺和"摇头丸"。2020年，北美缉获甲基苯丙胺的数量比上一年增加了7%，而东南亚的缉获量比上一年增加了30%，均创下了两地区的历史新高。西南亚报告的甲基苯丙胺缉获量也急速增长，2020年比2019年增加了50%。

合成毒品的滥用给全球带来新的威胁。据统计，2020年共计约3400万人至少使用过一次苯丙胺类毒品，还有约2000万人服用过"摇头丸"。美国国立卫生研究院的一项研究表明，2015—2019年，尽管使用甲基苯丙胺的人数未出现急速增长，但美国18—64岁群体中因甲基苯丙胺相关的用药过量致死人数增加了近两倍。同时，联合国毒品和犯罪问题办公室的研究注意到，近年来，东亚及东南亚已成为与北美比肩的全球最大的甲基苯丙胺市场。合成毒品因原料便于获取、制作成本相对低廉、隐蔽性强等特点大量涌入东亚及东南亚市场。在毒品大量供应的冲击下，东南亚甲基苯丙胺片剂的价格持续下跌，甲基苯丙胺使用人数显著增加。联合国最新统计显示，2022年，约有57900名18—65岁的泰国人至少使用过一次甲基苯丙胺，高于2020年的44500人。日本的一份报告也称，甲基苯丙胺是该国2019年使用最多的毒品。除了甲基苯丙胺外，包括"摇头丸"、氯胺酮在内的合成毒品缉获量也逐年增加。

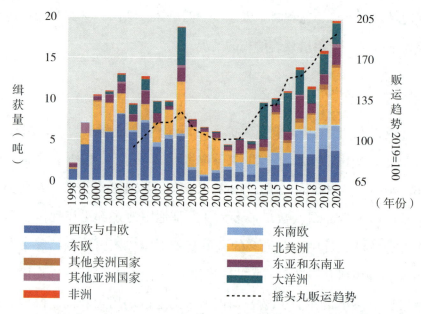

1998—2020 年各地域内"摇头丸"缉获量和报告的"摇头丸"贩运趋势

据联合国统计，东亚和东南亚的几个国家，包括柬埔寨、日本、马来西亚、韩国和泰国，近年来缉获的氯胺酮及"摇头丸"均有所增加。自 2015 年以来，东南亚地区的氯胺酮缉获量大幅增加。2019 年，东南亚地区缉获的氯胺酮共计约 4 吨，与 2014 年的缴获量相比增加了 14 倍。缉获的氯胺酮大都来自马来西亚、缅甸、泰国和越南。同年，东南亚还查获了至少 470 万片"摇头丸"。日本警察厅公布的 2016—2020 年历年毒品缉获数据也显示，日本"摇头丸"的缉获数量自 2016 年起飞速增长，从 2016 年的 5019 粒增长至 2020 年的 90218 粒。使用人数的增加与合成毒品缉获数量的攀升反映出东亚及东南亚不断增长的毒品消费需求。

（三）新精神活性物质

近年来，越来越多的新精神活性物质被引入毒品市场。2022 年的统计数据显示，2009—2021 年期间，有 134 个国家共报告了 1127 种新精神活性物质。在这些不断增多的新精神活性物质中，合成阿片类新精神活性物质特别是芬太尼及其类似物受到格外关注。

从全球缉获量来看，芬太尼及其类似物贩运的目的地主要集中在美洲特别是北美地区。2013—2017年，美洲国家的缉获量占全球缉获总量的95%，美国是其最大的市场。合成阿片类物质的滥用引发新的公共卫生危机。美国疾病控制和预防中心的报告数据显示，自2017年以来，因滥用合成阿片类物质致死人数持续激增，2017年，因滥用合成阿片类物质死亡人数为28466人，同2016年的19413人相比增长47%，是2004年的17倍。当前，芬太尼类物质将用药过量死亡人数推至新高。美国2020年的用药过量死亡为91799例，其中68630例为阿片类药物导致的用药过量死亡，占总数的74.8%。此外，据加拿大报告，在2019年因阿片类用药过量死亡人数增加了95%。使用新型毒品的青少年人数也在逐渐增多。随着使用人群的扩大，新精神活性物质逐渐威胁到年轻一代的身心健康和安全。在北美，《美国医学会杂志》数据显示，美国青少年中因芬太尼相关原因致死人数从2019年的253人增加到2020年的680人。滥用毒品对青少年群体的威胁正随着新精神活性物质的出现日趋严峻。

新精神活性物质的出现也冲击着欧洲毒品消费市场。截至2021年底，欧洲毒品和毒瘾监测中心在欧洲监测发现的新精神活性物质已经达到了880种，且此类物质在以平均一周一种的速度持续增加，新精神活性物质的威胁日深。2021年欧洲没有发现新的芬太尼衍生物。然而，在2020—2021年期间，欧洲发现了15种不受管制的新合成阿片类药物。其中包括9种强效苯并咪唑类阿片类药物。此外，2021年在欧洲检测到4种新型"OXIZID"类合成大麻素。据报告，2020年欧洲共查获近7吨新精神活性物质。

在非洲，合成阿片类药物曲马多的非法滥用与贩运正在成为部分国家和地区的安全隐患。作为弱阿片类药物，曲马多因其良好的镇痛效果被广泛运用于医学临床实践中。然而，该药物同样具有成瘾性，因此在用来治疗传染性疾病时，越来越多未经批准的曲马多流入非医用的非法市场，给非洲国家带来新的社会危机。《2019 年世界毒品问题报告》的统计数据显示，全球曲马多缉获量从 2010 年的不足 10 千克迅速增长至 2013 年的近 9 吨，2017 年更是飙升至 125 吨。尼日利亚、埃及以及阿拉伯联合酋长国的曲马多问题最为严重，仅在 2017 年，尼日利亚的缉获量就高达 96 吨，其次是埃及 12 吨，排在第三位的是阿拉伯联合酋长国 9 吨。而且曲马多问题随着民众的滥用正逐渐向非洲其他国家与西亚的大部分地区扩散，严重影响到了非洲和西亚大部分地区的公共卫生安全。

时至今日，毒品因其在生产、贩运、消费环节衍生出的新问题，不断挑战着既有国际毒品治理模式。为了有效应对全球毒品的新形势，各国政府需要继续完善国际禁毒合作机制，加强技术合作，从供需两端建立起综合平衡的毒品管制政策，不断更新治理方式与手段，只有这样，才能有助于改善当前这一全球性社会问题。

第二节　国际禁毒合作及其机制的形成

国际禁毒合作是从 100 多年前为解决鸦片问题而进行的国际努力中逐渐发展起来的。1909 年，"万国禁烟会"在上海召开并形成九项决议，揭开了国际禁毒合作的序幕。由于"万国禁烟会"重点关注的是毒品的滥用而不是从根源上解决毒品生产过剩等问题，而且形成的九项决议不具有国际公约的约束力。为此，国际社会于 1911 年与 1912 年之交召开海牙国际鸦片会议并通过《海牙国际鸦片公约》，确立了国际禁毒合作的国际法机制。国际联盟（简称"国联"）成立后，承担起国际禁毒的职责，颁布了一系列国际禁毒公约，逐步建立起以国联为平台的国际禁毒体系。第二次世界大战后，联合国创立，接管了国联的国际毒品管制职能，建立麻醉品委员会等机构，并相继通过了一系列公约和议定书，逐步建立起现行的国际禁毒体系。

一、国际禁毒合作的初步尝试

（一）上海"万国禁烟会"与国际禁毒合作的缘起

1906 年 7 月 24 日，美国圣公会菲律宾教区主教勃罗脱致信美国总统西奥多·罗斯福，建议美国政府倡议一项国际行动，号召涉及鸦片问题的国家围绕鸦片问题进行合作。出于对当时国际国内形势的综合考量，为改善中美关系和提升美国的影响力，罗斯福总统和国务院同意了勃罗脱的建议。在美国的提议和召集下，"国际鸦片委员会"于 1909 年 2 月 1 日至 26 日在上海召开会议，美、英、法、德、意、奥匈帝国、荷、葡、俄、日、波斯（今伊朗）、暹罗（今泰国）和中国 13 个国家的 41 名代表齐聚上海，讨论和审查鸦片问题，史称"万国禁烟会"。

经过近一个月的讨论与协商，会议达成九项决议案，敦促各国政府采取措施，制定法律限制鸦片、吗啡及其衍生品贸易，并在其租界内给予必要的配合和支持。同时，还敦促各国政府逐步减少吸食鸦片，将吗啡的使用限于医疗目的，阐明对吗啡和其他鸦片衍生物实施国家管制的必要性。

虽然这些决议只是建议性的，不具有国际公约的约束力，但上海万国禁烟会的确是国际禁毒合作的开端。这次会议提出了在全球范围内禁止非医药用麻醉品的管制理念，并通过决议第三条得以确定下来。万国禁烟会可以说是"通过国际行动解决鸦片问题的第一步"。

（二）1912 年《海牙国际鸦片公约》揭开国际禁毒合作制度化的序幕

万国禁烟会重点关注的是毒品的滥用，而不是从根源上解决毒品生产过剩等问题。当时，美国希望借鸦片问题达到在亚洲东部扩张的目的，同时也可在毒品领域的国际合作方面扮演领导角色。因此，为将万国禁烟会上形成的九项决议案转化成具有国际法效力的国际公约，并从根源上解决毒品生产过剩等问题，在美国的斡旋下，荷兰政府同意在海牙举办国际鸦片会议。

1911 年 12 月 1 日，国际鸦片会议在海牙召开。中、法、德、意、日、荷、葡、俄、波斯（今伊朗）、暹罗（今泰国）、英国及其海外领地，以及美国 12 国代表参加了会议。1912 年 1 月 23 日，经过深入细致的讨论，参会各国最终签署《海牙国际鸦片公约》。公约包含 6 章共计 25 条，除了在万国禁烟会上已经广泛讨论的鸦片和吗啡外，还将海洛因和可卡因列入受管制的物质清单，规定把吗啡、海洛因、可卡因及其他衍生物的制造、贸易、使用限制在医学和科学范围内，从而确立了麻醉品多边管制体系的国际法机制，建立了现行国际麻醉品管制体系的雏形。

然而，《海牙国际鸦片公约》存在诸多不足之处，它所确立的进出口管制措施过于模糊，对毒品的制造以及生鸦片和古柯叶的生产也没有明确的限制。这些不足都在一定程度上影响了《海牙国际鸦片公约》的成效。此外，《海牙国际鸦片公约》收效甚微的原因还在于它没有得到统一批准，例如，波斯、阿富汗和土耳其等重要的鸦片生产国都没有批准该公约。

二、国际联盟与国际禁毒合作的开展

国际禁毒合作在国联成立之后得以继续推进。国联理事会任命了一个咨询委员会，即鸦片及其他危险药品走私咨询委员会(以下简称"鸦片问题咨询委员会")，以监督 1912 年《海牙国际鸦片公约》的实施情况。此后，国联相继出台一系列国际禁毒公约，逐步建立起一套以国联为平台的国际禁毒体系。

(一) 1925 年《日内瓦国际鸦片公约》

1924 年底到 1925 年初，日内瓦鸦片会议先后通过了《熟鸦片制造、国内贸易和使用协议》和《日内瓦国际鸦片公约》。其中，《日内瓦国际鸦片公约》在 1912 年《海牙国际鸦片公约》的基础上进一步细化，决定采用进出口许可证制度作为主要的国际贸易管制机制，建立了麻醉品进出口许可制度，使麻醉品的国际管制更加制度化，并首次将大麻列入国际毒品管制范围内。

同时，公约规定，设立一个常设中央鸦片委员会，由不担任任何公职的专家组成，负责审查成员国递交的鸦片生产、进出口的年度统计资料，并确定满足各国合法需求所需的鸦片数量。该委员会还可以"观察国际贸易过程"，根据掌握的信息，对认为任何过量积累管制物质的国家，有权通过国联秘书长要求有关国家作出解释。值得注意的是，公约第 19 条规定，"常设中央鸦片委员会成员应由国联理事会任命"，同时"应邀请美国和德国各自提名一人参与这些任命"。根据这一规定，作为半独立机构，常设中央鸦片委员会的非政府专家成员，实际上将麻醉品的管制制度扩大到国联成员国之外，改变了将德国和美国排除在外的局面。

（二）《1931 年公约》

《日内瓦国际鸦片公约》尽管在国际禁毒合作的制度上有新突破，但仍存在诸多不足之处。例如常设中央鸦片委员会责权模糊，与国联之间的关系错综复杂，没有对限制麻醉品的生产作出规定，等等。这些都影响了《日内瓦国际鸦片公约》的有效执行。与此同时，随着麻醉品滥用危机日益加深，国际社会认为，有必要制定一项专门限制麻醉品制造的国际协定。

在国际社会的努力和国联的积极呼吁下，1931 年 5 月 27 日，57 个国家的代表齐聚日内瓦，召开日内瓦限制麻醉品生产大会。7 月 13 日，《限制制造及调节分配麻醉品公约》（以下简称《1931 年公约》）正式开放供签署。

《1931 年公约》共 7 章 34 条，引入了"相似性原则"、国际麻醉品需求的估计制度和毒品列管制度等多项制度创新。具体来说，一是通过引入"相似性原则"，规定适用于所有具有相似有害影响和滥用问题的药物，只要它们在化学上与公约规定的两组物质有关，就应该被纳入管制范围，从而进一步拓展了列管的对象和范围，为此后出现的新物质的列管提供了国际法支持。二是通过消费估计制度、生产总量控制、进出口许可证制度等方式，强制性限制世界各国麻醉品的需求、制造和消费。三是首次引入了"毒品列管分级"原则，根据不同物质的危险程度和医学界的需求程度采取不同的控制水平。《1931 年公约》的这些重要制度和创新之举，推动了国际禁毒体系的进一步完善。

（三）《1936 年公约》

随着 1912 年《海牙国际鸦片公约》、1925 年《日内瓦国际鸦片公约》

和《1931 年公约》的生效和执行，国际社会在限制精神活性物质的合法贸易方面取得重大进展。然而，这些进展难以遏制非法贩毒活动的日渐猖獗。1933 年后，一些有组织的犯罪集团转向海洛因贩运，并与欧洲和美国的有组织犯罪集团相勾结，从欧洲各国购买海洛因走私到亚洲和美洲。同时，随着国际禁毒公约的执行，欧洲加强了管制，犯罪集团的经营中心转移到伊斯坦布尔。一些日本贩毒集团将土耳其和波斯生产的鸦片大量运到中国。

毒品市场的扩大引起国际社会的普遍关注，1936 年 6 月，中、美、英、法、日、荷、葡等 40 多国的代表齐聚日内瓦召开会议，讨论并签订了《禁止非法买卖麻醉品公约》（以下简称《1936 年公约》）。该公约第一次把非法制造、持有、供应、售卖、分配和购买麻醉品等行为规定为国际犯罪。《1936 年公约》还规定，缔约国政府应采取必要的立法措施，严惩毒品生产、制造、贩运等各种犯罪行为，并明确论述了境外涉毒犯罪的惩治及引渡问题，这是国际禁毒立法史上一项重大突破。

具体来说，公约首先将麻醉品原料生产与制造品加以区别，生鸦片、古柯叶和大麻属于"生产品"；在生鸦片、古柯叶和大麻等原料基础上制造出来的吗啡、海洛因、可卡因以及进一步加工的各种麻醉制剂均属"提制品"。同时，公约还将 1912 年《海牙国际鸦片公约》、1925 年《日内瓦国际鸦片公约》和《1931 年公约》规定的麻醉药品统统纳入本公约的管辖范围，即包含了一切有关麻醉品的生产品和提制品。公约将非法参与贩卖、提制和运销麻醉品的一切活动均定义为犯罪，并且涵盖了有意参与、同谋和未遂等犯罪。公约总结和分析了大量跨国毒品案件遇到的各种问题并提出法律对策，论述了境外涉毒犯罪的惩治及引渡问题。公约还要求各国政府建立职能相近的中央禁毒机关，以便加强国际间的禁毒合作。

然而，《1936 年公约》的实际影响却非常有限，包括美国在内的许多国家拒绝签署和批准公约。此后不久，第二次世界大战爆发，药物管制事宜再次被搁置。

总之，从 1912 年《海牙国际鸦片公约》到 1925 年《日内瓦国际鸦片公约》，从《1931 年公约》到《1936 年公约》，国际禁毒合作逐渐发展成为一个相对独立、完善的立法体系，共同构成管制麻醉品的国际法律制度基础。

三、联合国与现行国际禁毒体系的构建

第二次世界大战结束后，联合国创立。1946 年 2 月 12 日，联合国大会第 29 次全体会议通过决议，将国联根据麻醉品国际公约所行使的权力和职能移交给联合国，并将该决议提交联合国经济及社会理事会采取行动。2 月 16 日，经社理事会第一届会议通过该决议，联合国正式接管国联在国际毒品管制方面的职能，并在经社理事会之下设立了麻醉品委员会，代替了国联时期的鸦片问题咨询委员会和常设中央鸦片委员会等机构，以统一负责麻醉品国际管制问题。

麻醉品委员会第一次会议签署了修订国联时期制订的国际麻醉品管制条约的协定，即《1946 年协定》，从而为麻醉品管制职能从国联向联合国的交接奠定了法律基础。1948 年 11 月 19 日，联合国在法国巴黎召开会议，签署《巴黎协定》，规定把《1931 年公约》未能包括的新型毒品——合成麻醉品纳入国际管制范围。随后，国际社会以联合国为平台，相继通过了一系列公约和议定书，建立起一套以联合国为平台的现行国际禁毒体系。

（一）《1953年鸦片议定书》

1953年6月，为进一步加强在全球范围内的鸦片管制，各国几经商议后同意拟定一项《限制与调节罂粟之种植、鸦片之生产、国际贸易、批发购售及其使用的议定书》（以下简称《1953年鸦片议定书》）。

《1953年鸦片议定书》旨在将鸦片的生产和使用限制在医疗和科研需要的范围内。根据公约规定，只有保加利亚、希腊、印度、伊朗、土耳其、苏联和南斯拉夫7个国家被许可生产鸦片并提供出口。为了对鸦片的生产和使用以及鸦片贸易进行管制，公约要求各国采取措施，在国家层面实行全面管制制度。更为重要的是，《1953年鸦片议定书》载有国际法中前所未有的最严格的药物管制规定——将《1931年公约》的成药报告规定延伸到生鸦片。然而，正是因其严格性，该议定书迟至1963年才生效。但此时，1961年《麻醉品单一公约》已经制定，并于1964年12月开始生效，很快取代了《1953年鸦片议定书》。

（二）1961年《麻醉品单一公约》及其修正

1948年，美国联邦麻醉品局局长哈里·安斯林格在联合国麻醉品委员会第三届会议上提交一项决议草案，呼吁秘书处起草一项单一公约，将现有麻醉品公约的规定和限制原材料生产的规定一并纳入其中，并作出新的规定，以便堵住当时国际药品管制中存在的漏洞，精简国际药物管制机制，还希望通过这项新的单一公约，纳入更为严格的限制麻醉品原材料生产的规定。

联合国经济及社会理事会最终通过了麻醉品委员会的这一决议，并提请秘书长开始进行新条约的筹备工作。经过长达13年的谈判之后，《麻醉品单一公约》于1961年获得通过，并于1964年12月生效。1961

年《麻醉品单一公约》有三个特点：一是保留了 1925 年《日内瓦国际鸦片公约》和《1931 年公约》制定的一些条款，将现行的多边条约法律编入一项单一文书。二是精简了国际禁毒机制，不仅设立了国际麻醉品管制局，而且合并和简化了一些行政职责。三是纳入了更为严格的限制麻醉品原材料生产的规定，该公约在继续对鸦片生产进行严格管制的基础上，将国际管制范围扩大到罂粟秆、古柯叶和大麻生产。

1970 年 7 月，美国国务院建议提出一项新的国际禁毒公约，作为 1961 年《麻醉品单一公约》缔约国之间的一个补充，强调加强各国政府间的禁毒合作，鼓励各国迅速采取措施来履行现行条约。1972 年 3 月 6 日至 24 日，联合国审议单一公约修正案全权代表大会在日内瓦举行，会议经过讨论通过了《修正 1961 年麻醉品单一公约的议定书》（以下简称《1972 年议定书》），并于 3 月 25 日开始公开签署。

与 1961 年《麻醉品单一公约》相比较，《1972 年议定书》中最值得关注的改进部分主要包括：授权国际麻醉品管制局新的职责，具体负责打击麻醉品非法贩运；扩大国际麻醉品管制局的权力，包括确保信息来源渠道和行政人员的独立性、实地调查和敦促成员国采取行动等；罚则条款新增关于麻醉品违法者引渡的规定；所有单一公约的缔约国都有责任对阻止毒品滥用，对因毒品引起的治疗、教育、康复和社会回归给予特别关注。

（三）1971 年《精神药物公约》

第二次世界大战后，甲基苯丙胺的使用先后在日本、英国和美国蔓延，包括麦角酰二乙胺在内的致幻药物的使用和文化影响处于全盛期，多种药物滥用现象也越来越常见。20 世纪 60 年代中期，多数国家仅对苯丙胺、巴比土酸盐、镇定剂和其他合成的非植物成药的分销进行最低限度的限制。随着上述问题日益严重，一些发达国家采取了某些限制措施，但这在客观上却促使制药公司加紧将产品销往拉丁美洲、非洲和亚洲。于是，精神药物滥用成为一种全球现象。

为了对精神药物进行国际管制，1967年，国际麻醉品管制局、联合国法律事务厅和世界卫生组织表示，必须达成一项新条约。在联合国的发起与推动下，1971年《精神药物公约》最终在奥地利维也纳正式签署，并于1976年8月生效。

1971年《精神药物公约》共有33条，将许多苯丙胺类兴奋剂、致幻剂、镇静催眠药和抗焦虑药、止痛剂及抗抑郁剂置于国际管制之下。其管制制度以1961年《麻醉品单一公约》为基础，但也有新的规定，除了适用于所有精神药物的一般规则和条例外，1971年《精神药物公约》还根据药物的潜在治疗价值及与消费相关的潜在风险这两项标准，制定了4种不同的受管制精神药物附表。

（四）1988年《联合国禁止非法贩运麻醉药品和精神药物公约》

20世纪80年代，鸦片、海洛因和可卡因的非法生产、贩运和滥用现象日渐增多。此外，制造精神药物特别是苯丙胺类兴奋剂的现象，在北美洲、欧洲和东南亚日益猖獗。在这种背景下，联合国大会通过决议，要求麻醉品委员会拟定一项禁止非法贩运麻醉药品的公约草案。1988年12月20日最终通过了《联合国禁止非法贩运麻醉药品和精神药物公约》。

《联合国禁止非法贩运麻醉药品和精神药物公约》于1990年11月11日生效，共34条。如公约所载，《联合国禁止非法贩运麻醉药品和精神药物公约》旨在"促进缔约国之间的合作，使它们可以更有效地应对国际范围的非法贩运麻醉药品和精神药物的各个方面"。该公约成为国际社会打击毒品贩运方面的一份强有力的文书。首先，公约的一些义务是广泛的，明显超出先前各项公约中所载的义务。其次，公约全面阐述了非法药物行业的多数方面。如公约第三条规定将下列故意行为确定为刑事犯罪："（一）违反《1961年公约》、经修正的《1961年公约》或《1971年公约》的各项规定，生产、制造、提炼、配制、提供、兜售、分销、出售、以任何条件交付、经纪、发送、过境发送、运输、进口或出口任何麻醉药品或精神药物；（二）违反《1961年公约》和经修正的《1961年公约》的各项规定，为生产麻醉药品而种植罂粟、古柯或大麻植物；（三）为了进行上述（一）目所列的任何活动，占有或购买任何麻醉药品或精神药物；（四）明知其用途或目的是非法种植、生产或制造麻醉药品或精神药物而制造、运输或分销设备、材料或表一和表二所列物质；（五）组织、管理或资助上述（一）、（二）、（三）或（四）目所列的任何犯罪……"虽然这些内容基本上与1961年《麻醉品单一公约》和1971年《精神药物公约》的内容相似，但1961年《麻醉品单一公约》只要求缔约国将此类活动定为应予惩罚的罪行。而1988年《联合国禁止非法贩运麻醉药品和精神药物公约》又向前迈出了重要一步，要求缔约国将这些活动定为刑事犯罪。值得注意的是，1988年《联合国禁止非法贩运麻醉药品和精神药物公约》还强调在国际一级进行前体管制的重要性，并进一步采取了一些措施，建立一个由国际麻醉品管制局进行监测的国际前体管制制度，以确定经常被用于非法制造麻醉药品或精神药物的物质并将其列入两个附表中。

第三节　世界毒情的新趋向及毒品治理的新转向

　　国际禁毒合作迄今已走过100多年的历程，并取得了积极进展。国际社会不仅就毒品管制问题达成共识，而且以国联和联合国等国际组织为平台，通过了一系列国际禁毒公约，构建起一套日益完善的多边毒品管制体系。然而，近年来世界毒情的新变化也使传统的毒品治理理念和模式日益受到挑战。对此，国际社会积极调整战略，使毒品治理出现新转向。

一、世界毒情的新趋向

尽管国际社会在解决毒品问题方面不遗余力，并确立了以三大公约为基石的现行全球禁毒体系，但也产生了一些意想不到的结果。一是催生了一个犯罪黑市。参与非法毒品行业的人不断涌现，他们非法从事毒品的种植、生产、制造以及贩运。有组织犯罪的势力也在加强，毒贩甚至通过暴力和恐吓影响政府的政策，阻碍禁毒执法。二是政策位移。随着犯罪黑市的不断扩大，相应的执法对策也需要更多资源，从而挤压和占据了公众健康所需的资源，使公众健康问题被遮蔽，没有得到应有的国际关注。三是地理位移，即"气球效应"——就像挤压气球的一个地方会使另一个地方膨胀一样，通过严格的管制使一个地方的毒品生产减少，往往会导致另一个地方毒品生产的增加。例如，在伊朗、巴基斯坦和土耳其进行毒品供应管制方面取得成功后该问题发生位移，转到了阿富汗。四是药物转换。如果通过减少供应或需求来对某种药物的使用进行管制，那么供应商和使用者就会转而去寻求具有类似精神活性效应但管制比较宽松的其他药物。

除了国际禁毒体系及其管制政策产生的这些意外后果外，全球毒品问题本身也呈现出诸多新趋向：吸毒者对于毒品的选择和使用日趋多元化，新精神活性物质隐隐有取代传统毒品之势，"暗网"已成为新的毒品贩运与交易的重要平台，公共卫生安全问题频发，等等。这些新趋向使国际社会在毒品问题上不断面临新的挑战。

（一）吸毒者对于毒品的选择和使用日趋多元化

不断增加的需求，加之越来越多元的供应，令吸毒问题正从小众变为大众行为。联合国毒品和犯罪问题办公室发布的统计数据显示，全球 15—64 岁人口中曾经吸食过毒品的人数逐年攀升，2020 年吸毒者占全球人口的比例已经高达 5.6%。

一般来说，人们对毒品的选择是有一定偏好的，每个地区吸食哪类毒品是有选择的。比如美洲国家的吸毒者更喜欢吸食大麻、可卡因；欧洲国家的吸毒者更追求时髦，各类新出现的毒品更受欢迎；亚洲国家的吸毒者则更倾向于使用鸦片类毒品。不过，现在这种选择偏好已经被打破，好奇心使得吸毒者吸食的毒品种类日益多样化。

联合国全球毒品消费地理信息系统的观测数据显示，全球吸食量最多的毒品仍旧是大麻，几乎各大洲都有大麻的身影，而且这一数字还在逐年攀升，2010—2020 年 10 年间使用大麻的人数增加了约 23%，2020 年估计有 2.09 亿人至少使用过一次大麻。因大麻的种植相对比较方便，大麻较容易获取，且存在把大麻视为"软毒品"的认识误区，大麻正日益从"明星们"的毒品变成部分青年人的最爱，大麻吸食人数在不断增加。

安非他明类合成毒品近年来增长迅速，它因原料易于获取、制作工艺和设备简单、对自然环境要求不高、易于携带、价格便宜而受到全球各阶层青年的青睐。2010—2020 年间，在全球查获的毒品中，安非他明类新型毒品的增长数量是最惊人的。2020 年，全球缉获安非他明类新型毒品的数量就达 525 吨，其中甲基安非他明的缉获量在过去 10 年间增加了 5 倍，达 375 吨。安非他明增加了 4 倍达到 75 吨，"摇头丸"

增加了 3 倍，达 20 吨。就缉获的区域分布来看，1998—2020 年间，东南亚、北美国家缉获量最多，而其他亚洲地区、大洋洲、欧洲、非洲近年来也增长迅速。

就可卡因吸食者的全球分布来看，可卡因毒品吸食者不再单单集中在美洲地区，欧亚地区的吸食人数、贩运数量也越来越多。而且越来越多的可卡因正在通过海上通道走私到亚洲地区，引起亚洲各国包括我国政府的高度关注。联合国发布的《2019 年世界毒品问题报告》的数据显示，2017 年，可卡因的年产量达 1976 吨，其中哥伦比亚的可卡因产量比 2016 年增加了 31%，达到了 1379 吨，占全球总产量的约 70%。2020 年，全球可卡因年产量再创历史新高，达 1982 吨，其中哥伦比亚为 1228 吨。

可卡因缉获量增长幅度最大的是亚洲和非洲，这说明可卡因贩运和消费正在向新兴市场国家蔓延。虽然起始水平远低于北美洲，但亚洲

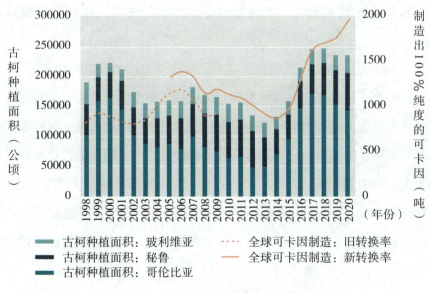

1998—2020 年可卡因的生产及制造量趋势

缉获的可卡因数量在 2015—2016 年间增加了 3 倍，其中南亚地区增加了 10 倍。2016 年，非洲缉获的可卡因数量增加了 1 倍，其中北非国家增加了 6 倍，占该区域 2016 年可卡因缉获总量的 69%。这与前些年往往主要是在西部和中部非洲缉获可卡因的情况大为不同。

当然，通过比较各类毒品的地理分布，我们也发现，所有毒品欧洲都是重灾区，这与其社会文化、经济发展情况关系密切。因此，应加快国家层面的相关立法，加强区域层面的联动联防共管，抑制各类毒品无边界无中心的扩散。

（二）新精神活性物质隐隐有取代传统毒品之势

近年来，新精神活性物质持续涌现，市场继续扩大，隐隐有取代传统毒品之势，逐步成为全球新威胁。新精神活性物质出现之初，因不受国际公约甚至不受世界各国国内法规的列管而被制造者和销售者冠以各种名称行销于世。事实上，这些新精神活性物质多是由已知毒品的模仿品发展而来的，不仅具有受控药物的作用，而且具有很高的风险。

作为继传统毒品和新型合成毒品之后流行全球的"第三代毒品"，新精神活性物质具有更新快、种类多、毒效强、扩散广、危害大等特点，对全球公共卫生、地区和国家安全稳定、公共健康构成越来越大的挑战。世界各国向联合国毒品和犯罪问题办公室累计报告的新精神活性物质数量从 2009 年的 130 种增至 2019 年的 950 种，并在 2021 年达到 1127 种，这不仅在一定程度上为我们认识和断定其结构成分和药理/毒理造成了诸多困难，而且成为国家和国际社会监测其使用和供应以及进行有效性干预的一个极大挑战。

同时，新精神活性物质扩散广，非法市场持续扩大。新精神活性

（种）

2009—2021年报告的新精神活性物质数量统计

物质的制造不受地域限制，不像传统毒品那样，必须从在一定条件下种植才能生长的植物中提取活性成分。因此，新精神活性物质更容易打破传统毒品的区域偏好而向全球扩散。2009年，仅有60多个国家向联合国毒品和犯罪问题办公室报告出现新精神活性物质，2015年报告的国家数已超过100个，2021年更是增至134个。越来越多的国家和地区开始出现新精神活性物质。全球缉获新精神活性物质的国家数量持续增长和缉获量的惊人增长，也印证了新精神活性物质的持续扩散。报告查获植物类新精神活性物质的国家数量从2009—2010年期间的28个增加到2019—2020年期间的37个。合成类新精神活性物质的扩张速度更快。报告缉获合成类新精神活性物质的国家数量从2009—2010年期间的30个增加到2019—2020年期间的57个。2015—2020年期间，合成类新型精神活性物质在东欧、中亚和外高加索国家的蔓延尤为显著。这些地区向联合国毒品和犯罪问题办公室报告的缉获数量从2005—2010年期间的116千克猛增到2015—2020年期间的近11吨。

不仅如此，新精神活性物质滥用带来的危害完全不同于传统毒品和合成毒品，他们以奇制胜、以变制胜、以新制胜，这种"奇""变""新"带来的一个严重后果是风险的不确定性。因为这些物质的"化学多样性"让其纯度、成分、使用剂量等不可知或知之甚少，药理学/毒理学的长期影响甚至短期后果都难以控制。不仅如此，制贩者还尝试把不同物质混搭，使用者把不同物质混用，更令这些物质的特性发生变异而令风险系数激增。其中，阿片类物质属于最为致命的一类新精神活性物质。美国缉毒署毒品犯罪实验室的数据显示，芬太尼与海洛因混合使用最常见，同时它还常与可卡因和甲基苯丙胺等混用。近年来，芬太尼与其他物质混用的数量一直在持续增加。到 2019 年，与海洛因混用的数量已经从 2014 年的 1460 例增至 27589 例（这个数字略低于 2018 年的 28616 例），与可卡因混用的数量从 2014 年的 155 例增至 2019 年的 3419 例，与甲基苯丙胺混用的数量则从 2014 年的 13 例增至 2019 年的 1618 例。

然而，阿片类物质的致命性危害并没有阻遏非法市场的扩张。在全球非法毒品市场上发现的阿片类物质的数量从 2009 年的仅 1 种增加到 2020 年的 86 种。2020 年，就联合国成员国报告的数量而言，合成阿片类药物是第三大类新精神活性物质。全球非法毒品市场上的阿片类物质正在急速增长和扩散，对全球公众健康构成日益严重的威胁。

（三）"暗网"成为新的毒品贩运与交易的重要平台

近年来，"暗网"逐渐成为新的毒品贩运与交易的重要平台，且地域范围不断扩大。在线买卖非法毒品是与互联网相伴而生的。联合国毒品和犯罪问题办公室在《2014 年世界毒品问题报告》中就预测，地下毒品市场在线交易未来几年有"成为流行事物的可能"。的确，互联网的出现引起了非法毒品市场的快速变化，它为毒品非法交易提供了高效的全球市场和销售渠道。2002 年"洋葱路由器"的上线加速了"暗网"上黑市的疯狂扩张。2009 年，第一家洋葱路由器网站上的毒品非法交易平台"药店"上线，此后，"公开供应商数据库计划"与"丝路 1.0"也于 2011 年相继上线。"丝路 1.0"更是使用加密的电子货币——比特币进行支付，而加密货币使得无监督的匿名交易成为可能。于是，用户利用专门的"暗网"搜索引擎便可以匿名访问他们所需的秘密毒品交易平台，并用比特币等加密货币购买毒品。"暗网"交易不仅在高度匿名的前提下将供应商和用户连接起来，使非法市场更加触手可及，而且规避了买卖双方必须在同一地点交易的风险，使得毒品非法交易变得更不易被发现。

"暗网"以其高度匿名性等特点成为毒品贩运与交易的重要平台。2011—2017 年，全球共有 103 家"暗网"交易平台。这些交易平台的销售清单显示，62% 的产品是毒品或与药物相关的物质，而其中非法毒品占 77%。随着"暗网"交易平台的发展，"暗网"交易的规模迅速扩大。全球毒品调查（The Global Drug Survey）每年基于 50 多个国家的调查发现，吸食毒品的互联网用户通过"暗网"购买毒品的人员比例从 2014 年 1 月的 4.7% 增至 2020 年 1 月的 15%。欧洲相关机构研究估计，2011 年至 2015 年，"暗网"上的毒品销售额每年大约有 4400 万美元。2016 年初，"暗网"上的毒品销售额为每月 1400 万至 2500 万美元，相当于每年 1.68 亿至 3 亿美元。兰德公司对欧洲的研究发现，2013 年 10 月至 2017 年 1 月，通过"暗网"进行的月交易额增长了 26 倍。欧洲毒品和毒瘾监测中心的调查研究发现，单单"阿尔法湾"这一平台的月交易额，2017 年初即比 2016 年初增加了 3 倍。

鉴于"暗网"非法毒品交易平台日益严重的威胁，各国执法机构和国际组织采取了一系列的管控和打击措施，加强对"暗网"市场的整治。2017年7月，欧洲刑警组织和美国联邦调查局、美国缉毒署以及荷兰国家警察局等合作，先后取缔了"阿尔法湾"和"汉莎"两大毒品"暗网"交易平台。同年9月，俄罗斯警方关闭了俄罗斯"匿名市场"。随着2019年4月"梦幻市场"的关闭，全球四大"暗网"市场均被成功拆除。

然而，随着执法机构对"暗网"市场的打击，尤其是主要"暗网"市场被成功拆除，"暗网"市场开始趋向分散化，通过"暗网"提供毒品的替代模式正在出现。原有的"暗网"市场被拆除后，已经建立良好信誉的老牌供应商便会转而建立更为隐蔽的服务平台，并继续与之前的老客户开展业务。另外，非英语的次要"暗网"市场有所增长。这些市场主要迎合特定的国籍或语言群体。同时，还出现了一些成熟的开放式网络市场，其特点是大量参与者之间可以保持高度匿名性。无论是毒品的运输还是交易汇款，都可以使用加密的消息和已有的邮政服务进行操作。Hydra平台就是专门针对俄语社区的。Hydra于2015年上线，在2017年"阿尔法湾"和"汉莎"等主要平台被取缔后迅速崛起，成为最著名的俄语"暗网"平台。2022年4月，德国联邦警察局与美国联邦调查局、美国缉毒署、美国国税局刑事调查局和美国国土安全调查局联合行动，查封了Hydra位于德国的服务器，关闭了这一网站。

当前，"暗网"上的毒品市场仍然不稳定，呈现此消彼长之势，并显示出地域范围持续扩大的趋向。据《2022年世界毒品问题报告》估算，在2017—2020年，"暗网"的在线销售额与2011—2017年相比翻了两番，近年来在线毒品交易的整体增长率也在逐步升高。

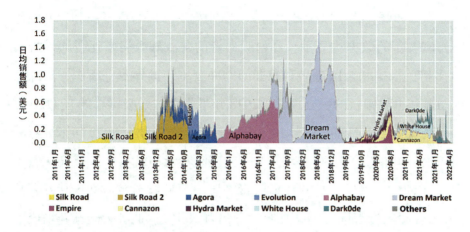

2011—2021 年全球 38 个主要"暗网"市场的日销售额（最小值，以毒品为主）

而且"暗网"市场不再局限于西方发达国家，还影响到东欧、拉丁美洲、亚洲和非洲。与此同时，全球对"暗网"的打击力度也在不断加大。据《2022 年欧洲毒品报告》数据显示，受执法活动加大与新冠疫情持续影响，"暗网"毒品市场的营收预计将大幅下降，"暗网"毒品市场的非法活动受到了有效制约。

（四）公共卫生安全问题频发

全球吸毒者数量持续增多，毒品市场发展迅猛，不仅使毒情形势日益恶化，而且给毒品使用者增加了健康风险，引发了严重的公共卫生安全问题。一方面，随着吸毒者数量和毒品种类的增加，加上多种毒品混用等更具危害性的吸毒模式的出现，给越来越多的吸毒者造成日益严重的负面后果，例如吸毒成瘾、心理健康障碍、HIV 感染、肝炎相关的肝癌和肝硬化、用药过量和过早死亡等。《2020 年世界毒品问题报告》表明，在 2.69 亿吸毒者中，约有 3560 万人存在严重的吸毒成瘾。

更为严重的是，注射吸毒者的人数仍然很多，《2022 年世界毒品问题报告》估计，2020 年全世界有 1120 万人注射吸毒，而注射吸毒者是艾滋病毒和肝炎感染风险最大的关键人群之一。联合国毒品和犯罪问题办公室多年的数据均显示，注射吸毒者的艾滋病患病率比普通人群高20多倍。根据联合国毒品和犯罪问题办公室、世界卫生组织、艾滋病规划署和世界银行的联合评估，2018年世界上注射吸毒者约有1130万人，全球艾滋病毒感染约有10%是注射吸毒造成的。《2022年世界毒品问题报告》指出，2020年，每8个注射吸毒者中就有1人感染艾滋病毒（140万人），近一半的注射吸毒者感染丙型肝炎（估计550万人），120万注射吸毒者同时感染艾滋病毒和丙型肝炎。此外，全球新增成人艾滋病毒感染病例中，有9%为注射或吸食毒品的人群，在撒哈拉以南的非洲地区，这一比例高达20%。在这些地区，艾滋病毒对少女和年轻妇女的影响尤为严重。

2020 年全球注射吸毒者人数与其中感染艾滋病毒人数

地区	注射吸毒者人数	感染艾滋病毒人数
亚洲	5190000	579000
欧洲	2600000	529000
美洲	2350000	173000
非洲	920000	101000
大洋洲	130000	2700

与此同时，全球因吸毒致死的人数一直居高不下。据世界卫生组织报告，2015年大约有45万人因吸毒死亡，其中因过量吸毒致死的人数就高达167750例。全球疾病负担研究（The Global Burden of Disease Study）最新公布的数据显示，因吸毒致死的人数2017年增至585000例，10年间增长了27.6%，其增长速度之所以如此惊人，最主要的原因是2017年鸦片类成瘾者的增长数量史无前例，新增400万例，因吸

食鸦片类毒品致死人数达 11 万例，仅次于丙型肝炎引起的肝硬化和其他慢性肝病（175000 例）和丙型肝炎引起的肝癌（127000 例），而成为位列第三位的死亡原因。而且特别值得关注的是，因吸毒致死者的平均年龄为 37 岁，其峰值是 30—34 岁。2019 年，因为吸毒而致死的人数则高达 49.4 万人，比 2010 年增长了 17.5%，其中直接因为过量吸毒而致死的人数为 12.8 万人，比 2010 年增长了 45%。

另一方面，吸毒者数量在持续增加，而吸毒病症治疗干预措施的覆盖率却依然较低，以科学证据为基础的毒品预防干预措施的实施率也很低，特别是在中低收入国家，情况更为严重。同时，供医疗使用的药用物质的供应也存在严重的不平等。以阿片类药物为例，尽管过去 20 年中，全球范围内供医疗使用的药用阿片类药物的可用剂量有所增加，但在供应上仍存在巨大差异。2020 年北美每 100 万居民可获得的标准化定义日剂量数是西非和中非的 755 倍。这就进一步加剧了毒品引起的公共卫生安全问题。

因此，在制定政策打击非法毒品的生产、贩运和消费的同时，如何更好地提供降低危害服务，确保低收入和中等收入国家能公平获得基本的医疗药物，维护公共健康，已成为国际社会应对毒品问题的新挑战。

二、毒品治理的新转向

近年来世界毒情出现的新变化，使传统的毒品治理理念和模式日益受到挑战。面对世界毒情的这些新趋向和新挑战，国际社会也在积极调整战略，逐步实现从管制毒品向治理毒品的转向，并将毒品管制的重点转移到维护公共健康上。

（一）国际禁毒政策的新转向

近年来，联合国召开的三次禁毒特别联大会议便可反映出国际禁毒政策的新转向。1990 年 2 月，联合国第一次禁毒特别联大会议召开，这是联合国首次以特别联大的形式对世界毒品问题进行专题讨论。会议以"国际合作取缔麻醉药品和精神药物的非法生产、供应、需求、贩运和分销问题"为主题，一致通过了关于禁毒的《政治宣言》和《全球行动纲领》，宣布 1991 年至 2000 年为联合国禁毒 10 年。从这次禁毒特别联大的会议主题和通过的政策文件不难看出，此时国际社会对于消除毒品犯罪和取缔毒品非法需求充满信心，希望用 10 年时间通过对毒品实施严格的管制来根除全球毒品问题。

1998 年 6 月，联合国第二次禁毒特别联大会议召开，以加强国际司法合作、控制化学品流动、控制兴奋剂、减少毒品需求和打击贩毒洗钱等为议题。会议通过了《政治宣言》、《减少毒品需求指导原则宣言》和《在处理毒品问题上加强国际合作的措施》3 项决议。其中，《政治宣言》提出毒品问题治理的 10 年目标，即在 2008 年前实现全球毒品需求大幅度减少的目标。《减少毒品需求指导原则宣言》提出采取"全面、均衡和协调"的策略来解决毒品问题，既注重解决毒品供应，又注重减少需求。《在处理毒品问题上加强国际合作的措施》则在打击兴奋剂犯罪、管制易制毒化学品、促进禁毒司法合作、打击贩毒洗钱、根除非法药物种植和促进替代发展等方面作出了具体规定。由此可见，由于禁毒措施取得的成效与第一次禁毒特别联大提出的 10 年禁绝毒品的目标相去甚远，第二次禁毒特别联大转而以减少毒品需求为重点，同时更加注重毒品问题的源头治理，强调替代发展，主张采取综合、全面的社会政策替代单一的执法手段。

然而，到 2008 年，根除或大幅度减少非法毒品生产和滥用的目标仍未能达成。一些国家对现行国际禁毒政策提出质疑，指责其不足之处，甚至有国家主张"毒品合法化"。2009 年 3 月，联合国麻醉品委员会高级别会议通过《关于开展国际合作以综合、平衡战略应对世界毒品问题的政治宣言和行动计划》（联大第 64/182 号决议），将 2019 年确定为实现其中所载各项目标的预定日期，并建议召开一次特别联大。2016 年 4 月，联合国第三次禁毒特别联大会议召开，会议议题重在审议落实 2009 年政治宣言和行动计划落实情况，评估现有国际禁毒体制和政策在应对世界毒品问题上取得的成就和面临的挑战，以促进和保护全人类的健康、安全和福祉。会议通过了《我们对有效处理和应对世界毒品问题的共同承诺》。第三次禁毒特别联大提出对现行国际禁毒体系和毒品政策进行重新评估，正是认识到各国在社会形态、毒情形势和社会发展情况等方面存在巨大差异。基于这一差异，重新评估现行的国际禁毒体系和毒品管制政策，以破除毒品管制政策的僵化局限。

（二）全球毒品监测与预警咨询系统的建立

面对合成毒品特别是苯丙胺类兴奋剂的威胁，联合国毒品和犯罪问题办公室于 2008 年 9 月启动了"全球合成物监测：分析、报告和趋势"项目（以下简称"全球合成物监测项目"）。联合国毒品和犯罪问题办公室与各国政府合作，协助各国生成和分析有关苯丙胺类兴奋剂和新型精神活性物质情况的数据。该项目通过向实验室工作人员、执法人员和研究人员提供技术支持，生成和使用合成毒品信息，旨在提高优先区域成员国进行有效政策设计和项目干预的能力。该项目建立并加强了在线数据共享机制，并向优先国家提供有关如何改善合成毒品数据生成和分析的培训。

　　"全球合成物监测项目"的核心业务在联合国毒品和犯罪问题办公室位于维也纳的总部开展，并以区域小组的形式扩展到优先区域。在东亚和东南亚，该计划与文莱、柬埔寨、中国、印度尼西亚、老挝、马来西亚、缅甸、菲律宾、新加坡、泰国和越南11国的政府一起实施。2011年1月，该项目业务拓展到拉丁美洲地区，并主要通过与美洲毒品滥用控制委员会合作进行。

　　该项目实施初期，主要针对的是苯丙胺类兴奋剂问题，然而随着新精神活性物质问题威胁日深，转而开始就新精神活性物质问题发挥"开创性作用"。2012年3月16日，联合国麻醉品委员会第55届会议通过题为"促进国际合作以应对新型精神活性物质所带来的挑战"的第55/1号决议，该决议在肯定全球毒品监测既有成果的基础上，敦促会员国或会员国之间或在联合国毒品和犯罪问题办公室支持之下监测新精神活性物质的构成、生产和销售上的新趋势，以及这些物质在其本国境内的使用模式；鼓励会员国通过适当的双边和多边渠道交换分享信息，考虑广泛的多种对策；促请联合国毒品和犯罪问题办公室利用"全球合成物监测项目"改进信息收集办法，鼓励与国际麻醉品管制局、世界卫生组织、国际刑警组织和世界海关组织等国际组织进行协同合作，建立全球和区域性的合作框架，共享信息。

　　2013年6月26日，国际禁毒日当天，联合国毒品和犯罪问题办公室在"全球合成物监测项目"框架下，正式启动新精神活性物质"早期预警咨询系统"。"早期预警咨询系统"是一个全球性互联网平台，由"全球合成物监测项目"负责运营管理，用以监测、分析和报告新精神活性物质的趋势，旨在为作出有效循证政策回应提供参考，同时加强同国家、区域和国际伙伴诸如欧洲毒品和毒瘾监测中心以及世卫组织的协作。它还充当这些物质的数据储存库，以及为成员国提供技术援助的平台。

新精神活性物质"早期预警咨询系统"官方网站

　　为了能够进一步促进国际合作，共同应对新精神活性物质和苯丙胺类兴奋剂的威胁，2015 年 3 月 17 日，联合国麻醉品委员会通过第58/11 号决议，鼓励会员国继续监测新精神活性物质和苯丙胺类兴奋剂（包括甲基苯丙胺）的构成、生产和分销方面的趋势，包括利用互联网进行的销售，以及这些物质在各国的使用状况和有害后果，同时鼓励全球相关机构与国家通过适当的双边和多边渠道，就新精神活性物质和苯丙胺类兴奋剂（包括甲基苯丙胺）的使用状况、法医数据和监管以及对公共健康和安全的风险（包括新精神活性物质剧毒性和依赖性的证据、交流信息和专业知识），并根据各自国家的实际情况采取适当措施，预防并减少新精神活性物质和苯丙胺类兴奋剂（包括甲基苯丙胺）的供应和需求。

　　2016 年 3 月 22 日，联合国麻醉品委员会通过第 59/8 号决议，要求采取各种措施，重点处理新精神活性物质和苯丙胺类兴奋剂问题。由于新精神活性物质的多样性及各种物质出现和传播的速度相叠加，这在客观上要求各国迅速调整国内监管框架，并对最普遍、最持久和最有害的新精神活性物质进行国际管制。决议还强调了联合国毒品和犯罪问题办公室的"全球合成物监测项目"在收集新精神活性物质信息方面发挥的重要作用。

2016 年 7 月和 8 月，联合国毒品和犯罪问题办公室与国际法医毒物学家协会合作，进行新精神活性物质毒理学数据收集试点工作。在此期间，探讨了如何将新精神活性物质的不良健康后果数据纳入联合国毒品和犯罪问题办公室"早期预警咨询系统"，以便为各国和国际机构采取对策提供信息支持。2016 年联合国大会世界毒品问题特别会议决定将新精神活性物质列为国际行动的重点之后，联合国麻醉药品委员会通过第 60/4 号决议：授权联合国毒品和犯罪问题办公室建立观测新精神活性物质的网站——毒理学门户网站，加强全球范围内相关数据的收集，揭示新精神活性物质对公众健康构成的威胁。

这样，联合国毒品和犯罪问题办公室负责总协调，"全球合成物监测项目"具体负责新精神活性物质的监测、分析和研究，而"早期预警咨询系统"、国际合作网络、毒理学门户网站负责全球范围内的信息收集，它们共同服务于全球新精神活性物质监测、预警与研究，提供新精神活性物质的趋势报告、药理学 / 毒理学分析报告等，为国际社会决策提

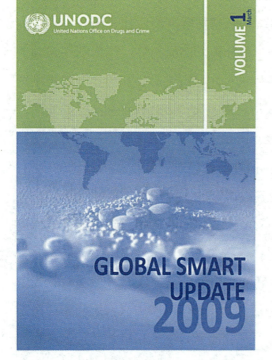

《全球合成物监测项目信息专报》创刊号封面

供数据支撑。在"全球合成物监测项目"统领之下，出版一系列重要的研究成果：《全球合成物监测项目信息专报》，为半年刊，每年 3 月和 10 月出版，2009 年发布第 1 期。同时，它还发布了《全球合成毒品评估报告》和各种区域性研究报告，等等。这些成果为世界卫生组织评估和审查新精神活性物质提供了重要参考。

（三）列管、监管范围的扩大

近年来，新精神活性物质以前所未有的速度激增，并带来了不可预见的公共健康挑战。《2013 年世界毒品问题报告》已经注意到，截至 2012 年年中，联合国毒品和犯罪问题办公室收到的新精神活性物质报告的数量首次超过了国际公约管制的数量。面对来势汹汹的新毒情，世界各国政府各显神通，它们或使用或修订现有立法，或颁行新的法律文书，或通过临时禁令等。截至 2018 年，已有 60 多个国家通过不同的方式来管控新精神活性物质。2019 年 5 月 1 日，中国政府正式将芬太尼类物质列入《非药用类麻醉药品和精神药品管制品种增补目录》，标志着中国政府已正式整类列管芬太尼类物质，这是中国禁毒法制建设历程中的重大创新性举措。不仅如此，国际区域性的组织还积极通过区域合作来推进新精神活性物质的监测、评估和管控。诸如欧洲毒品和毒瘾监测中心就建立了"欧洲预警咨询报告系统"。2017 年 11 月 15 日，欧洲联盟议会和理事会又通过了新的立法，以加快应对新精神活性物质的法律程序，并将其正式纳入欧洲一级"毒品"。

这些国家和区域性的行动，对于列管新精神活性物质作出了重要的贡献，但因其监测、评估和管控的范围相当有限，且主要管制的是销售领域，加之，因新精神活性物质不受国际禁毒公约的管控，因此各国之间的法律地位可能会有很大差异。国家之间法规的差异性也在一定程度上弱化了国际间的有效协作。

正因为如此，通过联合国采取全球层面的行动显得尤为重要。面对新精神活性物质带来的挑战，联合国麻醉药品委员会积极做出响应。早在 2005 年 3 月 11 日，联合国麻醉品委员会就通过第 48/1 号决议，呼吁国际社会要关注不受国际禁毒公约管制的物质滥用和贩运的问题。2010 年 3 月 12 日，又通过第 53/11 号决议，特别提醒国际社会关注合成大麻素类物质的滥用和走私问题，呼吁国际社会共享相关的信息。2012 年 3 月，联合国麻醉品委员会第 55 届年会召开，国际社会首次就新出现的新精神活性物质达成全球共识，并通过了题为《促进国际合作以应对新型精神活性物质所带来的挑战》的第 55/1 号决议，标志着一系列应对新精神活性物质挑战的多边行动和措施的开始。此后，类似的决议和动议联合国麻醉品委员会、经社理事会还通过很多，比如 2016 年 3 月 22 日麻醉品委员会通过的第 59/8 号决议指出：注意到贩毒分子正在利用市场提供越来越多的新精神活性物质代替受国际管制的药物以供滥用；认识到新精神活性物质可能产生与国际管制药物类似的效果，对于此类物质给公共健康和安全造成的不良后果和风险在认识上仍有空白之处；认识到要对新精神活性物质采取综合性的全球对策，就需要在国家、区域和国际各级采取不同但互补的办法，包括将最持久、最普遍、最有害的物质列入国际公约附表。

联合国麻醉品委员会根据世界卫生组织的建议，通过决议并采取行动，推动把需要管制的新精神活性物质纳入国际禁毒公约进行列管，既保证麻醉药品和精神药物的合法医学和工业用途，同时又对非医学和科学用途进行国际管制，保护公众的健康和福祉。与此同时，还敦促和要求这些公约的成员国确保对这些物质采取强制控制措施。

2015—2020 年，联合国麻醉品委员会通过一系列决议，将 60 种新精神活性物质纳入国际管制，这些物质根据其对应的标准分别列入公约的不同附表。其中 17 种被纳入 1961 年《麻醉品单一公约》列管，43 种被纳入 1971 年《精神药物公约》。被列管的 60 种新精神活性物质中，合成大麻素类、合成阿片类占比最高，达 30%（18 种），其中绝大多数是芬太尼类物质，共 13 种；兴奋剂类占比达 28%（17 种）。相比较而言，致幻剂类、镇静剂类和分离剂则分别占比 7%（4 种）、5%（2 种）、2%（1 种）。通过不断拓展列管范围，对应对新精神活性物质的威胁发挥了积极而重要的作用。

由此可见，面对国际禁毒的新趋向，国际社会对毒情的认知和禁毒的策略发生了重大变化。正在逐步更新既有的治理模式，通过加强来源国、过境国和目的地国之间的合作，提升新精神活性物质的鉴定和检测技术，采用更加先进的现代分析技术以提高现场识别能力，创新调查技术包括监测和打击非法制造以及通过互联网和"暗网"进行的在线营销、销售和分销以及相关资金流等方式，制定出更为理性、务实的全球毒品治理目标和政策，以便实行更加综合的、可持续的毒品管制，促进和保护全人类的健康、安全和福祉。

第 六 章

涉毒案例警示

毒品犯罪是指一切与毒品有关的犯罪，从狭义上讲，毒品犯罪是指违反国家禁毒法律法规，破坏国家毒品管制活动，应受刑罚处罚的行为。本章精选了部分各类毒品犯罪的经典案例，旨在警示社会大众，充分认识毒品犯罪的社会危害性，提升全民识毒防毒拒毒意识，珍惜生命，远离毒品。

一、走私、贩卖、运输、制造毒品罪

（一）概念及犯罪构成

【走私、贩卖、运输、制造毒品罪】根据《刑法》第 347 条规定：走私、贩卖、运输、制造毒品，无论数量多少，都应当追究刑事责任，予以刑事处罚。

走私、贩卖、运输、制造毒品，有下列情形之一的，处 15 年有期徒刑、无期徒刑或者死刑，并处没收财产：

1. 走私、贩卖、运输、制造鸦片 1000 克以上、海洛因或者甲基苯丙胺 50 克以上或者其他毒品数量大的；

2. 走私、贩卖、运输、制造毒品集团的首要分子；

3. 武装掩护走私、贩卖、运输、制造毒品的；

4. 以暴力抗拒检查、拘留、逮捕，情节严重的；

5. 参与有组织的国际贩毒活动的。

走私、贩卖、运输、制造鸦片 200 克以上不满 1000 克、海洛因或者甲基苯丙胺 10 克以上不满 50 克或者其他毒品数量较大的，处 7 年以上有期徒刑，并处罚金。

走私、贩卖、运输、制造鸦片不满 200 克、海洛因或者甲基苯丙胺不满 10 克或者其他少量毒品的，处 3 年以下有期徒刑、拘役或者管制，并处罚金；情节严重的，处 3 年以上 7 年以下有期徒刑，并处罚金。

单位犯第 2 款、第 3 款、第 4 款罪的，对单位判处罚金，并对其直接负责的主管人员和其他直接责任人员，依照各该款的规定处罚。

利用、教唆未成年人走私、贩卖、运输、制造毒品，或者向未成年人出售毒品的，从重处罚。

对多次走私、贩卖、运输、制造毒品，未经处理的，毒品数量累计计算。

【构成要件】

1. 客体要件：本罪侵犯的客体是国家对毒品的管理制度和人民的生命健康。犯罪对象是毒品。

根据《刑法》第 357 条规定：本法所称的毒品，是指鸦片、海洛因、甲基苯丙胺（冰毒）、吗啡、大麻、可卡因以及国家规定管制的其他能够使人形成瘾癖的麻醉药品和精神药品。

2. 客观要件：本罪在客观方面表现为走私、贩卖、运输、制造毒品的行为。

3. 主体要件：本罪是一般主体，即达到刑事责任年龄、具有刑事责任能力的自然人均可成为本罪的主体。已满 14 周岁未满 16 周岁的未成年人可以成为贩卖毒品的主体。

4. 主观要件：本罪在主观方面表现为直接故意，即明知是毒品而走私、贩卖、运输、制造的。

（二）相关案例

> **案例一**　陈某友、陈某跨省贩卖、运输毒品案

基本案情：

2018 年 6 月 15 日，陈某友、陈某共谋到四川省 C 市购买甲基苯丙胺（冰毒）。当晚，2 人从 Q 市驾车至 C 市 J 县某小区，陈某向毒品上家购得甲基苯丙胺 1900 余克，后 2 人携带甲基苯丙胺驾车返回 Q 市。陈某友向毒品上家支付购毒款 34 万元，并将上述甲基苯丙胺全部予以销售。同月 23 日，陈某友、陈某再次到 C 市购买甲基苯丙胺，陈某友向毒品上家支付部分购毒款 24 万元，并取得甲基苯丙胺 3 袋。次日 1 时许，2 人驾车返回 Q 市途中被查获。民警从该车后排处查获甲基苯丙胺 3 袋，共计净重 2952.95 克。其中，陈某友所购甲基苯丙胺净重 1964.18 克。另从陈某友的背包内查获甲基苯丙胺 16.16 克、甲基苯丙胺片剂（俗称"麻古"）10.04 克。

法律分析：

本案中，陈某友伙同他人贩卖、运输毒品，其行为已构成贩卖、运输毒品罪。在共同犯罪中，陈某友通过陈某主动向上家求购毒品，出资并决定购买一定数量、亲自驾车跨省运输、向下家销售毒品，作用突出，罪责最大。陈某友伙同他人贩卖、运输毒品数量大，社会危害大，罪行极其严重；且其曾因犯贩卖毒品罪被判处有期徒刑，在刑罚执行完毕之后 5 年内又犯贩卖、运输毒品罪，系累犯、毒品再犯，主观恶性深，人身危险性大，应依法从重处罚。依法以贩卖、运输毒品罪判处被告人陈某友死刑，剥夺政治权利终身，并处没收

个人全部财产；判处被告人陈某死刑，缓期 2 年执行，剥夺政治权利终身，并处没收个人全部财产；扣押在案的毒品，予以没收。

指导意义：

我国《刑法》规定，死刑只适用于罪行极其严重的犯罪分子。"保留死刑，严格控制和慎重适用死刑"是我国一贯坚持的刑事司法政策，对从严惩治毒品犯罪等具有重大社会危害性的犯罪行为起到了重要作用。毒品犯罪的死刑适用是一个重大而复杂的法律问题，为保证死刑适用的公正、慎重，人民法院近年来采取了一系列重要举措。比如，2008 年《全国部分法院审理毒品犯罪案件工作座谈会纪要》对毒品犯罪的死刑适用问题作了比较系统全面的规定，推动构建了毒品犯罪死刑适用的统一标准。2015 年《全国法院毒品犯罪审判工作座谈会纪要》对死刑适用问题作了补充和完善。因此，本案对陈某友判处死刑立即执行、对陈某判处死刑缓期 2 年执行，体现了依法从严惩处毒品犯罪、谨慎适用死刑的司法政策精神。

毒品从源头流入社会，涉及制造、贩卖、运输等多个关键环节。要禁绝毒品犯罪，就必须全面打击毒品流通的关键环节，依法从严惩处对促进毒品流通起实质性作用的重点人员，有效切断毒品流通渠道。本案中，陈某友两次伙同他人贩运大宗毒品，并致使部分毒品流入社会，又系累犯、毒品再犯，主观恶性极深，人身危险性极大，社会危害极其严重，最终被判处死刑并被依法执行，有效阻断毒品流通的关键环节，有力地震慑了毒品犯罪分子，有力地维护了社会管理秩序，体现了我国对毒品犯罪的严惩立场，实现了政治效果、法律效果和社会效果的有机统一。

案例二　梁某景、黎某制造毒品案

基本案情：

2016 年底，梁某景、黎某商定共同制造甲基苯丙胺（冰毒）。后黎某伙同郑某租赁制毒场地，并与郑某、陈某共同完成制毒前期准备工作；梁某景购买制毒原材料，安排黄某鹏检修制毒工具反应釜。2017 年 4 月底至 5 月初，梁某景安排黎某收集部分制毒出资，其中黎某出资 70 万元，陈某、梁某升夫妇出资 90 万元，零某出资 15 万元。零某良、凌某等人在梁某景、黎某指使下，前往广东省 D 市将毒资交给梁某景，将制毒辅料运至广西壮族自治区 N 市，又从广东省 M 市将梁某景组织购买的氯麻黄碱运至 N 市，由陈某驾车运至制毒场地。同年 5 月 28 日，梁某景先后安排农某、黄某贵前往位于 N 市经开区某街道 G 村的制毒场地，与黎某、陈某、郑某共同制造甲基苯丙胺。31 日，公安机关在制毒场地抓获黎某等人，当场查获甲基苯丙胺晶体 419.2 千克、含甲基苯丙胺成分的固液混合物 143.92 千克及氯麻黄碱 148.42 千克、反应釜等。

法律分析：

本案中，梁某景、黎某伙同他人制造甲基苯丙胺，其行为均已构成制造毒品罪。梁某景、黎某共谋制造毒品，梁某景纠集多人参与，管理毒资，购买制毒原料，黎某大额出资，租赁制毒场地，直接参与制造，2 人在制造毒品共同犯罪中均起主要作用，系主犯，罪责突出。梁某景、黎某制造甲基苯丙胺，数量特别巨大，社会危害大，罪行极其严重。据此，依法对梁某景、黎某均判处并核准死刑，剥夺政治权利终身，并处没收个人全部财产。

指导意义:

　　制造毒品属于源头性毒品犯罪,历来是我国禁毒斗争的打击重点。近年来,广东等地的规模化制毒活动在持续严厉打击和有效治理之下,逐步得到遏制,但制毒活动出现了向周边省市转移的现象,国内其他地区分散、零星制毒犯罪仍时有发生,且犯罪手段呈现分段式、隐秘化等特点。本案是一起发生在广西的家族式重大制毒犯罪,参与人数多、制毒规模大,涉案人员大多具有亲属关系。同案人在梁某景、黎某指挥下实施制毒犯罪,从广东购入制毒原料,跨省运输至广西农村地区进行制造。案发时在制毒场地查获甲基苯丙胺晶体419.2千克、含甲基苯丙胺成分的固液混合物143.92千克及制毒物品氯麻黄碱148.42千克,毒品数量特别巨大。梁某景、黎某系该制毒团伙中罪责最为突出的主犯,罪行极其严重。审判机关依法对2人适用死刑,体现了突出打击重点、严惩源头性毒品犯罪的严正立场。

❷ 案例三　冯某运输毒品案

基本案情:

　　2017年4月、5月,冯某与同村村民李某、周某先后从贵州省来到云南省Z县N镇,共谋实施毒品犯罪。同年6月1日,3人携带毒品驾乘摩托车由Z县N镇前往云南省B市,23时许途经Z县某乡某路时发现前方设卡检查,冯某遂将毒品丢弃在路边。执法人员经检查,发现3人形迹可疑,遂沿3人驶来方向搜查,在约30米远路边处查获海洛因1777克。冯某见罪行败露,即持刀捅刺追捕的执法人员昝某后逃跑,致昝某肠破裂,构成重伤2级。2018年1月10日,冯某在贵州省G市被抓获。

法律分析：

本案中，冯某明知是毒品而伙同他人进行运输，其行为已构成运输毒品罪。冯某从贵州省到云南省边境地区实施毒品犯罪，与李某、周某分工配合，共同运输毒品，应依法按照其所参与的全部犯罪处罚。冯某运输海洛因数量大，并暴力抗拒检查，情节严重，社会危害大，罪行极其严重。冯某曾因犯拐卖妇女罪被判处有期徒刑，刑罚执行完毕后5年内又实施本案犯罪，系累犯，应依法从重处罚。据此，依法对冯某判处并核准死刑，剥夺政治权利终身，并处没收个人全部财产。

指导意义：

近年来，部分毒品犯罪分子为逃避法律制裁，不惜铤而走险，采用暴力手段抗拒检查、抓捕，增加了执法人员查缉毒品犯罪的风险，也对社会治安和人民群众的生命财产安全构成威胁。根据《刑法》第347条第2款的规定，走私、贩卖、运输、制造毒品，并具有以暴力抗拒检查、拘留、逮捕，情节严重情形的，处15年有期徒刑、无期徒刑或者死刑。《最高人民法院关于审理毒品犯罪案件适用法律若干问题的解释》第3条第2款规定，以暴力抗拒检查、拘留、逮捕，情节严重，是指造成执法人员死亡、重伤、多人轻伤等情形。本案中，冯某在罪行被执法人员察觉后，为逃跑持刀连续捅刺执法人员致其重伤，属于暴力抗拒检查情节严重的情形。冯某曾因犯拐卖妇女罪被判刑，刑满释放后短期内即再次实施本案犯罪，系累犯。冯某对抗执法权威的行为及其前科情节，均反映出其较深的主观恶性和较大的人身危险性，依法应在法定量刑幅度内从重处罚。审判机关对其依法严惩并适用死刑，警示妄图以暴力对抗手段逃避法律追究的毒品犯罪分子，切勿心存侥幸。

〉案例四　张某等贩卖毒品案

基本案情：

　　2016 年至 2017 年 9 月间，张某在其经营的福建省 P 县 W 镇某村"文美卫生室"，向被告人周某、陈某炜、罗某、林某、陈某辉等吸毒人员出售 A 牌复方磷酸可待因口服溶液（以下简称"可待因口服液"，每包 10 毫升，含磷酸可待因 9 毫克）共计 375 次，得款 110957.8 元。

　　2015 年底至 2018 年 3 月间，郭某等 11 名医务人员分别在福建省 Z 市城区、乡镇、农村各自经营的诊所内，向周某等吸毒人员出售可待因口服液，次数为 4 次至 267 次不等，得款在 2150 元至 82812 元之间。周某将部分购得的可待因口服液向陈某炜、罗某、林某等多名吸毒人员出售共计 91 次，得款 41420 元，陈某炜将部分购得的可待因口服液向陈某辉出售共计 12 次，得款 900 元。

法律分析：

　　含可待因口服液是常见的止咳水，但因其具有成瘾性，早在 2015 年，食品药品监管总局、公安部、国家卫生计生委就将其列入第二类精神药品进行管理。《刑法》第 355 条规定，向走私、贩卖毒品的犯罪分子或者吸食、注射毒品的人员贩卖国家规定管制的能够使人形成瘾癖的麻醉药品或者精神药品的，以贩卖毒品罪定罪处罚。向多人贩卖毒品或者多次走私、贩卖、运输、制造毒品的，应当认定为《刑法》第 347 条第 4 款规定的"情节严重"；情节严重的，处 3 年以上 7 年以下有期徒刑，并处罚金。

本案中，张某等 14 人非法贩卖国家规定管制的能够使人形成瘾癖的精神药品，主观故意明显，符合《刑法》所规定的成立毒品犯罪的"明知"要求，其行为均已构成贩卖毒品罪。张某等 14 人多次向吸毒人员贩卖毒品，情节严重，应依法惩处。对于张某，鉴于其认罪认罚，可从轻处罚，依法判处有期徒刑 5 年 2 个月，并处罚金人民币 6 万元。对于郭某等 13 名被告人，根据各自犯罪的事实、性质、情节和对社会的危害程度，依法判处有期徒刑 4 年 7 个月至有期徒刑 3 年，缓刑 3 年 6 个月不等的刑罚，并处罚金。

指导意义：

国家列管的药用类精神药品和麻醉药品，具有药品与毒品双重属性，长期服用会形成瘾癖。滥用止咳水已成为备受关注的社会问题，长期服用可形成心理依赖，过量滥用可导致抽筋、神志失常、中毒性精神病、昏迷、心跳停止及呼吸停顿引致窒息死亡。近年来，该类药品流入非法渠道、被作为成瘾替代品滥用的情况时有发生，在一些农村地区尤为明显。本案就是一起诊所医务人员向吸毒人员出售精神药品的典型案例。张某作为乡村诊所医生，本应利用医学知识积极抵制毒品，却在日常诊疗中非法出售国家列管的精神药品复方磷酸可待因口服溶液，犯罪隐蔽性强，社会危害大。郭某等人同是利用其在乡镇、农村等地经营诊所的便利，非法出售该类药品，影响恶劣。依法对张某等人进行惩处，体现了对诊所医务人员非法贩卖精神药品犯罪的严厉打击，而且对于社会公众正确认识包括可待因在内的各种精神药品具有重要的教育意义。

案例五　万某等贩卖毒品、洗钱案

基本案情：

2021 年 7 月 1 日至 8 月 21 日，万某在明知合成大麻素类物质已被列管的情况下，为牟取非法利益，通过微信兜售含有合成大麻素成分的电子烟油，先后 6 次采用雇请他人送货或者发送快递的方式向多人贩卖，得款共计 4900 元。黄某两次帮助万某贩卖共计 600 元含有合成大麻素成分的电子烟油，刘某帮助万某贩卖 300 元含有合成大麻素成分的电子烟油。为掩饰、隐瞒上述犯罪所得的来源和性质，万某收买他人微信账号并使用他人身份认证，收取毒资后转至自己的微信账号，再将犯罪所得提取至银行卡用于消费等。同年 8 月 23 日，公安机关在万某住处将其抓获，当场查获电子烟油 15 瓶，共计净重 111.67 克。次日，公安机关在万某租赁的仓库内查获电子烟油 94 瓶，共计净重 838.36 克。经鉴定，上述烟油中均检出合成大麻素成分。万某、黄某到案后，分别协助公安机关抓捕吴某（另案处理）、刘某。

法律分析：

本案中，万某、黄某、刘某向他人贩卖含有合成大麻素成分的电子烟油，其行为均已构成贩卖毒品罪。万某为掩饰、隐瞒毒品犯罪所得的来源和性质，采取收买他人微信账号收取毒资后转至自己账号的支付结算方式转移资金，其行为又构成洗钱罪。对万某所犯数罪，应依法并罚。万某贩卖含有合成大麻素成分的电子烟油，数量大，社会危害大。万某、黄某、刘某到案后如实供述自己的罪行，万某、黄某协助抓捕其他犯罪嫌疑人，有立功表现，黄某、刘某自愿认罪认罚，均可依法从轻处罚。据此，依法对万某以贩卖毒品罪判处有期徒刑15年，并处没收个人财产人民币6万元，以洗钱罪判处有期徒刑10个月，并处罚金人民币5万元，决定执行有期徒刑15年，并处没收个人财产人民币6万元、罚金人民币5万元；对黄某、刘某均判处有期徒刑8个月，并处罚金人民币1万元。

指导意义：

合成大麻素类物质是人工合成的化学物质，相较于天然大麻能产生更为强烈的兴奋、致幻等效果。吸食合成大麻素类物质后，会出现头晕、呕吐、精神恍惚等反应，过量吸食会出现休克、窒息甚至猝死等情况，社会危害极大。2021年7月1日起，合成大麻素类物质被列入《非药用类麻醉药品和精神药品管制品种增补目录》进行整类列管，以实现对此类新型毒品犯罪的严厉打击。合成大麻素类物质往往被不法分子添加入电子烟油中或喷涂于烟丝等介质表面，冠以"上头电子烟"之名在娱乐场所等进行贩卖，因其外表与普通电子烟相似，故具有较强的迷惑性，不易被发现和查处，严重破坏毒品管制秩序，危害公民身体健康。本案中，万某6次向他人出售含有合成大麻素成分的电子烟油，被抓获时又从其住所等处查获大量用于贩卖的电子烟油。审判机关根据其贩卖毒品的数量、情节和对社会的危害程度，对其依法从严适用刑罚，同时警示社会公众自觉抵制新型毒品诱惑，切莫以身试毒。

毒品犯罪是洗钱犯罪的上游犯罪之一。洗钱活动在为毒品犯罪清洗毒资的同时，也为扩大毒品犯罪规模提供了资金支持，助长了毒品犯罪的蔓延。《刑法修正案（十一）》将"自洗钱"行为规定为犯罪，加大了对从洗钱犯罪中获益最大的上游犯罪本犯的惩罚力度。本案中，万某通过收购的微信账号等支付结算方式，转移自身贩卖毒品所获毒资，掩饰、隐瞒贩毒违法所得的来源和性质，妄图"洗白"毒资和隐匿毒资来源。审判机关对其以贩卖毒品罪、洗钱罪数罪并罚，以同步惩治上下游犯罪，斩断毒品犯罪的资金链条，摧毁毒品犯罪分子再犯罪的经济基础。

❯ 案例六　张某通过互联网利用虚拟货币在境外购买毒品并寄递入境被判走私毒品案

基本案情：

2020 年 7 月开始，张某通过互联网聊天软件多次与境外毒品卖家联系，使用比特币、泰达币支付购买毒品，通过国际快递从加拿大多伦多、德国法兰克福发送毒品入境，被海关工作人员查获大麻叶共计净重 329.39 克，新型毒品麦角酸二乙基酰胺（简称 LSD，俗称"邮票"）共计净重 2.15 克。同年 8 月 19 日，张某归案后，还在其租住房查获大麻叶 23.52 克。

法律分析：

本案中，张某违反国家对毒品的管理制度，从境外购买毒品后，多次通过快递渠道寄递入境，其行为已构成走私毒品罪，且多次走私毒品，情节严重。张某系累犯，依法应当从重处罚。依法以走私毒品罪判处张某有期徒刑 3 年，并处罚金人民币 3 万元，对扣押在案的毒品、吸毒工具、供犯罪使用的手机予以没收，由扣押机关依法处置。

指导意义：

随着互联网的广泛运用和物流业的高速发展，犯罪分子利用网络、物流实施毒品犯罪的情况日渐增多，毒品交易手法更趋隐蔽性、多样化。本案就是一起犯罪分子使用"互联网＋虚拟货币＋物流寄递"手段走私毒品的典型案例。本案中，张某以高度私密的聊天软件联系境外毒品卖家，利用比特币、泰达币跨境支付，购买传统毒品大麻叶和新型毒品 LSD，最后通过跨境国际包裹，将毒品走私至国内，犯罪行为的隐蔽性较强。本案中，寄递入境的新型毒品 LSD，因常吸附于印有特殊图案的纸上，仅手指甲盖三分之一大小，含在嘴里就能"吸食"，也可通过贴于皮肤渗入人体，是致幻剂的代表，具有极强的成瘾性。社会公众尤其是青少年要学会辨识，提高警惕，防范新型毒品。本案的判决昭示了天网恢恢、疏而不漏，即使是隐蔽强、高科技的作案手段仍然会被查获，再狡猾的犯罪分子依然会被绳之以法。

二、非法持有毒品罪

（一）概念及犯罪构成

【非法持有毒品罪】根据《刑法》第 348 条规定：非法持有鸦片 1000 克以上、海洛因或者甲基苯丙胺 50 克以上或者其他毒品数量大的，处 7 年以上有期徒刑或者无期徒刑，并处罚金；非法持有鸦片 200 克以上不满 1000 克、海洛因或者甲基苯丙胺 10 克以上不满 50 克或者其他毒品数量较大的，处 3 年以下有期徒刑、拘役或者管制，并处罚金；情节严重的，处 3 年以上 7 年以下有期徒刑，并处罚金。

【构成要件】

1.客体要件：本罪侵犯的客体是国家对毒品的管理制度和他人的身体健康。犯罪对象是毒品。

2.客观要件：本罪在客观方面表现为非法持有数量较大的毒品的行为。

3.主体要件：本罪的主体是一般主体，即只要达到刑事责任年龄，具有刑事责任能力的自然人均可成为本罪的主体。

4.主观要件：本罪在主观方面是故意，即行为人明知是国家禁止非法持有的毒品而故意持有。

（二）相关案例

> **案例七** 吴某、张某非法持有毒品案

基本案情：

吴某、张某系夫妻关系。2019年7月，吴某为购买甲基苯丙胺（冰毒）联系外省贩毒人员并商定好价格和付款方式。2019年8月31日，贩毒人员用手机软件联系吴某，告知其藏有甲基苯丙胺的快递包裹取货地点。吴某电话联系李某（另案处理）至W区S镇某快递点领取包裹。当日10时许，李某将包裹取出后转交于吴某、张某，2人收到藏有甲基苯丙胺的包裹后即返回住处，吴某将数个藏有甲基苯丙胺的汽车播放器藏匿于其居住处隔壁吴某家"老宅"门外废弃的化粪池内。后吴某从化粪池内取出汽车播放器一个，与张某共同骑电动车前往朋友靳某某、韩某某所在N村的租住处。吴某在该处客厅将汽车播放器拆解取出甲基苯丙胺后，与张某返回住处，并共同将甲基苯丙胺藏匿于吴某住处南侧院落房屋前的水泥板

下。后吴某、张某被公安机关抓获归案。经称量，涉案甲基苯丙胺共 1326.51 克。经鉴定，从本案全部检材中均检出甲基苯丙胺成分。

法律分析：

在司法实践中，贩卖毒品罪与非法持有毒品罪都存在非法持有毒品的状态，两者有时往往容易混淆。但在实践中，两罪中的"非法持有毒品"还是能够区别的。贩卖毒品罪行为人非法持有毒品的目的是明确的，就是为了进行贩卖。而非法持有毒品罪的行为人持有毒品的故意，既可能是自己或给他人吸食，也可能是为了走私、贩卖、运输、窝藏毒品，但是现有证据尚不足以证实其非法持有毒品是出于走私、贩卖、运输、窝藏毒品目的。此外，贩卖毒品罪中非法持有毒品的行为，是整个贩卖毒品犯罪中的一个重要组成部分，不能成立独立的犯罪。而非法持有毒品罪的行为人只要实施了非法持有毒品的行为，即构成犯罪。

明知是毒品而无合法理由持有，即为非法持有毒品。由于非法持有毒品罪的立法目的在于，对那些被查获的行为人，因非法持有数量较大的毒品但又没有足够证据证明其犯有其他毒品犯罪而设的罪名。相反，如果确有足够证据证明被查获的毒品持有人具有其他毒品犯罪的目的，则应认定构成其他相关毒品罪。案例中的吴某、张某非法持有甲基苯丙胺 1300 余克，又无证据表明吴某、张某具有其他毒品犯罪目的，故其行为已构成非法持有毒品罪。张某明知吴某非法持有毒品，帮助其掩饰、藏匿，系共同犯罪。吴某在共同犯罪中起主要作用，系主犯；张某在共同犯罪中起次要、辅助作用，系从犯。吴某曾因犯贩卖毒品罪被判刑，现又犯非法持有毒品罪，为毒品再犯，应当从重处罚。综合考虑 2 人的犯罪事实、性质、情节和对于社会的危害程度，依法判决吴某犯非法持有毒品罪，判处有期徒刑 15 年，并处罚金人民币 10 万元；张某犯非法持有毒品罪，判处有期徒刑 8 年，并处罚金人民币 3 万元。

指导意义：

本案系一起吸毒人员夫妻共同非法持有大量毒品的典型案例。当前，禁毒工作取得了一定成效，但是毒品犯罪形势依然严峻。人民法院必须坚持依法从严惩处毒品犯罪的指导思想，对毒品犯罪保持高压态势。吸毒人员非法持有数量较大的毒品，客观上为走私、贩卖、运输、制造毒品犯罪的滋生蔓延提供了土壤，实质上促进了毒品流通，具有较大的社会危害性，应当依法从严惩处。本案中，吴某利用快递从外省购买甲基苯丙胺 1326.51 克，张某作为其配偶，明知吴某购买毒品，不仅没有制止，反而帮助其转移、藏匿毒品，2 人共同构成非法持有毒品罪。判决时，吴某非法持有毒品数量大，系主犯、毒品再犯等情节，判处其有期徒刑 15 年，并处罚金，充分体现了我国依法从严惩处毒品犯罪的立场。同时，根据罪刑相适应原则，对从犯张某依法从轻处罚，贯彻落实了宽严相济刑事政策。

三、包庇毒品犯罪分子罪

（一）概念及犯罪构成

【包庇毒品犯罪分子罪】根据《刑法》第 349 条规定：包庇走私、贩卖、运输、制造毒品的犯罪分子的，处 3 年以下有期徒刑、拘役或者管制；情节严重的，处 3 年以上 10 年以下有期徒刑。

缉毒人员或者其他国家机关工作人员掩护、包庇走私、贩卖、运输、制造毒品的犯罪分子的，依照前款的规定从重处罚。

犯前两款罪，事先通谋的，以走私、贩卖、运输、制造毒品罪的共犯论处。

【构成要件】

1. 客体要件：本罪侵犯的客体是司法机关同毒品犯罪分子做斗争的正常活动。本罪的犯罪对象是走私、贩卖、运输、制造毒品的犯罪分子。

2. 客观要件：本罪在客观方面表现为行为人必须具有对走私、贩卖、运输、制造毒品的犯罪分子给予包庇，使其逃避法律制裁的行为。

3. 主体要件：本罪系一般主体，即只要达到刑事责任年龄，具有刑事责任能力的自然人均可成为本罪的主体。

4. 主观要件：本罪在主观方面表现为故意，即明知是走私、贩卖、运输、制造毒品的犯罪分子的而予以包庇。

（二）相关案例

> **案例八** 胡某等包庇窝藏毒品犯罪分子被依法追究刑责案

基本案情：

2020 年 9 月，付某、李某、林某共谋制造甲基苯丙胺（冰毒），3 人商定由付某负责技术，李某负责出资，林某负责开车、放风。9 月 30 日，付某租用一农房作为制毒场地，李某出资 12 万元，由付某、林某购买 2 千克麻黄素。同年 10 月 6 日 2 时许，林某、付某、李某前往 R 县一荒山"放烟子"，后 3 人到前述农房内"提油"。次日 9 时许，林某、付某驾驶车辆转移冰毒半成品时被警察拦截并开枪击中，2人驾车逃逸。随后，胡某接到付某通知后前往指定地点接应，付某将其与林某因涉毒被警察追捕并击伤之事告诉胡某，并经人联系刘某、江某为付某诊疗枪伤。胡某向刘某指定的人员支付手术费3.4万元。因付某伤情较重，刘某、江某简单处理伤口后，在胡某的陪同下先后将付某送往多个医院求医，并向医生隐瞒付某受枪伤的情况。

法律分析：

本案是一起因制造毒品犯罪引发的包庇、窝藏犯罪分子的案件。付某、李某、林某共同制造毒品，社会危害极大，胡某作为付某女友明知付某有涉毒行为并被警察抓捕击伤仍对其包庇，尽管有"亲亲得相首匿"的传统刑罚适用原则，但鉴于毒品犯罪对个人、家庭乃至社会的危害性与破坏性，我国坚持从严惩处涉毒品犯罪的司法政策，对胡某包庇毒品犯罪分子的行为作否定性评价而依法对其定罪处罚。而刘某、江某明知付某系犯罪的人而帮助其逃匿，其行为构成窝藏罪。综合考虑各被告人的犯罪行为、情节及对社会的危害程度，依法以制造毒品罪分别判处付某、李某、林某有期徒刑15年至8年6个月不等的刑罚，并处没收个人财产或罚金；以包庇毒品犯罪分子罪判处胡某有期徒刑3年，缓刑4年；以窝藏罪判处刘某有期徒刑10个月，缓刑1年4个月；判处江某有期徒刑8个月，缓刑1年。

指导意义：

近年来全国各级公安机关坚持毒品零容忍的原则，对毒品犯罪保持严打高压态势，持续加大对制造甲基苯丙胺等合成毒品犯罪的打击治理力度，对包庇、窝藏制造毒品、贩卖毒品的犯罪分子坚决依法予以惩处，让毒品犯罪分子无处可藏。江某系医院工作人员，在明知枪伤病人必须报警的情况下，依然昧着良心挣"黑钱"，知情不报，帮助犯罪人逃匿、转移、就医，不仅违背了作为医务工作人员的职业道德，也扰乱了社会管理秩序、践踏了法律尊严。本案警示社会公众，要遵守法律法规和职业道德，不能为毒品犯罪提供任何帮助，更不能贪图眼前利益违反法律规定，知情不报，否则将触犯刑事法律。

四、窝藏、转移、隐瞒毒品、毒赃罪

（一）概念及犯罪构成

【窝藏、转移、隐瞒毒品、毒赃罪】根据《刑法》第349条规定：为犯罪分子窝藏、转移、隐瞒毒品或者犯罪所得的财物的，处3年以下有期徒刑、拘役或者管制；情节严重的，处3年以上10年以下有期徒刑。

犯前款罪，事先通谋的，以走私、贩卖、运输、制造毒品罪的共犯论处。

【构成要件】

1.客体要件：本罪侵犯的客体是国家对毒品的管制和国家司法机关的正常活动。本罪的犯罪对象是犯罪分子用作犯罪的毒品、毒赃。"毒赃"是指犯罪分子进行毒品犯罪所得的财物以及由此非法获取的收益。

2.客观要件：本罪在客观方面表现为走私、贩卖、运输、制造毒品的犯罪份子窝藏、转移、隐瞒毒品、毒赃的行为。

3.主体要件：本罪系一般主体，即只要达到刑事责任年龄，具有刑事责任能力的自然人均可成为本罪的主体。

4. 主观要件：本罪在主观方面表现为故意，即行为人明知是用于走私、贩卖、运输、制造的毒品、毒赃而故意予以窝藏。

（二）相关案例

❯ 案例九 周某窝藏转移隐瞒毒赃案

基本案情：

2011 年 3 月 15 日，周某到中国农业银行股份有限公司 D 市分行 W 支行办理了一张银行卡，办理该卡预留其丈夫李某（后因犯贩卖毒品罪被判处死刑，已执行）的手机号码为余额变动接收短信提醒。2012 年至 2013 年 9 月期间，李某在广东等地贩卖冰毒、麻古等毒品，使用该银行卡收取毒资。2013 年 9 月 17 日，D 县公安局将李某刑事拘留，并向其家属送达拘留通知书。2013 年 9 月 21 日、22 日、23 日，周某分 6 次从上述银行卡内提取现金人民币共计 579004.51 元，并将该银行卡注销。

法律分析：

本案中，周某明知是毒品犯罪所得的财物，仍为犯罪分子窝藏、转移、隐瞒，情节严重，其行为已构成窝藏、转移、隐瞒毒赃罪。经查，周某系初犯、偶犯，一审宣判后，其认罪态度较好，有悔罪表现，依法可从轻处罚，考虑到其无固定收入来源，上有年迈的老人需要赡养，下有未成年小孩需抚养，家庭生活困难，支取毒赃部分用于家庭生活所需，主观恶性不大，量刑时可依法予以酌情考虑。综上，依法对周某判处有期徒刑 3 年。

指导意义：

本案系一起亲属窝藏毒赃的典型案例。在现实生活中，有许多人由于法律意识淡薄，在明知手中钱款系毒品犯罪赃款时，仍将其进行窝藏、转移、隐瞒，步入犯罪的歧途。审判机关对于涉毒犯罪依法严惩，判处其有期徒刑3年，同时，根据罪刑相适应原则，对被告人依法从轻处罚，贯彻落实了宽严相济刑事政策。

》案 例 十　岩某嘎窝藏转移隐瞒毒品、毒赃案

基本案情：

2016年3月22日，李某（已判刑）指使岩某扁（在逃）寻购毒品，岩某扁通过岩某管（在逃）购买毒品，岩某管指使岩某坎（已判刑）将毒品运输给岩某扁并收取毒资，岩某扁将购得的毒品交给李某。2016年3月23日16时许，岩某坎携带收取的毒资，乘坐他人驾驶的摩托车，从M县M镇返回X乡途中被侦查人员抓获，当场从摩托车上查获毒资121.3万元。侦查人员在李某、玉某叫（已判刑）的住所M镇M村委会P村民小组31号，查获现金人民币97.92万元。同月25日15时许，侦查人员在岩某嘎、玉某（已判刑）的住所M镇M村委会P村民小组17号，查获由玉某叫转移给岩某嘎进行窝藏的毒品甲基苯丙胺片剂50块，净重27855克。同日17时许，在岩某温（另处）的住所，查获由玉某叫转移窝藏的现金人民币194.98万元。同年5月20日16时许，侦查人员在其住房内将玉某抓获。5月21日，岩某（已判刑）将李某、玉某叫转移至J市藏匿。22日8时50分许，侦查人员在J市抓获李某、玉某叫，在Y小区物管中心抓获岩某。2020年5月1日，

岩某嘎在 L 县被公安局民警抓获。

法律分析：

本案中，岩某嘎无视国家对毒品的管理制度，明知是毒品而为犯罪分子窝藏毒品甲基苯丙胺片剂 27855 克，其行为构成窝藏毒品罪。鉴于岩某嘎为初犯，认罪态度较好，根据岩某嘎犯罪的事实、性质、情节以及对社会的危害程度，依照我国《刑法》第 349 条判决岩某嘎犯窝藏毒品罪，判处有期徒刑 5 年。

指导意义：

毒品是国家严格管制的违禁品，为贩毒人员窝藏、转移毒品的行为不仅破坏毒品管理制度，还将给司法机关的侦查、审判等司法活动造成障碍，具有较大的社会危害性。窝藏毒品罪较为少见，有些人甚至以为这并不构成犯罪。此案因法制意识淡薄引发，依法给予刑事处罚，具有较好的惩戒、警示和教育作用，有助于提高全民识毒拒毒的意识和能力。本案中，审判机关考虑岩某嘎窝藏毒品数量大，判处其有期徒刑 5 年，充分体现了我国依法从严惩处毒品犯罪的立场。

五、非法生产、买卖、运输制毒物品罪

（一）概念及犯罪构成

【非法生产、买卖、运输制毒物品罪】根据《刑法》第 350 条规定：违反国家规定，非法生产、买卖、运输醋酸酐、乙醚、三氯甲烷或者其

他用于制造毒品的原料、配剂，情节较重的，处3年以下有期徒刑、拘役或者管制，并处罚金；情节严重的，处3年以上7年以下有期徒刑，并处罚金；情节特别严重的，处7年以上有期徒刑，并处罚金或者没收财产。

明知他人制造毒品而为其生产、买卖、运输前款规定的物品的，以制造毒品罪的共犯论处。

单位犯前两款罪的，对单位判处罚金，并对其直接负责的主管人员和其他直接责任人员，依照前两款的规定处罚。

【构成要件】

1.客体要件：本罪侵犯的客体是国家对醋酸酐、乙醚、三氯甲烷或者其他用于制造毒品的原料、配剂的管理制度。

2.客观要件：本罪在客观方面表现为违反国家规定，非法生产、买卖、运输醋酸酐、乙醚、三氯甲烷或者其他用于制造毒品的原料、配剂，情节较重的行为。

3.主体要件：本罪系一般主体，即只要达到刑事责任年龄，具有刑事责任能力的自然人均可成为本罪的主体。单位也可以成为本罪的主体。

4.主观要件：本罪在主观方面表现为故意，即行为人明知国家管制的用于制造毒品的原料或者配剂而非法生产、买卖、运输。

（二）相关案例

> **案例十一**　马某等非法生产、买卖、运输制毒物品案

基本案情：

2019年3月，马某、胡某共谋出资生产制毒物品盐酸羟亚胺。

马某委托李某寻找场地并负责生产，聘请许某作为技术员指导生产，胡某负责提供生产工艺图纸。后李某租用山西省 J 市一公司作为生产窝点，与许某等人组织工人生产盐酸羟亚胺。同年 12 月，马某、胡某从刘某处购买易制毒化学品溴素 5010 千克及甲苯 12000 千克，运至上述窝点。马某等人生产盐酸羟亚胺共计 2723.67 千克，出售 1470 千克，其中，马某 15 次参与出售 1470 千克，胡某 6 次参与出售 630 千克，李某 7 次参与出售 900 千克，周某 4 次参与出售 615 千克，王某 4 次参与出售 300 千克，祁某 2 次参与出售 100 千克，马某、胡某、李某、周某、王某还参与运输盐酸羟亚胺。

2020 年 6 月 15 日，公安机关在江苏省 H 县马某岳父家查获马某、胡某藏匿的盐酸羟亚胺 1253.67 千克、含有羟亚胺和邻氯苯基环戊酮成分的固液混合物 260.69 千克。

法律分析：

本案中，马某、胡某、李某非法生产、买卖、运输制毒物品，情节特别严重，其行为均已构成非法生产、买卖、运输制毒物品罪。许某非法生产制毒物品，情节特别严重，其行为已构成非法生产制毒物品罪。周某、王某非法买卖、运输制毒物品，情节特别严重，其行为均已构成非法买卖、运输制毒物品罪。刘某、祁某非法买卖制毒物品，情节特别严重，其行为均已构成非法买卖制毒物品罪。在共同犯罪中，马某、胡某、李某均系主犯，应按照其参与的全部犯罪处罚，许某、周某、王某、祁某系从犯，应依法从轻或者减轻处罚。刘某系累犯，应依法从重处罚。8 人均如实供述犯罪事实，可从轻处罚。除刘某外，其余 7 人均退缴违法所得，可酌情从轻处罚。据此，依法对马某判处有期徒刑 12 年，并处罚金人民币100万元；对刘某判处有期徒刑9年，并处罚金人民币40万元；对胡某、李某、许某、周某、王某、祁某分别判处有期徒刑10年6个月至5年不等的刑罚，并处罚金。

指导意义：

近年来，受制造毒品犯罪增长影响，制毒物品流入非法渠道的形势十分严峻。本案就是一起非法生产、买卖、运输制毒物品的典型案例。溴素、甲苯可用于制造盐酸羟亚胺，盐酸羟亚胺可用于制造毒品氯胺酮，均是国家严格管控的易制毒化学品。根据《最高人民法院关于审理毒品犯罪案件适用法律若干问题的解释》第8条的规定，马某等8人实施制毒物品犯罪均属情节特别严重，被依法判处相应刑罚，体现了对源头性毒品犯罪的坚决惩处。

❯ 案例十二　程某等生产麻黄素被判非法生产制毒物品案

基本案情：

2020年9月，程某要求杨某寻找含有麻黄素复方制剂药品的货源。同年10月中旬，程某、薛某等人租赁谢某能的房屋准备用于提炼麻黄素，并租用周某的面包车用于运输制毒物品原料、制毒工具等。同年10月20日左右，程某、薛某、杨某等人驾车前往吉林省T市，经杨某介绍程某购得大量消咳宁（出厂名：复方甘草麻黄碱片），后伪装成饲料通过物流公司运回L市，由周某驾车与谢某能将该批消咳宁运至制毒窝点。后程某出资安排薛某从余某处购买了制造麻黄素所需化工原料后租赁车辆与程某一起运回L市，由周某驾车与谢某能将化工原料运至制毒窝点。陆续备齐制造制毒物品所需工具、设备后，周某联系谢某清协助程某生产麻黄素。谢某清、程某在谢某能房屋内加工、提炼麻黄素，后交给周某藏匿于其家中。

2020 年 11 月 6 日，公安机关将程某、薛某、杨某、周某、余某、谢某能、谢某清抓获归案。从周某处、制毒窝点查获麻黄素共计 53 余千克。

法律分析：

本案中，程某、薛某、杨某、周某、谢某能、余某、谢某清违反国家规定，使用麻黄素类复方制剂加工提炼制毒物品麻黄素的行为，构成非法生产制毒物品罪，且系共同犯罪。生产制毒物品 53 余千克，属于情节特别严重。在共同犯罪中，程某起主要作用，系主犯，其余 6 人起次要作用，系从犯，依法应当从轻、减轻处罚。杨某曾因犯非法买卖制毒物品罪被判处刑罚，酌情从重处罚。依法以非法生产制毒物品罪判处程某有期徒刑 9 年，并处罚金人民币 5 万元，还分别判处薛某、杨某、周某、余某、谢某能、谢某清有期徒刑 7 年至 3 年不等刑罚，并处相应罚金。

指导意义：

近年来，易制毒物品流入非法渠道的现象较为突出。大力打击非法生产制毒物品犯罪行为，对于从源头斩断毒品犯罪链条，确保社会长治久安具有重大意义。本案系一起非法生产麻黄素的典型案例。麻黄素可用于制造毒品，属国家严格管控的易制毒化学品。根据《最高人民法院关于审理毒品犯罪案件适用法律若干问题的解释》第 8 条之规定，程某等 7 人实施制毒物品犯罪属情节特别严重，对其依法判处相应刑罚，表明了政法机关从源头惩处毒品犯罪、维护正常社会秩序的坚定决心。

本案的典型性在于，程某等人首先是在药品市场上获取了大批量的含有麻黄素的复方制剂药品——消咳宁（出厂名：复方甘草麻黄碱片），然后再使用化学制剂提炼出易于制造毒品并受国家严格管控的化学品——麻黄素。可以肯定的是，如果没有司法机关的介入与打击，这些易制毒物品最终将转化为数量巨大的毒品并流入社会、危害民众。因此，要有效控制与打击毒品犯罪，就不仅要打击毒品的生产与流通行为，还应当追根溯源，从源头上打击制毒物品的生产与流通。有鉴于此，我国《刑法》不仅规定了非法种植毒品原植物罪，还规定了非法生产、买卖、运输制毒物品罪。本案中，程某等人虽然尚未制造出毒品，仅生产出化学制毒物品，但其数量已达 50 千克，犯罪情节特别严重，对其依法判处相应刑罚，彰显了从源头惩处毒品犯罪的决心。同时，由于不法分子是从市场上获得相应的可提炼麻黄素的药品与化学制剂，本案也凸显出应在行政监管领域进一步强化与制造毒品严密相关的特定药品、化学品管控的必要性与紧迫性。

❯ 案例十三　刘某贵等非法生产、买卖制毒物品案

基本案情：

2019 年 2 月，刘某贵、蔡某豪共同商议通过麻黄草提炼麻黄碱。蔡某豪介绍技师蔡某童、范某到 H 市一宾馆与刘某贵见面，范某给刘某贵写了生产所需辅料和工具的清单。同年 5 月，刘某贵、蔡某豪等人先后在甘肃多地寻找生产场地，后刘某支付 35 万元租用 L 市 H 区一偏僻农场作为生产场地，并伙同蔡某豪等人招

募工人、购买生产制毒物品的原料、机器设备等。刘某贵、蔡某豪在同伙的帮助下，从内蒙古、河北等地购买到麻黄草 19.02 吨，随后便组织生产人员进厂加工提炼麻黄碱。案发后，查获伪麻黄碱、盐酸甲基麻黄碱 23.82 千克，麻黄草浸泡液 6597 千克，麻黄碱半成品固液混合物 10558.5 千克。

法律分析：

非法生产制毒物品罪往往与非法买卖、运输制毒物品罪相关联，非法生产制毒物品罪在毒品犯罪中属于关键的生产性犯罪行为。最高人民法院、最高人民检察院、公安部、农业部、国家食品药品监管总局下发的《关于进一步加强麻黄草管理严厉打击非法买卖麻黄草等违法犯罪活动的通知》中明确规定：涉案制毒物品的数量按照 300 千克麻黄草折合 1 千克麻黄碱计算。根据《最高人民法院关于审理毒品犯罪案件适用法律若干问题的解释》第 7 条、第 8 条之规定，非法生产制毒物品麻黄碱（麻黄素）25 千克以上，属于《刑法》第 350 条第 1 款规定的"情节特别严重"。综合上述情况，依法判处刘某贵等 22 人构成非法生产、买卖制毒物品罪或非法生产制毒物品罪，分别判处 10 年至 3 年有期徒刑不等。

指导意义：

本案是一起规模较大的非法生产、买卖制毒物品案，参与制造毒品的人数众多，查获的制毒物品数量特别巨大，社会影响恶劣。我国对易制毒化学品实行国家统一归口管理的制度。我国《刑法》第 350 条规定了该罪。该案的处理，充分体现了我国严厉打击制毒品犯罪和强化毒品源头治理的决心，对那些为牟取非法利益、铤而走险，欲行生产、买卖制毒物品的犯罪，起到了警示作用。我国管制的易制毒化学品分为三类，第一类是可以用于制毒的主要原料，第二类、第三类是可以用于制毒的化学配剂。其中，药品类易制毒化学品全部属于第一类易制毒化学品。目前，我国列管的药品类易制毒化学品共两类，即麦角酸和麻黄素类物质，分别是制造麦角酸二乙酰胺和冰毒的重要原料，一旦流向社会，会带来极大的危害，相关部门必须对易制毒药品严格管理，加强对易制毒药品合理用药管控。

六、走私制毒物品罪

（一）概念及犯罪构成

【走私制毒物品罪】根据《刑法》第 350 条规定：违反国家规定，运输携带上述物品（即：醋酸酐、乙醚、三氯甲烷或者其他用于制造毒品的原料、配剂）进出境，情节较重的，处 3 年以下有期徒刑、拘役或者管制，并处罚金；情节严重的，处 3 年以上 7 年以下有期徒刑，并处罚金；情节特别严重的，处 7 年以上有期徒刑，并处罚金或者没收财产。

单位犯前两款罪的，对单位判处罚金，并对其直接负责的主管人员和其他直接责任人员，依照前两款的规定处罚。

【犯罪构成】

1. 客体要件：本罪侵犯的客体是国家对制毒物品管理制度和国家对外贸易管理制度。本罪的犯罪对象是醋酸酐、乙醚、三氯甲烷或者其他用于制造毒品的原料、配剂，具体品种范围按照国家关于易制毒化学品管理的规定确定。

2.客观方面：本罪在客观方面表现为违反国家规定，运输携带醋酸酐、乙醚、三氯甲烷或者其他用于制造毒品的原料、配剂进出境，情节较重的行为。

3.主体要件：本罪系一般主体，即只要达到刑事责任年龄，具有刑事责任能力的自然人均可成为本罪的主体。单位也可以成为本罪的主体。

4.主观要件：本罪在主观方面表现为故意，即行为人明知国家禁止运输、携带进出境的用于制造毒品的原料或者配剂而非法运输、携带进出境。

（二）相关案例

❯ 案例十四　曾某、刘某走私制毒物品案

基本案情：

2018年3月5日，刘某受人指使驾驶云J×××××货车行至K市与曾某联系，曾某安排员工带刘某于当晚20时许前往ZG托运部将60桶易制毒化学品1-苯基-1-丙酮装载在云J×××××货车上。因无法将60桶易制毒物品用货物严密遮掩，刘某等人按照曾某的安排，将云J×××××货车上的易制毒物品卸下10桶放于曾某的XS物流仓库后，将装有鞋子的纸箱填塞到易制毒物品的周边进行严密掩盖。次日，刘某驾驶云J×××××货车离开。同年3月9日，刘某驾驶云J×××××货车借用边民证以鞋子、衣物等日用品瞒报出关前往缅甸时，民警从刘某驾驶的云J×××××货车中查获50桶易制毒化学品1-苯基-1-丙酮。同年3月15日，民警抓获曾某、刘某，并根据刘某供述从曾某XS

物流仓库查获 10 桶易制毒化学品 1-苯基-1-丙酮。本案共查获易制毒化学品 1-苯基-1-丙酮 12.134.5 吨。

法律分析：

本案中，曾某、刘某违反国家规定，非法运输、走私国家管制的二类制毒物品"1-苯基-1-丙酮"的行为，已触犯刑法，构成非法运输、走私制毒物品罪，且数量特别大，应依法惩处。经查，曾某、刘某虽在事前无共谋，但刘某驾车至 K 市接装货物时，刘某听从曾某的安排和指使，双方对制毒物品进行藏匿、掩盖后进行运输，在共同犯罪中分工合作，相互配合，双方形成默契共同完成犯罪行为，系非法运输制毒物品罪的共犯；根据"明知他人实施走私制毒物品犯罪，而为其运输、储存、代理进出口或者以其他方式提供便利的，以走私制毒物品罪的共犯论处的规定"，曾某应当与刘某构成走私制毒物品罪共犯。根据上述事实和在案证据，依法判决曾某犯非法运输、走私制毒物品罪，判处有期徒刑 10 年，并处罚金人民币 3 万元；刘某犯非法运输、走私制毒物品罪，判处有期徒刑 7 年，并处罚金人民币 2 万元；公安机关扣押在案的易制毒化学品 1-苯基-1-丙酮 12.1345 吨、手机 2 部，依法没收。

指导意义：

"金三角"地区是世界三大毒源地之一，我国与其接壤的边境地区因其特殊的地理位置，境外毒品渗透压力大，但随着我国打击毒品犯罪力度加大，近年来，出现了制毒物品外流的现象，有的以合法贸易手段，通过边民互市等便捷通道向境外走私易制毒化学品，有的通过伪报品名、货车夹藏等手段企图将易制毒化学品报关出境，边境地区报关公司的数量出现上升。本案中，1-苯基-1-丙酮是制造溴代苯丙酮进而合成麻黄碱制造冰毒的原料，一旦蒙混过关流出境外制毒，将造成现实危害。为此，公安机关特别是边境地区公安机关通过加大对这类案件的侦查打击力度，及时斩断毒品犯罪链条，从源头遏制毒品犯罪。为了肃清毒品危害，人民群众要提高警惕，勇于和毒品违法犯罪做斗争，如有发现涉毒违法犯罪，要及时向公安司法机关举报；相关行业管理部门也要切实加强行政执法，加强源头管理和行业治理，形成全社会参与禁毒的合力，共同夺取禁毒人民战争的胜利。

七、非法种植毒品原植物罪

（一）概念及犯罪构成

【非法种植毒品原植物罪】根据《刑法》第 351 条规定：非法种植罂粟、大麻等毒品原植物的，一律强制铲除。有下列情形之一的，处 5 年以下有期徒刑、拘役或者管制，并处罚金：

1. 种植罂粟 500 株以上不满 3000 株或者其他毒品原植物数量较大的；

2. 经公安机关处理后又种植的；

3. 抗拒铲除的。

非法种植罂粟 3000 株以上或者其他毒品原植物数量大的，处 5 年以上有期徒刑，并处罚金或者没收财产。

非法种植罂粟或者其他毒品原植物，在收获前自动铲除的，可以免除处罚。

【构成要件】

1. 客体要件：本罪侵犯的客体是国家对毒品原植物种植的管理。本罪的对象是毒品原植物，如罂粟、大麻、古柯、恰特草、迷幻蘑菇等。

2. 客观要件：本罪在客观方面表现为行为人实施了违反国家有关法规，非法种植毒品原植物数量较大，或经公安机关处理后又种植以及抗拒铲除的行为。

3. 主体要件：本罪系一般主体，即只要达到刑事责任年龄，具有刑事责任能力的自然人均可成为本罪的主体。

4. 主观要件：本罪在主观方面表现为故意，即行为人明知是制造毒品的原植物而非法种植，不论其目的是营利还是满足个人享用。

（二）相关案例

❯ 案例十五　　徐某非法种植罂粟案

基本案情：

徐某，曾因犯合同诈骗罪于 2003 年被判处有期徒刑 12 年，罚金 10 万元，2009 年 7 月 3 日因病被决定暂予监外执行，2015 年 8 月 26 日刑罚执行完毕。

2016 年底，徐某在山上的田地里种植罂粟，供自己食用。2017 年 4 月 8 日，民警在上述地点发现该批罂粟种植物，于是对正在附近务农的徐某进行排查性询问，后徐某主动交代其种植该批罂粟的事实。经依法铲除清点，该批罂粟共计 2243 株。

法律分析：

我国刑法严禁任何人非法种植毒品原植物，《刑法》第 351 条规定，非法种植罂粟、大麻等毒品原植物的，一律强制铲除。其中非法种植罂粟 500 株以上不满 3000 株或者 200 平方米以上不满 1200 平方米、尚未出苗的，即构成非法种植毒品原植物罪，处 5 年以下有期徒刑、拘役或者管制，并处罚金。本案中，徐某非法种植毒品原植物罂粟，数量较大，其行为已构成非法种植毒品原植物罪。徐某系累犯，应当从重处罚。徐某犯罪以后自动投案，并如实供述自己的罪行，系自首，可予从轻处罚。最终，徐某犯非法种植毒品原植物罪，判处有期徒刑 2 年，并处罚金人民币 8000 元。

指导意义：

本案系惩处非法种植毒品原植物犯罪的典型案例。罂粟是多种镇静剂的来源，亦是制取鸦片、海洛因等毒品的主要原料。法律规定，该类植物种植企业由国务院药品监督管理部门和国务院农业主管部门共同确定，其他单位和个人不得种植。经过多年的禁毒宣传，非法种植毒品原植物的案件大幅度减少，但是仍有个别人抱着侥幸心理，有些是听说罂粟能治病，有些是为了自己食用，有些是为了欣赏罂粟美丽鲜艳的花朵而非法种植罂粟，但无论动机是什么，均是违法犯罪行为。本案中，审判机关依法对徐某予以惩处，彰显了对毒品原植物种植实行从严管控的鲜明态度。

八、非法买卖、运输、携带、持有毒品原植物种子、幼苗罪

（一）概念及犯罪构成

【非法买卖、运输、携带、持有毒品原植物种子、幼苗罪】根据《刑

法》第 352 条规定：非法买卖、运输、携带、持有未经灭活的罂粟等毒品原植物种子或者幼苗，数量较大的，处 3 年以下有期徒刑、拘役或者管制，并处或者单处罚金。

【构成要件】

1. 客体要件：本罪侵犯的客体是国家对毒品原植物的管理制度和人民的生命健康。本罪的对象是未经灭活的毒品原植物种子或者幼苗。"未经灭活的"是指未经过烘烤、放射线照射等杀灭植物生长细胞的物理、化学处理，还能够继续发芽、生长或繁殖的罂粟等毒品原植物种子和幼苗。

2. 客观要件：本罪在客观方面表现为行为人实施了违反国家有关法规，非法买卖、运输、携带、持有未经灭活的罂粟等毒品原植物种子或者幼苗，数量较大的行为。

运输是指使用交通工具将未经灭活的毒品原植物种了或幼苗从一个地方装载运送到另一个地方的行为；携带是指随身带或在其他物品中夹带未经灭活的毒品原植物种子或幼苗的行为；持有是指占有、控制或支配未经灭活的毒品原植物种子或幼苗的行为。

3. 主体要件：本罪系一般主体，即只要达到刑事责任年龄，具有刑事责任能力的自然人均可成为本罪的主体。

4. 主观要件：本罪在主观方面表现为故意，即明知是毒品的原植物种子或幼苗而非法买卖、运输、携带、持有。

（二）相关案例

> **案例十六** 郭某非法持有未经灭活的毒品原植物种子案

基本案情：

2019 年，郭某将从集市上买来的菜籽种在自家院内，发现长出两三棵罂粟，郭某觉得罂粟花十分美丽，便留下罂粟籽，连续两年种植在自家院中观赏，直到案发。后被公安机关查获净重53.84克的罂粟种子，未灭活。

法律分析：

本案中，郭某非法持有未经灭活的毒品原植物种子，数量较大，其行为侵犯了国家对毒品的管理制度，已构成非法持有毒品原植物种子罪，依法应予惩处。郭某经民警电话通知到案后如实供述自己的罪行，系自首，且认罪认罚，可依法从轻处罚并适用缓刑。根据郭某犯罪的事实、犯罪的性质、情节和对社会的危害程度，依法判处郭某拘役4个月，缓刑6个月，并处罚金人民币1000元。

指导意义：

罂粟籽本身不具毒性，联合国严禁贩运毒品的公约和我国麻醉药品表中都未将其列为毒品，但联合国公约中明确规定对罂粟籽应严格加以管制。之所以未对罂粟籽等毒品原植物种子规定一律禁止买卖、运输、携带、持有，而是限定于必须要经灭活处理，就是因其中有些可用于食用等，但如不经灭活处理，就会使不法分子钻空子，用于种植和制毒。罂粟是一种最广为人知的毒品原植物，植株比较粗壮，罂粟花朵十分艳丽引人。正因为如此，本案中郭某将罂粟籽留下，种在自家院中观赏，殊不知已然触犯法律。这就要求相关部门通过向群众发放宣传单，并结合案例"以案释法"宣传，提高群众的法律认识，并引导人民群众自觉抵制毒品，积极告知身边的人相关规定，不断提升识毒防毒拒毒意识。

九、引诱、教唆、欺骗他人吸毒罪

（一）概念及犯罪构成

【引诱、教唆、欺骗他人吸毒罪】根据《刑法》第 353 条规定：引诱、教唆、欺骗他人吸食、注射毒品的，处 3 年以下有期徒刑、拘役或者管制，并处罚金；情节严重的，处 3 年以上 7 年以下有期徒刑，并处罚金。

引诱、教唆、欺骗未成年人吸食、注射毒品的，从重处罚。

【构成要件】

1.客体要件：本罪侵犯的客体是国家对毒品的管理制度和公民的健康权利。犯罪对象是从未吸食、注射毒品的人，或者曾吸食、注射毒品但已戒除的人。

2.客观要件：本罪在客观方面表现为引诱、教唆、欺骗他人吸食、注射毒品的行为。

3.主体要件：本罪为一般主体。

4.主观要件：本罪在主观方面表现为故意，即有意使他人吸食、注射毒品。

（二）相关案例

▶ **案例十七**　古某引诱、教唆他人吸毒、容留他人吸毒案

基本案情：

2020 年 10 月，古某与严某、李某（均系未成年人）在四川省 Y 市 N 区 L 镇严某母亲家中居住，古某明知严某、李某没有吸毒

史，在 2 人面前制作吸毒工具，询问 2 人是否愿意尝试吸毒，并示范吸毒方法，讲述吸毒后的体验，引诱、教唆 2 人吸食毒品，先后和严某、李某一起吸食了其提供的甲基苯丙胺（冰毒）。同年 11 月，古某多次在 Y 市 N 区某小区其租住的房间内容留吸毒人员及严某、李某吸食甲基苯丙胺。

法律分析：

本案中，古某通过向他人宣扬吸食毒品后的感受等方法，诱使、教唆他人吸食毒品，其行为已构成引诱、教唆他人吸毒罪。古某多次提供场所容留吸毒人员及未成年人严某、李某吸食毒品，其行为已构成容留他人吸毒罪。对古某所犯数罪，应依法并罚。古某引诱、教唆未成年人吸毒，且其曾因犯引诱、教唆他人吸毒罪被判处有期徒刑，刑满释放后 5 年内又实施本案犯罪，系累犯，应依法从重处罚。古某到案后如实供述自己的主要犯罪事实，可依法从轻处罚。据此，依法对古某以引诱、教唆他人吸毒罪判处有期徒刑 2 年 6 个月，并处罚金人民币 3000 元；以容留他人吸毒罪判处有期徒刑 1 年 1 个月，并处罚金人民币 3000 元，决定执行有期徒刑 3 年 4 个月，并处罚金人民币 6000 元。

指导意义：

毒品具有较强的致瘾癖性，一旦沾染，极易造成身体和心理的双重依赖。未成年人好奇心强，心智发育尚不成熟，欠缺自我保护能力，更易遭受毒品危害。我国始终坚持将犯罪对象为未成年人以及组织、利用未成年人实施的毒品犯罪作为打击重点。本案是一起典型的引诱、教唆、容留未成年人吸毒案件。古某在未成年人面前实施言语诱导、传授吸毒方法、宣扬吸毒感受的行为，造成两名本无吸毒意愿的未成年人吸食毒品的后果，且其多次提供场所容留未成年人吸毒，社会危害大。古某曾因引诱、教唆他人吸毒犯罪情节严重被判处有期徒刑 4 年，仍不思悔改，刑满释放不足 1 年又再次实施同类犯罪，系累犯，主观恶性深，人身危险性大。审判机关根据其犯罪事实、性质、情节和危害后果，依法对其从重处罚，贯彻了加大对末端毒品犯罪惩处力度的刑事政策，体现了对侵害未成年人毒品犯罪予以严惩的坚定立场。在通过刑罚手段阻断毒品危害殃及未成年人的同时，也呼吁广大青少年深刻认识毒品危害，守住心理防线，慎重交友，远离易染毒环境和人群。

十、强迫他人吸毒罪

（一）概念及犯罪构成

【强迫他人吸毒罪】根据《刑法》第 353 条规定：强迫他人吸食、注射毒品的，处 3 年以上 10 年以下有期徒刑，并处罚金。

强迫未成年人吸食、注射毒品的，从重处罚。

【犯罪构成】

1. 客体要件：本罪侵犯的客体是国家毒品的管理制度和他人的身体健康，属复杂客体。

2. 客观要件：本罪在客观方面表现为行为违背他人的意志，使用暴力、胁迫或者其他强制手段迫使他人吸食、注射毒品的行为。

3. 主体要件：本罪的主体为一般主体，即任何具有刑事责任能力、达到刑事责任年龄、实施了强迫他人吸食、注射毒品行为的自然人，都可能构成本罪。

4.主观要件：本罪在主观方面表现为故意，过失不构成本罪。即行为人明知是毒品，而故意强迫他人吸食、注射。

（二）相关案例

案例十八　刘某强迫他人吸毒案

基本案情：

2019 年 3 月 23 日 21 时许，刘某指使陈某找张某到其家中谈张某与李某欠款一事，赵某陪同张某来到某公寓刘某家，刘某拿出吸毒工具和冰毒，自己和陈某吸食后，又让张某吸食，张某不同意，刘某拿出刀和手铐威胁张某，并给张某和赵某观看砍人视频，张某因害怕被刘某伤害而被迫吸食毒品，之后刘某又让赵某吸食毒品，赵某因害怕也吸食了毒品。

法律分析：

本案中，刘某违背他人意志，强迫他人吸食毒品，其行为已经构成强迫他人吸毒罪。陈某及被害人张某、赵某证实刘某用刀比画，让张某、赵某观看伤害他人视频强迫 2 人吸毒的事实，且有砍刀、视频在案佐证，能够形成完整证据链条，应当认定刘某构成强迫他人吸毒罪，结合本案具体案情，依照我国《刑法》第 353条第 2 款的规定，判决刘某犯强迫他人吸毒罪，判处有期徒刑 3 年6 个月，并处罚金人民币 5000 元。

指导意义：

强迫他人吸毒罪与引诱、教唆、欺骗他人吸毒罪有许多相同之处，其主体、客体、主观方面相同。最明显的区别在于客观行为上的不同，前者要求采取暴力、胁迫等强制性的手段迫使他人吸食、注射毒品；后者则是用引诱、教唆、欺骗的手段促使他人吸食、注射毒品。此外，从犯罪对象上看，前者在暴力、胁迫下违心地吸食、注射毒品，后者在引诱、教唆、欺骗的手段下，由不愿到情愿去吸食、注射毒品。强迫他人吸毒，往往使人染上毒瘾，成为吸毒者，而吸毒成瘾严重损害身心健康，使吸毒者身体虚弱、智能减退、人格扭曲，而且吸毒还是艾滋病传播的途径之一。同时，强迫他人吸毒往往手段残忍，并伴生盗窃、抢劫、赌博、卖淫等其他犯罪活动，社会危害性大。因此，对强迫他人吸毒的犯罪分子予以惩处是十分必要的。

十一、容留他人吸毒罪

（一）概念及犯罪构成

【容留他人吸毒罪】根据《刑法》第354条规定：容留他人吸食、注射毒品的，处3年以下有期徒刑、拘役或者管制，并处罚金。

【构成要件】

1.客体要件：本罪侵犯的客体是国家对社会的正常管理秩序和公民的身体健康。犯罪对象是自愿吸食、注射毒品的人。

2.客观要件：本罪客观方面表现为容留他人吸食、注射毒品。

3.主体要件：本罪主体是一般主体，凡年满16周岁，具有刑事责任能力的自然人，均可以成为本罪的主体。单位不能成为本罪的主体。

4. 主观要件：本罪行为人在主观方面表现为是故意，即明知他人吸食、注射毒品而容留。

（二）相关案例

案例十九　鲍某容留他人吸毒案

基本案情：

2016 年 2、3 月间，鲍某驾驶小型轿车先后分别载龚某、陆某、谢某 3 位吸毒人员至 J 县 X 镇经开区某路，在其轿车内容留吸毒人员以烫吸的方式吸食毒品甲基苯丙胺各 1 次。

法律分析：

容留他人吸毒罪，是指为他人吸食、注射毒品提供场所的行为。这里的"场所"，不仅包括自有住房、出租房、办公室等，还包括行为人在宾馆、酒店、浴场等公共场所开的房间，甚至在自己车内容留他人吸毒也可以构成。本案中，鲍某多次为他人吸食毒品提供场所，其行为已构成容留他人吸毒罪，判处有期徒刑 7 个月，并处罚金人民币 3000 元。

指导意义：

在现实生活中，有相当一部分人法制观念淡薄，认为自己吸毒不构成犯罪，进而以为提供场所与他人一起吸毒也不构成犯罪。容留他人在自己车辆内吸食毒品是近年来发现的一种形式，一些吸毒人员存有侥幸心理，认为在私人所有的车辆内吸毒，不易被发现。本案即是如此，鲍某最终被以容留他人吸毒罪判刑。通过此案，可以让民众了解容留他人吸毒的社会危害及法律后果，也告诫他们尽量不要去沾惹毒品，更不能为吸毒人员吸毒提供场所。

后 记

为了更好地突出政治性、时代性和专业性，更有效地应对目前复杂多变的禁毒斗争形势，由山东省澎湖教育基金会（公益）发起，在国家禁毒委员会办公室的指导下，我们组织国内部分专家学者编写了这本《禁毒教育读本》。主要撰稿人有：中国人民公安大学侦查学院禁毒教研室主任张黎，北京大学中国药物依赖性研究所时杰、鲍彦平、朱维莉，上海大学国际禁毒政策研究中心主任张勇安，上海大学历史学系张雯婧，上海立信会计金融学院马克思主义学院乔晶花。

本书力求面向社会大众，并根据有关领导和专家的建议，编写组计划邀请教育领域的有关专家，针对不同的读者群体，在本书基础上将陆续推出新时代大、中、小学生禁毒教育读本。

本书编写组
2023 年 7 月